U0891501

本书是2020年度教育部人文社会科学研究项目“‘双一流’建设中省级统筹高校分类发展政策评价研究”（项目批准号：20YJC880059）的阶段性研究成果

THE DYNAMICS OF UNIVERSITY CHANGE

Institutional Environment and Organizational Behavior

大学变革的动力

制度环境与组织行为

刘 耀 著

科 学 出 版 社

北 京

内 容 简 介

在社会转型的浪潮中，大学变革显得尤为频繁、充满挑战且至关重要。为考察教师、学生、管理者、大学董事会等行动者在大学组织变革中的行为模式和变革类型，全书深描“大学变革史”，运用组织行为学和制度分析与发展框架，对 20 世纪 60 年代哥伦比亚大学、多伦多大学和华中理工大学的变革过程予以分析。三所大学在时代环境和组织行为的作用下，分别完成了授权式变革、分权式变革和集权式变革，实现了大学组织的制度再设计，为现代大学变革提供了宝贵的经验和启示。

本书可供高等教育领域的研究生、学者及管理者参考。

图书在版编目（CIP）数据

大学变革的动力：制度环境与组织行为 /刘耀著. —北京：科学出版社，2023.11

ISBN 978-7-03-077120-9

Ⅰ. ①大… Ⅱ. ①刘… Ⅲ. ①高等教育-教育改革-研究-中国 Ⅳ. ①G649.21

中国国家版本馆 CIP 数据核字（2023）第 219840 号

责任编辑：卢 森 冯雅萌 / 责任校对：郑金红

责任印制：赵 博 / 封面设计：润一文化

科学出版社出版

北京东黄城根北街 16 号

邮政编码：100717

http:// www.sciencep.com

三河市春园印刷有限公司印刷

科学出版社发行 各地新华书店经销

*

2023 年 11 月第 一 版 开本：720×1000 1/16

2025 年 2 月第二次印刷 印张：13 1/2

字数：260 000

定价：99.00 元

（如有印装质量问题，我社负责调换）

序

组织分析是探究大学变革的一种有效途径。大学是一个制度化的人为建构的社会组织，它深深地嵌入一定的历史文化环境之中。随着大学由社会的边缘走向社会的中心，大学组织逐渐由封闭系统变为复杂开放系统，其演化充满不确定性。从环境与组织互动的角度分析大学变革，有利于弄清大学变革与转型的过程和规律，进而预测和指导组织的发展变化。外部环境的瞬息多变需要大学组织保持开放，不断回应来自环境的挑战，日新月异的环境成为大学组织变革的外在动力。面对广泛的环境压力，组织不只是被动地适应，同时也在改造环境、创造环境，让环境适应自己，尤其通过适时建构新的治理模式维系环境变迁与组织结构之间的平衡。《大学变革的动力：制度环境与组织行为》一书基于过去探讨未来，重新界定高等教育及大学自身承担的角色，重新建构大学组织的结构功能及其过程，重新审视环境带给大学组织资源的各种作用方式与分析层次，选题新颖、思路清晰、逻辑严密、结构合理、论述系统深入、可读性强。

鉴于大学组织变革的复杂性，关联纵横时空显得尤为重要。为此，全书确立了大学变革史（institutional history）的研究对象，采用微观史学的深描法，将以书面形式记录下来的象征性事件或史实，置于一个概念的结构之中进行解释。校史是历史的记录，当时的大事记和后来的校史梳理，是十分宝贵的经验素材。全书建构的概念框架来自组织行为学（organizational behavior，OB）和制度分析与发展（institutional analysis and development，IAD）框架的整合。该框架展现了作为历史研究的环境，在情景化和空间感的行动舞台上，探究大学变革的经验与规律。全书基于经验与概念的结合，对美国哥伦比亚大学、加拿大多伦多大学和中国华中理工大学三所大学所处的历史环境进行逐层拓展与深化的剥离，深描大学应对复杂环境变化时呈现的极富个性且艰难而深刻的转型发展史。同时，全书重视组织变革中的人。其结果是，大学组织变革的动力归结于组织环境不同层次上制度元素的作用，它通过各种规则的组合影响组织内部的行动者，决定他们的行为方式，最终带来组织结构的调整或质变，完成了一次适应时代环境的大学组织变革。

不仅如此，全书试图复兴基于院校变革史的院校研究路径，从问题史的角度描述和阐释高等学校变革与转型，关注大学组织行为在“过去时态”与“现在时态”两个时态间的对话、互动和融通。变革有共性，组织有特性，两者的更好结合在于经验与问题的整合。在大学应对当前挑战的过程中，本书致力于寻求现实与历史的契合，从丰富的校史资源中找寻经验与证据，将历史阐释与大学现实紧密结合，充分发挥院校研究“通过历史理解当下”的功用。全书以个案研究的方式，力求在中国院校研究领域构建一种兼具理论深度与现实洞察力的全新研究范式；深入挖掘校史资料，揭示大学变革在特定情境下的动力机制，为破解当前大学组织的发展难题提供理论指引和实践策略，兼具理论深度与操作价值。

是为序。

周光礼

壬寅年仲冬

前　言

大学组织应自视为并被社会公认为变革的“专家”，持续调整治理策略，通过不断变革锤炼自身成为变革的熟练驾驭者。20 世纪 60 年代是一个社会大变革的时代。通过对这一时期的大学历史进行事后诸葛式的分析，可以看到时代背景的多元元素深刻影响了大学组织的发展轨迹。在此过程中，大学自然或不自觉地塑造出了一种“多元参与、共同治理”的制度结构，以适应并回应社会的变革需求。本书关注的是这一特殊时期的制度环境改变大学组织行为的过程与结果。

当前关于大学变革的研究多侧重于经验层面，较少关注大学变革的理论基础与内在逻辑。为此，本书将组织行为理论作为大学变革的内在机理，将“大学变革”视作一次制度变迁过程，从而构建了一个连接组织外部制度环境与内部行动者行为模式的中层概念。本书深描“大学变革史”中行动者与大学组织的互动活动，这弥补了已有校史研究中缺少对史料的概念化研究之不足。在深描大学变革史的过程中，本书整合了组织行为学“输入-过程-输出”的基本框架与新制度主义分析工具，形成组织行为 IAD 框架，在此框架下对哥伦比亚大学、多伦多大学和华中理工大学的制度变迁过程进行了详尽的分析与阐释，展现了大学组织内部行动者如何在“多元、参与、平等、自由”等时代理念的影响下，与外部制度环境互动，并在特定的行动情境结构中作出响应，通过一系列策略性的行动推动治理结构发生根本性变化，从而实现了大学组织的制度再设计与全面变革。

本书深入剖析了三所大学在时代背景的推动下，如何在内外部环境的共同作用下，分别实现了授权式变革、分权式变革和集权式变革。授权式变革中，哥伦比亚大学的教师获得大学董事会、管理层和学生的授权得以主导变革，实现了

"共同参与、多元治理"的主要预期目标——从大学董事会授权决策变成大学董事会和大学参议会共同决策的治理结构。多伦多大学的分权式变革中，利益各异的众多行动者以平等的身份参与其中，使治理结构由大学董事会和大学参议会各自为政，演变成以大学理事会为最高决策机构的利益均衡一院制模式。华中理工大学的集权式变革，源于"参与治理"思想的萌芽，个体行动者积极与上级主管部门博弈，争取到更多的自主权和决策权。这使得其治理结构更多地体现了个体行动者的意愿，实现了外部治理结构与内部治理结构的整合，率先完成从单科向多科综合性大学的转型与变革。

可见，尽管处于同一时代背景之下，大学组织变革的类型特征却因其所面对的外生变量差异和行动者与行动情境间互动的不同而有所区别。这些差异促成了行动者多样化的行为模式，从而决定了大学组织变革的多元走向。从更深层次看，时代环境下积蓄的思潮、观念等转型元素构成了大学变革的核心驱动力，它们通过影响大学组织内部成员的行为选择来塑造变革的特定类型特征。而这种影响并非孤立存在，而是受到当时政治制度和政治文化的深刻制约和决定性影响。

作为一项历史研究，本书广纳贤言，数易其稿。感谢中国人民大学周光礼教授的悉心指导，感谢博士后导师张诗亚先生和杨如安教授的大力支持，感谢四川外国语大学学术专著后期资助项目和西南大学西南民族教育与心理研究中心博士后项目的资助，感谢我的研究生团队，感谢家人的关怀与包容。诸多言语，尽以书鉴。

目　　录

第一章 大学组织行为与变革史

从组织理论的角度审视大学变革，是一个历久弥新的话题。西方学者在组织研究方面已有半个多世纪的深厚积累，无论是理论探讨还是实证分析都成果丰硕。然而，在国内高等教育领域，组织研究尚属新兴领域，亟待发展。随着国内大学组织变革的日益频繁，探究其与时代环境之间的互动关系愈发显得重要。大学组织变革的动因多元且复杂，它源于组织内部成员的实际需求，承载着组织深厚的历史基因，同时也受到时代变迁所蕴含的变革力量的驱动。这些因素共同构成了大学组织变革研究的坚实基础。基于大学组织行为、组织变革、时代环境以及大学校史等核心概念，我们构建了大学组织变革研究的核心策略。这些策略分为三个层面：在宏观层面，我们运用组织行为理论和IAD框架，深入探讨研究者与参与者之间的互动关系；在中观层面，我们借助理想类型法、案例研究法、概念分析法和文献分析法等方法，系统梳理大学组织变革的历史脉络；在微观层面，我们采用深描技术，细致描绘大学组织在特定变革时期的具体活动细节。通过运用这三个层面的策略，我们能够全面而深入地揭示大学组织行为变革的现象基础，为后续章节探讨变革的理论依据——大学组织变革研究的科学性和合理性——奠定坚实的基础。

第一节 大学组织行为的变革

从 1958 年马奇（March）和西蒙（Simon）的《组织》（*Organizations*）一书出版以来[①]，组织理论作为一个独立的研究领域，已有 60 余年的历史。其发展势头迅猛，形成了诸如新制度主义、资源依赖理论、组织生态学和组织经济学等核心流派的较为成熟的理论体系。[②]大学组织研究作为组织理论与高等教育研究的一个交集，关系到研究者对大学本质及功能等基本问题的理解，构成高等教育管理等分支学科的重要理论支撑。[③]无论从当下现实需求还是历史发展来看，大学组织行为顺势而变，势在必行。

一、现实诉求

大学组织是大学中互动的个人或团体为实现一定的目标，依据一定的职权关系，通过一定的组织结构所形成的具有明确界限的系统。[④]在组织层面上，先进的信息技术、全球化、多样性和尝试解决道德问题与困境等，皆是需要考虑的问题，这些都是组织行为在外部或情境维度上的重要内容。[⑤]大到组织行为学领域，小到本书的基本前提和假设，都在于管理“人”——组织中的人力资源。人之于组织的意义无可比拟。一个组织的人力资源以及它们是如何被管理的，体现着该组织今天以及明天的竞争优势，而且越来越广泛地被视作“人力资本”（你所知道的——教育、经验、技能）。更进一步，他们又被视作“社会资本”（你所认识的——网络、关系、朋友）和“积极心理资本”（你是什么样的人——信心、希望、乐观、韧性，以及你能成为什么样的人——一个人可能的、真实的自我）。所以，尽管人的躯体在未来可以被克隆，但他们的思想、人格、动机以及

① March J, Simon H. 1958. Organizations. New York: Wiley.

② 田凯. 2020. 组织理论：公共的视角. 北京：北京大学出版社，1.

③ 林杰. 2006. 组织理论与中国大学组织研究的实证之维——读《大学组织与治理》. 北京大学教育评论，4（4）：176-187.

④ 欧阳文. 2005. 现代组织理论取向的中国大学组织创新设计策略. 现代大学教育，（3）：91-94.

⑤ 弗雷德·鲁森斯. 2009. 组织行为学（第 11 版）. 王垒，姚翔，童佳瑾，等译. 北京：人民邮电出版社，5.

组织文化价值是不能复制的。思想、人格、动机通过其行为表征以及众多个体的观念行为促成的组织文化，便成为本书基于组织层面研究大学变革的重要原因之一，大学变革因此确立为“大学组织变革”研究。

不仅如此，大学机构的自适应性是大学变革以组织的身份与环境互动的另一重要原因，意即大学本身既有自然属性也有社会属性，它作为社会提供的公共资源的一部分，与时代环境中的自然因素和社会因素共同作用。一方面，就大学组织的自然属性而言，每一个大学组织都存在于一定的自然地理环境当中，要受很强的地域性的影响，所处地理位置的相对封闭独立还是纷扰喧嚣在很大程度上会影响大学组织的办学特征。大学组织是基于高深学问而成立的机构，知识本身具有极其广泛的多用性，大学组织也因此对国家、民族、人类社会的政治、经济、文化等领域发生作用。大学组织的这一自然属性决定了组织面对的是各个领域的综合需要，这与自然资源的综合开发、优化开发的重要方向是一致的。另一方面，大学组织的社会属性毋庸置疑。作为承载科学技术发展的大学组织，属于人类生产力的重要组成部分。随着信息社会、高尖端技术决定一国之发展的时代来临，大学组织已经越来越成为一国富强发达之指标，成为国民财富的主要衡量标准。不但它从事的知识生产具备这一性质，组织本身亦可创造财富，如留学生教育带动相关产业获得经济利益等。正因如此，对它的认识、评价、利用都是根据它对社会的有用性来判定的，这个标准显然不应局限于一国之当局，更重要的是其对人类社会的贡献，看其是否推动了人类文明的进步。所以，尽管大学组织被列入公共服务领域，成为公共治理的一部分，但大学的高度自治权是一般公共部门所不具备的。而大学组织受外界环境的影响，尤其是知识的重要依托领域——文化领域的影响，也比其他公共服务部门来得既深且广。大学组织所存在的制度环境，尤其是文化传统，是决定大学发展极其重要的外生力量。

当然，大学治理本身也具有双重性的本质。大学组织可以科学、合理地把师生员工组织起来，把经费、物资、技术、信息、时间、空间资源组织起来，形成工作质量和产品质量创造的最优合力，实现大学办学目标，满足社会发展需要。在大学治理中，自然属性和社会属性是统一的两项基本职能。这两项职能在大学的治理过程中又表现为计划、决策、组织、控制、公关、传播、创新等具体职能。具体来说，大学治理的自然属性表现在“指挥劳动”上，即大学组织一切管理活动都通过特定的“技术性”手段、措施、办法来执行“指挥劳动”的职能；社会属性表现在“监督劳动”上，属于为何而治理大学的一些“态度性”的知识与问题，它通过有效地应用大学内外规则体系，建立大学领导体制与组织机构等手段，平衡大学内外环境需求，来实现大学组织预期的教育目标和管理目标。由此可见，大学组织与大学治理所具备的自然属性和社会属性两方面的特征，使得在大学组织内探讨大学治理的变革问题也具备上述双重属性特征。关注大学组织的变革也就是从大学组织的自然属性和社会属性两方面，考察大学组织与环境之间的互动关系。这也是本书选取大学组织变革的重要原因之一。

在社会环境日新月异的背景下，大学这个公认"最具惰性"的组织，如何适时而变？通向发展变革的这条路，它在哪里？如何走？现实情况是，不论是主动或被动，高等教育的变革步伐从未停歇。本书致力于大学变革动力研究，便试图搭建一座桥梁：从大学组织与制度环境的内外互动，到大学组织内部个体与集体行动者的相互作用，再到组织行为与塑造其特征的所有因素之间的关联，我们都尝试进行全面的挖掘与分析。

二、历史必然

尽管大学变革是今天的热点问题，但它绝不只是出现在今天。关于大学的变革，每次都会随着环境的改变而发生改变。对于作为一个组织的大学来说，本书的立足点在于：历史永远是最重要的学习课程。正如那些古老的格言所说："这是一个有趣的现象，那些被吹捧为所谓的'新管理实践'，基本上都是现存的'古老管理真理'的重新翻版。"①组织管理，在历史视野中都是有迹可循的。那么，组织如何变？环境怎么变？大学组织如何基于时代要求来回应？本书试图跳出当下的迷雾，站在旁观者、后来人的视角，对 20 世纪 60 年代的历史进行事后诸葛式的分析。

本书选取的 20 世纪 60 年代这段历史，无论对当时的欧美，还是亚洲的中国，都是一段特色鲜明、非比寻常的时期。彼时的全球处于新旧交替中，各种社会运动风起云涌，对当时乃至今天的社会环境都产生了深远的影响。不少观点认为，当今许多社会问题仍归咎于那个时代。②第二次世界大战结束后，全世界逐渐处于一种经济繁荣、社会秩序恢复、政治走向压抑和保守的环境里，人们的思想观念继 20 世纪 20 年代的放松，又回归于传统和保守。但在这样沉静的 50 年代之后，迎来一个不平静的 60 年代。在人们的记忆中，这是一个社会大变革的时代，是一个自由、享乐和社会进步的时代。新的价值观冲击着全世界的年轻人，他们开始奉行一套与其父辈截然不同的价值标准和行事风格。大学作为青年

① Abzug R, Phelps S. 2013. Everything old is new again: Barnard's legacy-lessons for participative leaders. Journal of Management Development, 17(3): 207-218.

② 汉娜·韦斯特莱克. 2020. 折腾吧，1960 年代. 孟瑞琳，译. 北京：中国画报出版社，1-3.

人聚集的主体，当然这种冲击也波及大学校园。人们称这个时期为“时髦放纵的60年代”，因为当时有许多传统思想，如对婚姻或教育的态度等都被时髦观点取代了。权利、平等、自由、参与是那个时代盛行的思潮，也是人们的呼声，与之相应的是学生参加政治抗议活动、反对“越战”和任何战争形式、关注妇女和各色人种的权利、大学生积极参与校园的各种活动……繁荣的经济，如火如荼的黑人民权运动，“越战”和“新左”思想成为这个时期人们尤其是青年的思想产生冲突碰撞的重要推力。①仅以20世纪60年代的美国社会运动为例：黑人民权运动、反战运动、女权运动、青年政治运动、青年反文化运动等此起彼伏。社会躁动，青年不满于社会，试图寻求改变的底线。直到20世纪70年代，黑人种族歧视的消除、女权主义运动的兴起、生态主义和绿党的崛起、消费主义的巩固、后现代文化的批判等——彰显一个更为自由、开放、多元化的西方社会逐渐呈现——而这些都与学生运动有直接或间接的关系。②

在这个变革的时代，大学组织毫无意外地被赋予和那个时代一样的特征——变革。本书选取该时段，关注在特殊时期的大学组织变革现象。当历史的车轮载着大学行进到20世纪60年代的时候，大学本身并没有意识到时代要赋予它什么，只是在一种躁动中激烈而痛苦地蜕变。“变革”思想本身成为大变革时代的思想成果之一，一经酝酿就如蠢蠢欲动的新芽，左右着大学组织在应对时代需求的同时，扭转自己的发展方向。结果是大学在有意无意之下，形成或者说试图形成一种适应时代特色的共同治理结构。

对于这段历史时期来说，本书并不过多地对其进行总体评价或详细地介绍发生于这一期间的各种政治大事——这不是本书界定的制度环境的有机组成部分——中观层面的概念对宏观环境的观照尤为“挑剔”。它只是在对大学组织变革史的回顾中挖掘对大学组织内部的行动者（个体和集体），及其对随之产生的组织行为造成影响的时代因素和制度环境，意即将时代的特点分解为一个个能与大学组织行为模式相关联的制度元素。事实上，这种宏观时代环境的影响对大学组织变革的研究意义是极其有限的；只有将时代要求通过行动者个体和集体的行为整合到组织变革行为的具体对接点上，才能把握组织的制度环境，从而关注组织变革和制度环境之间的深层关系。这也是本书选取独特的研究视角的原因和价值所在。

---

① 刘绪贻，杨生茂. 1989. 战后美国史（1945—1986）. 北京：人民出版社，294.

② 许平，朱晓罕. 2004. 一场改变了一切的虚假革命：20世纪60年代西方学生运动. 上海：上海人民出版社，2-5.

三、变革力量

正是由于上述人的重要价值和大学的组织特性，当时代发生变化时，就会首要地作用于和环境关系最密切的大学组织，于是大学本身便成为那个时代一种变革的力量。一方面固然是因为那是一个变革的时代，社会的自我更新是必然趋势——这只是重要原因之一，为此高等教育必须更加重视人的因素，造就出具有批判思维的人和能解决各种问题的、能进行变革的人。另一个深层次原因是，高等教育具有一种道德上的目标——这就是不论学生背景如何，要使他们一生有变化，并在充满活力且日趋复杂的社会中成为能够生存和有工作成果的公民，大学必须在变革时期把握人类社会培养人才的要求和方向。尤其是在20世纪60年代，各种新旧价值观念冲击着人们，大学应该向社会传递一种正能量，保障变革的力量是正义的、符合人类文明的进步，并能与那些不正之风作斗争进而控制它、遏制它。由于大学组织培养的对象是"人"，是担当国家建设之大任的"人才"，这些人才对社会的适用性是评价大学组织及其社会问责的重要指标。当前各个大学关于人才培养质量的竞争力，也成为大学组织附加劳动值大小的主要判定。其中，关于"人"的偏好、思想、价值观念、情感、主观能动性以及由此形成的组织文化，成为影响大学组织发展的重要内生影响力量。基于此，大学这种机构必须把自己看作、也被别人当作变革动力的"专家"。为了成为变革动力的"专家"，大学组织要不断改变自己的治理方式，不断通过变革使自己成为熟练的变革力量。

因此，我们可以说，自20世纪60年代权利、平等、自由、参与的理念被提出，大学的变革随之发生。大学组织始终在努力变革，因为要适应环境的新要求，包括酝酿了"变革"这一理念的富有时代特色的新要求。变革的过程更多成为平衡内外部需求的手段，变革的结果往往是宏观和微观的一种整合，即变革成为一种中观的现象。某种意义上来说，正是因为变革的要求来自时代背景，又作用于大学组织，大学组织通过这个理念和社会更紧密地结合起来。如何把这个理念变成大学组织可以具体实施、执行的治理形式，如何围绕这一理念的要求进行变革，成为大学要思考的问题。大学变革作为中观层面的理解，使大学中的行动者备受关注起来；因为他们是沟通宏观与微观最活跃的因素。时代要求和制度环境都只能通过作用于组织中的人，才能影响组织。在这些时代元素的影响下，包括学生、教师、管理人员甚至政府等和大学有关的行动者的参与意识不断增强，使得他们对大学变革的影响也在不断地得到强化。那么，关注大学变革、关注微观行动者也就顺理成章；反过来，这种对行动者的关注，又会加强他们对大学生存状态的影响。这是一个相互促进的过程，也是中观概念的魅力所在。

第二节　时代环境与大学组织变革

根据上述现实与历史研究需求，本书按照塔希斯（Tarshis）提出的不同类型的“想法”（thoughts）分阶段阐述研究问题，将探究“大学组织变革”的想法与诉求分解为总领性想法、大想法、小想法和引人注意的有趣想法四种类型[①]，借此阐明时代环境与大学组织变革的必然联系。

一、解读时代环境的总领性想法

总领性想法是研究者尽力传播的总的理念或核心观念。本书的核心观点是时代环境如何影响大学组织进行变革，以及时代要求和环境因素与大学组织变革相互作用的结果与过程如何。大学组织面对 20 世纪 60 年代剧烈变化的环境，既要适应环境，也要谋求自身发展，因而必须变革。那么，时代环境的影响有哪些？它们又如何作用于大学组织的变革？变革的成果是什么？它如何产生？如何实施？本书关注的正是受时代变革等理念影响的大学组织在变革过程中所呈现的状态，且主要是大学组织内人的状态，包括个体的人和集体的人。

二、深描大学组织变革史的大想法

大想法是在总领性想法领域内强化、阐明或详述总领性想法的具体理念和想象。为了更好地考察时代理念下大学组织变革的过程，本书将运用组织行为 IAD 框架，将大学变革视为一次将时代要求制度化的组织制度变迁行为与过程，用该框架中的变量集进行分析。为了具体展示变迁的过程，本书将框架分析的载体确定为深描“大学组织变革史”，从中确定各个变量的含义，在行动者的活动中展示各组变量之间的相互作用和影响，最终看行动者如何在时代要求的影响下作出

---

① Petelin R. 2016. How Writing Works: A Field Guide to Effective Writing. Crows Nest: Allen & Unwin, 13-15.

决定大学组织变革的结果及导致该结果的行为。

三、历史变革类型经验建构的小想法

小想法是强化大想法理念的具体操作策略和对理念的进一步想象。为了呈现大学变革的过程和结果，本书将以“组织行为学”作为理论基础，用IAD框架分析具体的案例，即通过深描哥伦比亚大学、多伦多大学和华中理工大学这三所大学的“大学组织变革史”，展示大学变革的过程和结果。这三所大学在20世纪60年代分别处于集权程度不同的政体中，哥伦比亚大学所在的美国是奉行自由与极端分权的国家，华中理工大学所处的中国是在高度集中的计划经济体制之下，多伦多大学则恰好处于分权与集权并存的政治环境中。结合三所大学在当时政治环境中各方行动者的活动，归纳行动者在“共同参与、共同治理”的行为模式中的特点，这些行为模式决定了大学治理结构调整变化的结果以及出现这一结果的过程，最终大学变革也呈现出与行动者行为模式相对应的类型。研究结果也表明，大学组织变革与国家制度层面的特点不可分割。同时，本书在用IAD框架解释三个个案的同时，也用个案来验证IAD框架对同属于公共资源治理的大学变革现象的解释力。

四、变革故事中引人注意的有趣想法

有趣的想法可以吸引和保持读者的兴趣，组织和维持人们的注意力。在本书中，这一点一方面体现在对校史的深描上，另一方面体现在将大学变革作为个案的历史研究策略上。在深描大学变革史的时候，本书用“中层理论”将“史”与“论”结合，联系历史逻辑和实践逻辑。这种中层理论的思想源于热门的“制度分析”，也是探究院校研究将制度分析作为研究范式的一种尝试。本书对大学组织变革史进行深描的对象，是根据组织制度变迁确定的重要制度维度的变化和适当的时间段而确定的。因此，本书不是简单地描述大学变革的历史故事，而是关注大学组织为了实现变革，其内部行动者与外生变量和行动情境间互相作用的过程。院校研究可以据此将历史研究作为一种操作策略，因为校史中的定量数据和定性数据可以作为院校决策信息的重要来源之一。

基于上述四种类型的想法，本书将着力在时代环境的影响下，通过深描大学组织变革史，用IAD框架分析行动者行为及其对大学组织的作用，展示大学组织变革的结果和取得这一结果的过程，从而确定制度环境与组织行为改变大学变革的类型和规律性特征。

第三节　大学组织变革的研究策略

有了研究大学组织变革的想法，需要运用大学组织行为、组织变革、时代环境、大学校史等几个基本概念，阐明大学组织变革的研究价值，组织适当的研究策略，进而明确本书的研究思路。

一、大学组织变革研究的重要价值

1. 理论意义

研究大学组织变革的理论意义主要体现在两个方面。

一方面是对大学组织变革理论的进一步探索。毫不夸张地说，对待变革是后现代社会所具有的特点。大学对不平衡的应对态度和应对过程是组织存在与发展的常态。通过研究，不仅有助于人们认识到这种不平衡存在的长久性与必然性，这是大学组织向前发展的动力和压力；也证实了大学组织对变革的应对过程是一个激进和渐变的过程，是对既有制度的一种嵌入与超越的循环往替。因为有成效的教育变革充满着似是而非和相互矛盾的现象，通常注意不到同时出现的因素。愿望与能力、公平与卓越、社会发展与经济发展并非相互排斥，相反，必须对这些拉力加以协调，使之成为大学成长和发展的新动力。本书中的时代理念只是大学变革的一个抓手，或者说是（环境与组织的）一个联结点。

另一方面是对制度分析理论在院校研究中的推进。本书的着力点并不是作为整体的大学的联合，即不是整个高等教育，而是着眼于单个大学组织。立足点是单个大学如何实现自身需要的变革，变革的主体是一所独立的高等学校。因此，本书对大学组织变革过程的梳理采用了对历史深描的方式，并进一步提出了大学变革史的概念。寄希望于大学变革史的研究成为研究大学组织的一个新视角，这种通过校史梳理对大学组织自身的研究，也因此成为院校研究的重要研究范式之一。当然对于一个组织的变革来说，必须考虑组织所处的场域，因此关注同质性组织——兄弟院校，和异质性组织——诸如政治、经济领域或文化领域的其他类型的组织也是必要的，所以本书还关注了时代理念对组织的影响。实际上，通过关注组织场域与组织行为的互动来考察组织的变革，也是制度主义分析的精髓和核心所在。

2. 实践意义

就现实意义来说，一方面，本书是站在大学组织立场上的研究，有助于为处于中国社会转型大环境和中国大学“双一流”建设背景下的大学组织变革提供借鉴，即社会的变化应考虑大学内部的行动者，考虑他们受思想观念的影响，以及考虑这种影响对大学组织存续状态的作用。另一方面，本书还进行了个案的考证，对大学变革史进行的全方位深描，是对20世纪60年代高等教育发展史在细节上的有益补充和有力支撑；对校史资料的理论挖掘，使大学变革的理论与实践相结合得以呈现，尤其对校史概念化的研究与详尽的编码和操作化，成为大学变革具体操作步骤的某些提示，有助于发挥其为高等学校当下境遇指点迷津之功效，具有理论指导意义和实践操作价值。

二、大学组织变革研究的策略实施

本书遵循宏观、中观、微观三个层次的研究方法体系，其共同构成研究方法的整体。克雷斯威尔（Creswell）提出的研究设计的三个核心问题依次是：研究者运用了什么样的知识观？什么样的研究策略将贯穿整个研究步骤？将使用什么样的资料收集和分析技术？[①]三个问题对应研究方法的三个层次：宏观的方法论（methodology）/知识观、中观的研究方法/策略（method/strategy）和微观的技术（techonlogy）手段。

（一）方法论/知识观

知识观是指在研究期间，研究者着手一个研究项目时所带有的关于要获得什么以及如何获得的某种假设，亦被视为研究方法论，属于方法的宏观层面。克雷斯威尔将知识观分为后实证主义（post positivism）、建构主义（constructivism）、辩护/参与主义（advocacy/participatory）以及实用主义（pragmatism）四大思想流派。本书主要遵循建构主义的知识观。具体来说，本书研究思路体现在如下方面：成文框架上采用“总—分—总”结构，符合“理论提出问题—案例验证—证实/修正理论”的内在逻辑机理。不论是从已有理论归纳出哲学假设和提出研究问题，还是用案例验证拓展已有理论，都属于按照建构主义的哲学假设验证已有理论或现象存在的认识观。

社会建构主义思想流派源于曼海姆（Mannheim）等所著的《现实的社会建

---

① 约翰·W. 克雷斯威尔. 2007. 研究设计与写作指导：定性、定量与混合研究的路径. 崔延强，主译. 重庆：重庆大学出版社，3-5.

构》(*The Social Construction of Reality*)，以及林肯(Lincoln)和古巴(Guba)合著的《自然主义探究》(*Naturalistic Inquiry*)。该流派强调个体对自己的经历形成了一些直接指向确定事物的主观性意义。持建构主义的研究者试图解释其他人对这个世界的认识，其研究目的是创造或归纳性地发展一项理论或意义模式。建构主义研究遵循以下三个假设：①当人类与他们所认识的世界发生联系时，意义就被建构了；②人类改造世界，并从历史和社会的视角去理解它——我们全都生活于我们的文化所赐予我们的世界中；③意义的生成总是社会性的，它产生并形成于人类团体的互动中。

因此，本书重在关注“互动”，包括研究者与参与者之间的互动、与浩如烟海的文献资料互动，以及参与者与他人交往的互动、与历史文化规则的互动。本书中所生成的意义不仅具有极大的归纳性和验证性，还更多源于研究者在自身所处场景中收集到的资料，通过这种“互动”的方式，尽可能地搜集和获取关于大学组织变革的定量数据与定性数据。当然，方法论不仅涉及如何收集数据，也包括如何呈现和分析数据。[①]本书运用制度分析中的制度变迁维度来分析数据，其实质是在大学组织与环境的“互动”中分析变革的过程，这在大学变革史的运用部分将着重谈到。正是建构主义的方法论决定了大学变革史的深描是本书中最为偏重的篇幅，但最初的哲学假设和最终的理论体系才是本书的研究指向——探寻时代环境影响大学组织变革的过程和结果。

（二）研究方法/策略

方法/策略是指将特定的理论与特定的技术手段相结合而形成的具体的研究工具，可适用于特定的某类研究问题，属于方法的中观层面。在建构主义总的认识观指导下，本书采用理想类型法(ideal type method)、案例研究法(case study method)、概念分析法(conceptual analysis method)、文献分析法(documentary analysis method)等主要研究策略来实现研究目的。上述研究策略层层递进、环环相扣，互相决定了使用的必要性和重要意义。

1. 理想类型法

理想类型法是韦伯(Weber)建立的一套精确、严谨地观察、分析和解释经验现实的概念工具。它与康德以来的德国哲学关注概念建构的传统一致，也因此成为体现本书建构主义知识观最适切的研究策略之一。它是一种分析概念或逻辑工具，是高度抽象出来、反映事物本质特征的分类概念。理想类型不是对实际社

---

① 马尔科姆·泰特. 2007. 高等教育研究：进展与方法. 侯定凯，译. 北京：北京大学出版社，204.

会存在的概括，只是理论家为了分析现象、理解现实而构想的理论模式。它是为了透视实在的因果关系而构造的非实在的因果关系。[①]所谓的“理想”，并不是人们所希望的最好的完美模型，它只表示某种形象是接近典型的，实际上在任何时刻都不会以纯粹形态存在于现实之中。就概念上的纯粹型而言，这一理想画卷不能经验地在现实中的任何地方发现，它是一个乌托邦……[②]之所以运用“理想类型”，是为了从纷繁的经验材料中精确地显示出事实的关键层面和内在联系。所以“理想类型”不是纯粹主观的产物，而是对现实的一种提炼和“夸张”。它所表示的是一种可能性，而不是现实性。通过这种可能性，人们可以更好地理解现实。它不是假设，但它提供了构造假设的方向；它不是对现实的描述，它的目的却为这种描述提供了一个明晰的表达手段。[③]对理想类型的分析，主要包括对比不同理想类型的本质特征，分析不同类型之间的结构关系，并根据结构一致性的原则，来解释事物或现象的原因。本书采用这一策略有两种体现：一是从选择的哥伦比亚大学、多伦多大学和华中理工大学三个案例的实际经验中抽象出大学变革类型特征；二是从大学变革史中抽象出时代环境影响大学组织变革的过程和结果，以期从中找出某些具有适用性的中层理论。正如理想类型法所避免的，两种抽象的结果都不是现实状态中存在的，因此也不是每一段大学组织变革史各因素齐备，只是从已有经验派生而来，从而探究更为理想、完美的变革进程。这种追求完美的理想类型本身就是组织追求变革的不竭动力。

2. 案例研究法

案例研究法简称案例法，是本书实现建构理想类型采用的主要研究策略。这一研究策略是一种运用历史数据、档案材料、访谈、观察等方法收集数据，并运用可靠技术对某一时段的某一事件进行分析，从而得出带有普遍意义结论的研究方法。案例研究法是将理论运用于具体现象情景中去，通过分析案例阐明和支持已有理论的意义，并升华原有理论的适用范围和解释力度。它属于建构主义方法论支配下的归纳思维方式，主要是以经验为依据得出结论。也正是因为建构主义的知识观决定了研究中案例研究的归纳不是统计性而是分析性的，只有升华理论体系，才能有效避免归纳的随意性和主观性。实际工作中的案例研究，也是在对大学变革现象进行具体描述的基础上，通过分析、归纳和解释概括出具有普遍性的中层理论。本书中的案例主要采用对校史进行深描的方法，具体方法将在论及大学组织变革史内涵与界定的相关章节中加以详细介绍。

---

① 马克斯·韦伯. 1992. 社会科学方法论. 朱红文，等译. 北京：中国人民大学出版社，181.

② 马克斯·韦伯. 1992. 社会科学方法论. 朱红文，等译. 北京：中国人民大学出版社，27.

③ 马克斯·韦伯. 1992. 社会科学方法论. 朱红文，等译. 北京：中国人民大学出版社，167.

3. 概念分析法

概念分析法也称术语分析法，是研究确定术语所表示的概念的内涵和外延的方法。概念分析法包括大量的理论和哲学研究，也是为案例研究法服务的重要研究策略。概念是思维的基本单位，其内涵是反映在概念中对象的特有属性；其外延是概念所反映的一切事物。这一研究策略主要运用在对变革的界定和分析上，在对变革的界定上，遵循了概念分析法推崇的历史的观点，分析概念的变化和比较中外文有关概念或术语异同点的使用原则。这一分析策略遵循了建构主义从理论到现象再升华理论的过程：从理论中分类分析变革的定义，然后用大学组织变革史描述变革的事实表现，最后归纳概念与实践结合后经验证的理论体系。

4. 文献分析法

文献分析法主要指搜集、鉴别、整理文献，并通过对文献的研究，形成对事实科学认识的方法。如今，“文献”的含义已经大大拓展，包括已发表过的，或虽未发表但已被整理、报道过的那些记录有知识的一切载体。一切载体不仅包括图书、期刊、学位论文、科学报告、档案等常见的纸面印刷品，也包括有实物形态在内的各种材料。本书对此采取的研究策略包括历史研究、文献综述以及对实践活动和政策的分析。其中对历史文献的分析是最为主要的研究内容。

（三）技术手段

技术手段是收集和分析材料的技术以及文本表述的方式，属于研究方法的微观层面。本书采用的最主要的技术手段，是由大学变革史的研究对象决定的深描。深描是美国文化人类学家、阐释人类学的创立者格尔茨（Clifford Geertz）在《深描：迈向文化的阐释理论》（*Thick Description: Toward an Interpretative Theory of Culture*）一书中提出的人类学研究的一种新方法。目前对深描的研究，既有作为“方法”的研究，也有作为“方法论”的研究。前者强调自动阐释与主动阐释，后者注重对科学主义的科学反思。本书选用前者，使其成为研究策略下呈现与分析大学变革史的一种具体操作手段，即把作为方法的深描理解为一种对素材的主动阐释，从而发现历史文化现象背后的深层原因，去探寻“意指结构”（structures of significance）的社会基础和含义。深描面对的是变革史中大量复杂的概念结构，其中许多结构甚至相互层叠或交织在一起；这些结构既是陌生的、无规则的，也是含混不清的。深描首先努力把握这些结构，然后加以“翻译”。所以准确地说，深描不是普通意义上的描述，而是阐释性的描述。除去对现象进行忠实记录之外，描述本身还是一个理解和解释的过程，它自身即包含了对现象所在的宏观和微观背景（尤其是文化背景）的理解与说明。所以运用深描这一操作技术的过程好比破译通行密码，呈现的同时需将其隐含的意义系统描绘出来。基于此，本书采用的深描遵循了社会科学研究中的阐释传统（interpretation tradition），即为理解和厘清特定人类活动在特定文化条件下的内在含义或意义，遵循的原则是把历史理解为一个文本而不是作为一个事物来分析。①研究中深描的对象是大学变革史；描述的内容是大学组织在一个特定的变革时段具体的活动内容；描述方式主要是从制度变迁时制度维度发生的变化进行分析性叙述，最后适度归纳。这种对数据的梳理方式遵循了描述—解释—评价—预测的阐释框架。另外，由于本书是观察者与被观察者的结合——在处理大学变革的各种元素之间的关系上，三个案例选用两种极端的形式：完全的观察者（哥伦比亚大学和多伦多大学）和以参与者的身份进行观察（华中理工大学），因此，各种获取定量数据和定性数据的来源渠道都将被充分利用，包括文献（各种官方文件和私人文献）查阅、深度访谈和问卷调查等技术都将被用到。

三、大学组织变革的研究思路

为了更好地探究大学组织变革从经验到理论的内在机理，以及大学组织行为所受时代与制度环境的变革动力，本书分为“基本概念-历史经验-中层理论”三个部分共八个章节，遵循“现象问题-理论框架-案例验证-理论升华”的建构逻辑，对大学组织变革的研究对象进行研究，如图 1-1 所示。

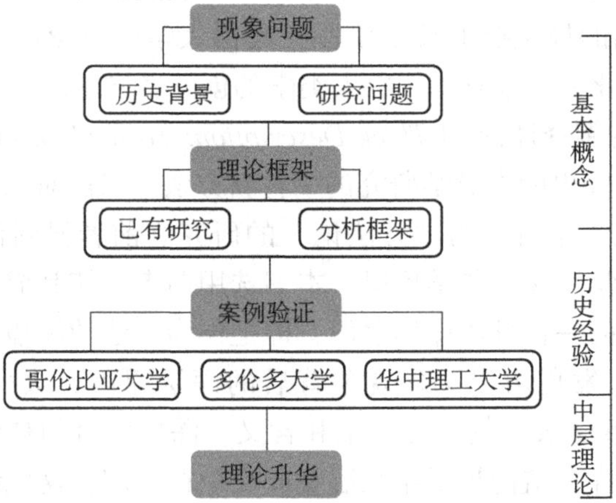

图 1-1 研究思路图

① 刘耀. 2012. 解释还是解读：对中国院校研究出路的省思. 西南交通大学学报（社会科学版），13（2）：85-90.

第一部分包括大学组织行为与变革史、基于校史研究的大学组织变革、组织行为理论与IAD框架三个章节，介绍了大学组织行为、组织变革、时代环境、大学校史、组织行为理论以及IAD框架几个基本概念，为下文进行历史经验归纳奠定了分析逻辑和深描框架。第二部分是哥伦比亚大学、多伦多大学和华中理工大学的案例研究，运用第一部分确定的理论基础和分析框架，对三所大学的历史变革过程予以展示，是实证研究部分，是对历史经验的深描和归纳。第三部分对历史经验进行了提升，从因果结论上升到中层理论，归纳大学组织变革模型，讨论时代要求和制度环境影响大学组织变革行为的方式和结果，并尝试对大学组织变革理论进行分析与升华。

第二章

基于校史研究的大学组织变革

在上一章中，我们深入探讨了大学组织变革的现象基础，但对其背后的理论逻辑和学术价值尚缺乏明确的阐述。本章旨在弥补这一空缺，从中观层面挖掘“大学组织变革”的研究空间，明确研究问题的起源与价值，从而确立研究的必要性与可行性。本章拟解决与“大学组织变革”相关的以下问题。

首先，已有的大学组织变革研究成果有哪些？具体包括：①大学组织变革的实践研究有哪些？②大学组织变革的理论研究有哪些？③这些研究成果未涉及或未重视的理论视角和研究内容有哪些？

其次，为什么要选用“大学组织变革史”作为研究对象？具体包括：①深描对大学组织变革史有什么意义？②为何要将“组织活动史”作为具体深描对象？

最后，为什么将案例研究作为“大学组织变革史”的具体研究方法？具体包括：①为什么选择哥伦比亚大学、多伦多大学和华中理工大学三所大学作为个案？②关于这三所大学，目前的已有研究有哪些？

第一节　大学组织变革的研究

关于大学组织变革的已有研究，本书采用克雷斯威尔的倒三角图进行归类和整理（图 2-1）。[①]如图 2-1 所示，倒三角形的最底端是本书拟探讨的主题——大学组织变革的过程和结果，这项研究的范围窄而集中，因此将视线拓展到倒三角形的底边上，把它置于院校研究的广阔背景[①]，可以把要研究的主题切分为直接关联的两个子主题：一方面，关于大学变革的研究，对其进行综述，能够得出本书的研究空间在于中观层面的大学组织变革研究；另一方面，关于大学校史的研究，对其进行综述，能够得出通过梳理大学组织变革史关注变革过程的必然性和重要性。因此，在图 2-1 的基础上，通过将已有文献分成“关于大学变革的研究”和“关于大学校史的研究”两个方面，考察这些文献的成果和不足，本书需要进一步探索的研究空间就可以被筛选出来。

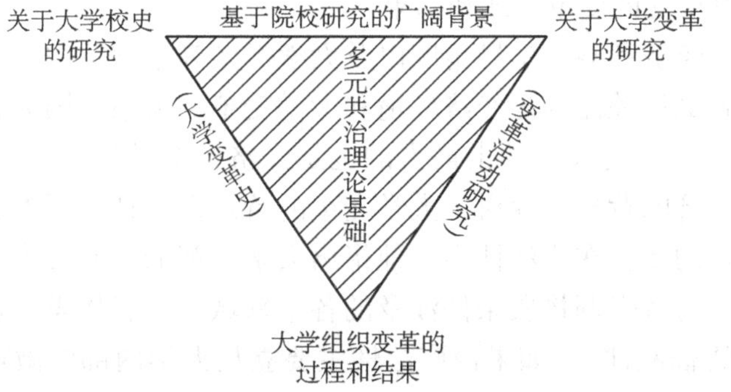

图 2-1　已有文献资料分类研究倒三角图

注：在本书中，“关于大学变革的研究”特指“关于大学组织变革的研究”

已有文献主要从两条路径对大学变革现象进行研究：一是大学变革的经验研究；二是大学变革的理论探究。关于后者的研究呈现明显不足。前者经历了从引介国外学者观点到基于某一特定背景、某一理论视角、某一类大学等不同角度的具体经验研究。从引介的国外大学校长关于大学变革的经验和观点看，布鲁斯·约翰斯通（Bruce Johnstone）认为，“大学变革是一个全球性话题，也是一种

① 周光礼. 2009. 政策分析与院校研究：中国高等教育研究的中层理论建构. 高等教育研究，30（10）：41-48.

不可避免的趋势。它是复杂的，不仅需要大学校长、教师、学生以及高等教育研究者的持续关注，也需要教育管理部门负责人和有远见的政治家的关注，因为由高校、校长和教师组成的一方同由学生、家长、企业和社会组成的另一方之间的利益，最终靠这些变革来平衡”[①]。他指出，“大学变革”需要在一个复杂的关系网中进行，而不仅仅是大学内部；变革的重要作用是“平衡”宏观与微观之间的各种力量。他还进一步界定了大学变革，即“大学作为一个组织，可以发展、合并、增设新的专业，但这些都不是真正的变革，只有当教师采用了新的教学方法，学生的研究和创造性活动发生了改变，或者大学管理者按一套新规则运作这些现象出现，即组成大学的人的行为发生了变化，才是真正意义上的大学变革”[②]。在这一定义中，微观的因素——人，被放到很重要的位置；同时该定义中也指出了大学变革发生的领域和活动。对此，肖雪慧读罢美国密歇根大学校长所著的《21世纪的大学》后也认为，大学是独立的自治机构，但并非与世隔绝的封闭体，因此，市场压力、政府经费控制、政治力量的入侵对学术自由以及基于学术自由的大学品质的威胁，极大增加了变革的艰巨性和变革前途的不可预测性。[③]环境对大学变革的影响是至关重要的，大学要充分了解环境、利用环境，主动变革，才能避免出现不可接受的变革方式和结果。

国内学者从经济利益、学科角度以及大学类型等角度关注大学变革。首先从时间上看，学者最早关注的是经济环境和大学变革的关系，因为我国改革大潮是从经济领域开始的，对大学冲击最大的也是经济社会的转型。朱沪生早在2000年就基于知识经济的背景，探讨了大学变革的特点，包括广泛性、不平衡性和长期性。尤为可贵的是，在广泛性中，他指出大学变革的内涵分为客观要素和主观要素两个方面，前者强调物质条件涉及的各个领域，后者指思想理念以及人的主观能动性的广泛普遍性。[④]如果说广泛性主要立足大学内部的微观环境，那么不平衡性则重在强调大学变革必须关注的宏观背景——每个大学所处的具体的社会、国家等环境。这些特点在信息社会显得尤为明显和必要。以谢安邦等为代表的学者进一步认为，大学变革因贯穿市场逻辑而呈现新的态势。在与市场接轨的同时，政府干预与市场调节、大学自身发展的内在逻辑与市场逻辑之间的关系需要充分协调，意即大学对市场化的选择不是非此即彼，而是通过协调政府、市场

---

① 布鲁斯·约翰斯通. 2002-08-10. 全球大学的变革方向. 中国教育报，第4版.
② 布鲁斯·约翰斯通. 2002-08-10. 全球大学的变革方向. 中国教育报，第4版.
③ 肖雪慧. 2005-04-20. 美国密西根大学校长谈进入21世纪后的大学变革. 中华读书报，第6版.
④ 朱沪生. 2000. 高等院校理念的转变. 江苏商业管理干部学院学报，(2)：78-80.

和大学自身要求的三种力量，表现出对纯粹市场化的超越。[①]关注这一视角的学者充分论证了经济环境对大学变革的影响，探究了大学变革在经济社会转型时期应有的特点和采取的举措。学者王建华则从学科角度进行了界定，认为由于学科是大学的基础，大学变革可被界定为从大学到学科，再从学科到大学交互作用的过程。而学科的分裂主义逻辑使得大学呈现分科主义的逻辑，大学的多科主义又反过来使学科松散联合。因此，今天大学变革的主要目标是在跨学科学科与跨学科大学的制度框架下，使学科成为大学的学科，而不仅是在大学里的学科，使大学成为基于学科的大学，而不只是拥有某些学科的大学。[②]由此可见，他的观点虽然把大学变革的范围局限到学科领域，但无外乎也认为大学变革应遵循学科和大学组织的双重逻辑，而变革的目标就是在学科逻辑与大学逻辑之间实现一种微妙的平衡。因为学科是随社会发展变化而变化的，大学与学科的和谐共处、相辅相成，就是要处理好与社会环境变迁的关系。学者李世超等从创业型大学的出现出发，论证了大学变革的过程，紧扣大学变革的过程和特征，其实质也是关注社会发展需要促使大学变革发生，从而出现新类型的大学。[③]无论从哪一个具体的视角关注大学变革，其本质都是关注环境和大学之间的互动，正是这种互动促使大学变革出现，不论是大学主动还是社会推动，都需要我们关注大学变革以期为大学发展服务。由此可见，这些关于大学变革的经验研究都是基于定义上的讨论，都是基于某一个特定的背景或特殊的理论进行研究，还没有系统地对大学变革的普适性定义和操作进行广泛的理论和实证研究，且这些研究大多并不具有高规范、高水平的研究层次，有的甚至仅仅是现象经验层面的粗略思考。即使少有几篇有高度的研究，也往往局限于某一具体理论，如学科逻辑、组织理论，运用系统理论的研究很少。

在大学变革的理论探究方面，由于本书基于的是制度主义的中层视角，因此“大学变革”特指“大学组织变革”，强调组织的视角（关于组织行为学的理论基础和分析框架，将在本书第三章详细论及）。从这一视角介入，伯顿·克拉克（Burton Clark）运用组织社会学制度主义撰写的《高等教育系统——学术组织的跨国研究》便成为本书研究对象——“大学组织变革”的理论探索起点。克拉克在这本著作中，对高等教育系统进行了全面而深入的阐述，并提出了一个重要的范畴——“变革”。他从组织社会学的视角，以“知识”作为高等教育系统这一

---

① 谢安邦，刘莉莉. 2001. 市场的逻辑与大学变革. 现代大学教育，（5）：8-12.

② 王建华. 2011. 大学变革的双重逻辑. 中国高教研究，（8）：39-42.

③ 李世超，苏竣. 2006. 大学变革的趋势——从研究型大学到创业型大学. 科学学研究，24（4）：552-558.

学术组织的逻辑点，认为高等教育系统的中心是学科与大学之间形成的交叉矩阵；高等教育系统的协调是科层、政治、市场和专业等多方协调形式的统一；高等教育系统的变革是一个运动中的矩阵。[①]在此基础上，他论证了高等教育系统的变革是以“多元化”思想作为变革观的核心。他明确指出，高等教育系统的变革非常复杂，包括宏观的、微观的、有形的、无形的……应对变革，要从院校工作结构的变革（包括部类、层次、部门和等级的变革）、信念的变革和权力的变革等入手，把握变革的着力点。[②]这些抓手显然既包括大学内部的组织结构，也包括和大学相关的外部组织结构。1998 年，伯顿·克拉克完成了一本关于大学变革的经典著作《建立创业型大学：组织上转型的途径》（*Creating Entrepreneurial Universities: Organizational Pathways of Transformation*，国内于 2003 年引进[③]）。该书运用概念分析和校史描述的方法，首先从理论推演提出大学变革的共同要素，然后围绕这些要素构成的结构延伸出 5 个大学个案的校史，探讨出它们向“创业型大学”转型的途径，表明大学变革的本质是平衡环境需求和提升应对环境的能力。2004 年，为了进一步通过校史研究印证大学变革的本质，探索大学组织的性质，伯顿·克拉克又完成了一本著作《大学的持续变革：创业型大学新案例和新概念》（*Sustaining Change in Universities: Continuities in Case Studies and Concepts*，国内于 2008 年引进[④]），为“创业型大学”变革研究补充了 14 个案例。

之后，学者刘岚、周光礼、宣勇、阎凤桥等，都在大学变革的理论探索上有所推进。学者刘岚在 2005 年从定位上探讨了大学变革与发展的理论。他认为高等学校定位的内涵实质是高等学校面向社会需要依法自主办学。在定位时，一方面要关照高等学校内部结构的特殊性，另一面要把学校置于整个社会组织结构系统中，充分考虑一致性和平衡性。他明确指出，大学变革“需要”学校定位，因为其本身内含促进学校变革的可能性。对于大学而言，经常剖析学校内外环境，密切关注环境的变化，努力从环境变革中获取有利于学校发展的信息，分析自身办学过程中的有利因素和不利因素，明确办学优势和劣势、发展机遇和潜在危机，使学校和环境保持高度的协调性，是十分必要的。大学只有与不断变化的社

---

① 杨春梅. 2002. 学术组织视野中的高等教育系统——伯顿·R·克拉克的高等教育系统观及其启示. 高等教育研究，(4)：55-58.

② 伯顿·克拉克. 1994. 高等教育系统——学术组织的跨国研究. 王承绪，徐辉，殷企平，等译. 杭州：杭州大学出版社.

③ 伯顿·克拉克. 2003. 建立创业型大学：组织上转型的途径. 王承绪，译. 北京：人民教育出版社.

④ 伯顿·克拉克. 2008. 大学的持续变革：创业型大学新案例和新概念. 王承绪，译. 北京：人民教育出版社.

会环境相适应，才能保持竞争优势和持续发展能力。[①]尽管他并没有过多分析大学变革理论本身，甚至没有界定大学变革，只是比较抽象地界定了“定位”，但在论及定位的操作和执行时，却提及探究大学变革理论的重要性——是因为大学扩大自主权之后，大学必须面对的现状思考；而“定位”之说也不妨被理解为大学变革的一个执行面。

周光礼对大学变革的理论探索则站在高等教育研究和院校研究较高的起点上。他认为具有中层理论意蕴的院校研究将成为中国高等教育研究中最有前途、最具活力的研究领域。因为院校研究在中国的兴起，旨在架起抽象理论研究与具体经验分析之间的桥梁，避免高等教育研究的两个极端——过度的宏大叙事与狭隘的经验总结，最终消除理论与实践相脱节的弊病。正是院校研究的实践性与操作性，不仅要求有宏观理论体系的支撑，而且要求有抽象程度适中、能指导院校研究工作者在面对具体问题情境时如何进行相关研究的实务理论——中层理论。基于此，他进一步论证了中国院校研究的研究对象就是大学的改革与发展，即大学变革。这是基于中国院校研究产生于中国社会大转型的背景，是为了解决中国高等教育研究理论与实践相脱节的问题应运而生的。他对大学变革的研究是运用一些可操作性的概念来取代传统高等教育研究中抽象的宏大叙事。故中国的院校研究应尊重每个具体院校特殊的文化传统和带有个性特点的发展道路，这种研究品格与追求普适性理论的宏大叙事形成鲜明的对照。而大学变革研究可以操作化为院校政策过程研究，即院校决策者在特定政策环境下，按照特定的规则选择和制定政策并付诸实施的过程。[②]

同样对大学变革研究视角和理论作出巨大贡献的是加拿大一位长期研究中国教育的著名教育家——露丝·海霍（Ruth Hayhoe，中文名为许美德）。她的著作《思想肖像：中国知名教育家的故事》（*Portraits of Influential Chinese Educators*），因为选取了从叙事角度解读中国著名校长、教育家一生的教育、生活、学术和领导的经历，所以有了这样一个颇有文学意味的小说式标题，甚至被忽略在大学变革研究专著之外。事实上，这部著作通过对学者专家个人经历以及他们所处的大学发展历程的描述，勾画出近百年来中国高等教育复杂多变和丰富多彩的发展途径，诠释了在中国社会文化及其教育变革的背景下，这些知名教育家所呈现的中国教育发展取向和独特命运。更为重要的是，这部著作为大学变革研究增加了一个独

① 刘岚. 2005. 高校变革与发展需要准确定位. 教育发展研究，（19）：60-62.

② 周光礼. 2009. 政策分析与院校研究：中国高等教育研究的中层理论建构. 高等教育研究，30（10）：41-48.

特而富有魅力的研究视角和领域——对人物活动的叙述和描写。[①]

明确提出对大学变革概念和理论研究的专著与专篇，是宣勇的《大学变革的逻辑》和阎凤桥的《探索大学变革的理论：读〈大学变革的逻辑〉有感》。后者是前者的书评。宣勇的专著分为上下篇，上篇指出大学变革的逻辑基础：知识是大学组织存在的基础。“学科组织”是全书的核心概念，也是论证变革问题的逻辑起点和落脚点。下篇围绕学科组织这个核心内容，基于权力结构、战略规划、人力资源、理财制度、学术资源、组织文化等方面建构了大学组织的治理结构。[②]这本书难能可贵之处在于作者不仅提出了“学科组织理论”（宣勇并没有如此概括，而是读者的评价），并用这一理论对大学组织进行了分析，更重要的是，该书对大学变革探索理论基础的重要意义进行了论证，认识到理论是对现实的抽象以及对现象背后因果关系的逻辑表述；并以中国的社会变革为参照，肯定了针对中国社会变革开展的理论研究，具有发现和提出重大理论的可能性。大学组织理论作为社会科学理论的重要组成部分，也需要进行理论研究这种高级的智力活动。学科组织理论则是经过这种理论研究的结果。作者对这一理论进行了两个维度的辨析：一是应然与实然（也称为“规范与实证”）；二是理性选择与制度约束。前者认为理论范式可分为侧重回答“应该怎样”（应然）问题的理论范式和侧重回答“是什么”“为什么”（实然）问题的理论范式。学科组织理论属于前一种。后者进一步认为学科组织理论可分为理性选择与制度约束两种不同范式。理性选择范式强调行动者的自主性，指行动者可以在特定情景之下，根据优化原则自由地选择实现目标的最佳途径，这种理论范式不考虑特定的社会环境和历史条件，具有超越时间和空间的特性。制度约束范式则认为，任何现象均不是孤立的，而是彼此联系，嵌入在特定的社会环境和历史背景之中——制度约束影响大学组织的生存，行动者不得不满足外部要求。[③]学科组织理论属于前一种，该书也侧重考虑大学组织内部的安排，采取了一种“自下而上”的逻辑线索。阎凤桥的理论探索与其说是一篇书评，毋宁说是借评论别人的观点来阐明自己的思考。该篇论文主要关注对大学组织制度化的系统研究，指出学科组织理论在“实然”和制度主义范式上的不足，具体讨论了社会发展与大学组织、社会发展规律与大学组织的特点、学术生产规律与社会劳动原则、大学组织与社会之间的互动、大学组织发展

① 许美德. 2008. 思想肖像：中国知名教育家的故事. 周勇，等译. 北京：教育科学出版社.
② 宣勇. 2009. 大学变革的逻辑（上下篇）. 北京：人民出版社.
③ 周雪光. 2003. 组织社会学十讲. 北京：社会科学文献出版社，45.

规律与中国大学组织建设等五个方面，并得出如下结论：大学组织是一个复杂的开放系统，其特征、问题及其解决方式往往超越大学本身，是一个需要将环境或者社会、经济、政治和文化等因素考虑在内的综合问题。[①]这正是本书致力于制度研究的重要基点：大学制度是一个发生在大学组织内外因素共同作用下的制度问题。

华根球的《高校转型的动力因素分析》则可以算作一篇难得的理论探索与案例研究相结合的论文。他的研究逻辑“从理论建构到案例验证”将为本书所参照。该篇论文运用现代组织理论，对大学转型的内外动力因素进行了分析，认为在外部需求、竞争压力及政策指向等外部力量的推动下，大学变革主体对外部环境变化进行积极反应；战略决策者在了解外部环境的关键需求以及内部环境资源和能力的基础上，对学校发展战略进行重新选择，通过价值观转变、制度创新和主体追求等内源动力因素，在互动过程中不断积聚和强化，推动院校转型。在理论探索的基础上，该篇论文还以浙江农林大学为例，展示了从单科性院校向多科性大学转型的内外动力因素相互作用的方式和过程。文章作者对大学变革的探索，实际上蕴含了对大学变革最粗略的界定，即转型是在特定历史背景下发生和发展的，无论是从单科性向多科性（或综合性）转型，还是从教学型向研究型转型，以及从教学型向创业型大学转型，其初始的诱因都是外部环境的改变，既有社会转型过程中政治、经济提出的新要求，也有政策指向或是由于竞争而产生的外部压力。[②]

此后，又有学者撰写了探讨大学体制机制变革案例的专著《大学发展的学术战略与结构变革——基于A大学的案例研究》，通过对大学在特定历史时期的组织变迁行为进行深入分析，从微观层面探讨了环境变迁中的大学组织适应与成长过程，探索了大学组织环境、战略与结构之间的复杂关系，对大学组织变革进行了实证研究。研究发现，大学变迁被深深打上时代的烙印，时代、高等教育、大学的发展紧密交织、联系在一起。因此有必要将大学组织所面对的环境变化作为背景和影响因素，深入组织内部进行微观分析。该书将外部环境主要概括为高等教育大众化进程，组织内部环境集中在大学发展目标定位和战略的调整上，从而在内部资源配置、教学科研方法、组织结构设计、管理体制与运行机制等方面作出新的制度安排和结构设计，呈现出组织与环境之间动态复杂的互动状态。该书对大学组织变迁的动态过程进行了呈现与分析，探讨了

---

① 阎凤桥. 2011. 探索大学变革的理论：读《大学变革的逻辑》有感. 复旦教育论坛，9（2）：68-71.

② 华根球. 2011. 高校转型的动力因素分析. 高教探索，（4）：18-23.

环境如何影响大学组织的运行与发展，大学组织回应的方式及效果。[①]该书的核心问题“环境与大学组织的关系”对本书有很强的借鉴意义，但在大学组织变革理论与实践操作层面上皆有可突破的空间：一是将外部环境考虑得比较单一，高等教育大众化是大学组织复杂外部环境的重要组成因素，但绝不是唯一因素，事实上，诸如历史、文化、传统等对组织的影响比当下高等教育发展趋势的影响更大；二是组织内部的机制管理等变迁，在不考虑“人”（不论是单个的人还是集体/集团）的利益的前提下，既显得空泛不够深入，也不易找到制度结构变迁的着力点。因此，本书将从两个方面予以补充，即对大学组织变革史与利益相关者两个重要的对象和概念进行深描与建构，尝试将组织变革与制度变迁的抽象过程予以具化、升华。

综上所述，基于大学变革与发展的现实困境以及作为院校研究的大学变革史的自身处境，大学组织变革可以从宏观、中观和微观三个层面加以把握。

一是宏观层面，把大学变革置于院校研究的广阔背景之下，探讨院校研究对大学变革与转型的影响，主要探讨影响大学变革与转型的理论需求或者院校研究的研究范式。

二是中观层面，将大学视为社会组织，考察组织赖以存在的活动场域及其从中生成的组织制度环境，关注大学组织与政府、企业和其他社会组织的互动关系。此类研究关注的大学变革，就是大学内部结构和组织制度的变革。

三是微观层面，主要包括两个切入点：既可以关注大学组织内部的行动者，探讨个体行动者或集体行动者对大学变革的作用，以及其推动变革、实现变革的过程；也可以通过深描大学组织的各种活动与行为，描述与分析大学教学方式和模式的演进，学科、专业、课程的演变，学术研究和学位授予活动的变迁，教师职称人事制度的变化，管理和信息保障方式的变革，治理结构的调整活动，财政来源渠道的变化等。

因此，本书在已有理论研究的基础上，寻求大学变革研究的切入点——大学变革史显然是必要且重要的。对大学变革的研究不能只满足于非理论的描述，更重要的是探讨大学变革的理论，以解释大学变革在具体情境中的动力机制，最终为大学当下的决策提供借鉴和启示。通过深描大学变革史关注大学赢得变革的过程，可以弥补已有研究缺少理论和实践结合这一不足，而对大学变革史的研究不仅具体可操作，也能成为具有现实意义的学术研究。因为大学变革史是通过对微

---

① 李汉林. 2022.一部有鲜明特点的大学组织变迁实证研究力作——评《大学发展的学术战略与结构变革——基于 A 大学的案例研究》. 河北民族师范学院学报，42（2）：106-108.

观层面各种活动的描述来关注大学变革的，这既符合从宏观研究转向微观研究的研究重心下沉的趋势，也满足从宏大理论的脱离实际转向中层理论指导实践的需要。

第二节　大学校史的研究

本节将综述图 2-1 的另一边——关于大学校史的研究。如何卓有成效地研究大学变革史是一个方法论的问题。大学变革史研究从校史研究推演而来，但又不等同于传统的校史研究。已有研究中，大学校史的研究路线比较单一，且研究者基本上都是从事校史相关工作的一线工作人员，在理论研究和实践研究上多倾向于后者。本书主要梳理了为数不多的关于校史研究的理论文献。早在 2005 年就有学者提出校史档案资料的开发，但当时并不是以论文的形式，仅仅类似刊首语一类的号召。[①]直到 2011 年前后，学者开始关注大学校史的编研工作，认识到校史的育人、咨政和宣传作用[②]，但多为经验式总结。值得一提的是，章华明等将校史档案工作与学校文化建设联系起来。[③]而对于校史编写的研究，尽管数量不多，也有专篇论及：潘东海从已有的工作经验谈到高职院校校史的编写程序和注意事项[④]；李华影等进一步把校史编写和大学大事记结合起来[⑤]；学者吴中杰的论文尽管只是一篇发言稿，但比较详细地讨论了校史的编写原则，其中的几项原则对校史的编写颇有指导意义：一是研究历史不单是要关注校史、系史，还包括对整个国家历史、世界历史的了解；二是要写信史，要根据真实情况写，而不是根据别人的指示写；三是要站在人文主义和学术本位的立场上写校史，而不是站在官本位的立场得出结论；四是无论写什么人，都要有全面的观点，而不是只根据其政治地位写。[⑥]2011 年后集中涌现了大批关注校史功能的文章，分别从校史资源的德育功能和文化功能两个方面进行挖掘。这些研究虽然没有推进校史研究的理论探究，却充分表明校史研究对大学发展的重要意义，为后来逐渐将

① 阮志红. 2005. 校史档案资料开发不容忽视. 广东档案，(4)：30-33.

② 郭兰. 2011. 试论高校校史编研及其与档案工作的关系. 学理论，(13)：179-180.

③ 章华明，张海荣，刘淑娟. 2011. 高校档案资源融入文化建设需解决的若干问题. 山西档案，(4)：43-44.

④ 潘东海. 2007. 民办高职院校校史编写的意义及应注意的问题. 山东英才学院学报，(1)：63-64.

⑤ 李华影，唐雷. 2011. 刍议高校大事记的整理. 科技信息，(33)：67，70.

⑥ 吴中杰. 2011. 谈校史的编写方法——在复旦中文系“系史编写组”访谈会上的发言. 书城，(9)：12-18.

校史研究与史的研究，尤其是教育史的研究相结合奠定了基础。2011年，丁立新等的《中国古代修史传统对校史研究的借鉴意义》和熊贤君的《别有洞天的教育史研究》既是之前理论研究的集大成之作，也奠定了校史研究的规范化研究雏形。前者强调使校史研究走出临时性、单纯宣传性的尴尬境况，倡导校史与教育学、历史学、档案学相结合，实现校史工作“研究化”，以期实现教育部要求的校史编写的价值和意义，提升校史研究的层次和品位。[①]后者没有将校史明确纳入教育史研究范畴，但基本上将校史等于同于教育史的研究，关注教育史就必须关注学校解密与公开的档案资料，即校史资料。[②]

总的来说，对于校史的研究，无论从研究者发表的论文还是刊载的期刊看，要么流于档案资料汇编，要么成为学校大事记，要么等同于经验式的工作总结，很少进入学者关注的主流视野，缺少具有高度，尤其缺少具有理论指导意义的文章和著作。这为本书确定具体的研究内容留下了巨大的研究空间，即传统校史研究的最大弊端是校史与理论的分裂，校史研究与现实背离，没有真正发挥校史对大学当下发展和问题的借鉴功效。随着校史研究意义的强调与突出，关注校史研究，做到史论结合，描述与分析合一，是挖掘校史的重要出路。

历史总是惊人的相似，或者说，中国的各种形态组织中，总有中国几千年前悠久历史留下的痕迹，因此理解组织成员的行为，理解中国组织的行为特点，不能离开对历史的考察和思考。而对那些面对浩瀚历史无从下手的人来说，学会科学地分析历史，是历史最重要的作用之一。本书基于“校史为当下服务”的实践意义，同时基于克罗齐所说“一切历史都是当代史”[③]的哲学高度来挖掘大学变革史，进而在大学发展现实问题的解决中寻求现实和历史的契合，从丰富的校史资源中找寻与发掘当下大学发展面临的各种问题，将历史阐释与大学现实紧密结合。为了实现这一目标，本书主要采用案例研究，通过深描的方式描述分析、概括归纳大学变革过程中的各种活动。关于大学变革史的界定以及具体研究方式，在下一章理论基础中将详细论及。这里主要介绍由于需要对校史进行现实与历史的结合、实践与理论的结合而选取的三个案例，即哥伦比亚大学、多伦多大学和华中理工大学的研究现状，并着重阐明三个案例的选择依据。

一方面，从不同的背景来看，在20世纪60年代这一时期，美国文化注重自由、个人权利的张扬；加拿大文明重群体利益，集权与分权相结合；中国当时处

① 丁立新，陈均. 2011. 中国古代修史传统对校史研究的借鉴意义. 兰台世界，(15)：68-69.

② 熊贤君. 2011. 别有洞天的教育史研究. 河北师范大学学报（教育科学版），(5)：59-63.

③ 贝内德托•克罗齐. 2012. 历史学的理论和历史. 田时纲，译. 北京：中国人民大学出版社.

于高度一元化的体制。三个案例在此不同背景下，各有代表性。美国呈现出的高度自由民主的政治体制和文化氛围，使身处其中的哥伦比亚大学也具有较强的独立性，而这种独立性又明显依存于学校几百年的历史积淀——滥觞于欧洲古典大学的保守与激进的并存，为此在它的变革过程当中，教师和学生都能作为内部主要行动者展开行动。可以说，组织内部行动者的观念行为是组织历史基因铭记和回应组织外部环境的集中反映。加拿大尽管也是自由体制的资本主义国家，但显然不同于美国的分权政体，更强调集权与分权的结合。处于这种政治文化中的多伦多大学也深受影响，大学组织的每一项决策都要辗转经过几乎所有相关的大小、多少、层次不同的个体行动者与集体行动者的干预和讨论，所以大学组织的变革显得迂回、曲折，最终能得到的也是行动者寄予厚望的"高效"决策模式。在 20 世纪 60 年代的中国，国家越重视高等教育，高等教育自身所能取得的办学权相对越小。此种情形下，组织内部个体行动者的主观能动性就显得特别重要，他几乎能左右整个组织的集体行为，最终的变革是行动者个人意愿的部分反映，而与主管部门的博弈更见频繁往复。可见，三个案例在其所处的国情国别、政治体制、文化传统、历史因袭等制度元素方面都非常具有典型性，能在深挖三个案例变革史的基础上生成组织行为模式。

另一方面，从三个案例已有研究现状来看，要么研究很少，要么专题性很强，要么还可以有新的视角。具体来说，国内已有文献对哥伦比亚大学的研究极少，主要是对大学综合性的简介，或者对大学某一个方面特色的介绍，如本科教育、留学生教育等，而且篇幅不长，大多是新闻报道，正规的学术论文几乎没有，更不用说校史研究或者治理结构的研究了。多伦多大学的已有研究相较于哥伦比亚大学略多一些，主要集中在对大学多元化办学模式、办学理念、管理体系等方面的介绍，关于治理结构的历史发展，在周光礼的专著和论文中都已经有比较详细的描述与分析。本书选取了与其不同的时间段，剖析时代环境对大学治理体系变革的影响，既以已有研究为基础，也是对已有研究的补充。关于华中理工大学的研究相对较多，一方面源于这所大学作为新中国自主办学的代表，是我国高等教育发展的历史缩影，极具典型性；另一方面也源于该校教育研究领域的兴盛，因为大部分研究的专题论文作者都是该校教育科学研究院的师生。尽管研究成果很多，本书还是试图从"大学组织变革"的视角，切入学校在一段特殊的历史时期的变革与发展，已有研究中关于史实的介绍或许已经有很多，但本书希望能从新的视角结合史实挖掘出一点新意，即在有限的办学自主权之下，外部行动者进入组织内部，在个体行动者主观能动性之下影响大学治理结构变化的过程和结果。

鉴于上述考量，三个案例截取的变革时段基本上处于一个时期，即20世纪60年代，这个时代的重要特点就是民权运动等的发生，并由此促成“共同参与、共同治理”等理念的萌芽。

通过对已有研究的梳理可见，在研究内容上，关于大学变革的理论研究是不够的，尤其是将大学变革作为一个中观层面的组织概念进行关注的研究特别少——这是本书关注的重点。在研究方法上，关于校史经验性的总结已经比较成熟，关于校史的资料也已能够公开获取，但缺少对校史专业、规范、概念化的研究，不能使校史成为大学当下决策的重要信息来源之一。综合上述研究内容和研究方法的不足，本书关注20世纪60年代的大学组织变革情况，通过对当时的大学历史进行事后诸葛式的分析，将大学组织变革界定为一种平衡内外部需求的中观层面的变化，尤其在时代背景孕育的变革理念和制度环境的影响下，整合宏观与微观的变化，使宏观层面的理念变成微观层面的行动者进行大学组织制度结构再设计的依据，实现从组织行为到制度安排的变革，同时借用记录大学变化的校史，通过深描变革史中行动者的活动展现变革的过程和结果。

第三章

组织行为理论与 IAD 框架

在 20 世纪 60 年代这个以“变革”为主旋律的时代背景下，“权力”、“平等”、“参与”、“自由”、“共同决策”和“共同治理”等核心词汇不仅成为社会思潮的关键词，更深刻影响了大学组织的生存环境和治理结构。本书聚焦于探究 20 世纪 60 年代的时代背景如何具体影响大学组织的内外行为和所处的制度环境，以及这些影响如何作用于大学变革的整个过程。我们认识到，组织行为和制度环境是大学变革的双重驱动力，它们与“大学变革”之间的互动关系，使得大学的变革历程深深地打上了时代的烙印。为了深入剖析这一复杂过程，本书选择组织行为学作为理论基础（因为组织行为是大学变革的主动者和受动者），同时选用 IAD 框架作为分析工具（因为制度是行动者和组织共同的背景和环境），来考察“大学变革”的结果——新的治理结构出现的过程与结果。本章将据此理论基础和分析框架构建适宜于本书的大学组织变革分析框架，并在随后的第四至六章的个案分析中予以验证。本章任务有三：确立“组织行为学”的理论基础，展示 IAD 框架的内涵和用法，通过整合理论基础与分析框架搭建本书的逻辑分析框架。

第一节 组织行为学与大学变革

一、组织行为理论

本书的理论基础——“组织行为理论”来自组织行为学这门学科。确切地说，组织行为学最初也被称为人际交往技能。但在描述这门学科时，人们普遍使用一个术语“组织行为”。[①]组织行为学是一个研究领域，这意味着它是由共同知识体系构成的一个独立的专业知识领域。它的研究对象是决定组织行为的三类要素，即个体、群体和结构；同时，它把研究个体、群体和结构对行为的影响所获得的知识加以运用，使组织的运作更有效。

事实上，尽管组织行为学这门学科现在被公认为一门涉及管理学、心理学、社会学、人类学、生理学、生物学、经济学和政治学等众多学科领域的综合性学科，但追根溯源，其最主要的源头之一是管理学，可以说，是因为组织需要管理，尤其是对人的管理，组织行为学才逐渐形成。无论何种组织形态的管理，都离不开与人打交道，管理的对象是人，管理目标的实现，也要通过组织成员实现，其中如何理解人的行为，如何更好地预测，甚至塑造人的行为，是作为管理者的重要工作。作为组织普通一员，也面临如何理解组织的各种行动背后的原因，理解周围同事的行为，理解各层次管理者决策的依据，否则也会有许多的为什么、凭什么。[②]

凡此种种，组织行为学的第一个目标——解释行为得以明确，在解释行为的基础上，第二个目标是预测行为。关注大多数人的行为模式，大多数团队和组织在形成了一定时间后，会有自己的特点和惯性，组织行为学通过识别这些特点和惯性，从而对自己的行动可能会涉及的人、团队组织的反应作出预测，并提前做好准备。组织行为学的第三个目标是控制行为，或温和地表达为“塑造行为”，即在解释行为和预测行为的基础上，能否影响他人、部门或组织的行为，使得对方按照自己期望的方式呈现行为。这不仅涉及领导力与影响力的问题，也关涉个体期待部门或组织内成员的行为特点符合组织期望的问题。三个目标都顾及到，

---

① 斯蒂芬·罗宾斯，蒂莫西·贾奇. 2016. 组织行为学（第 16 版）. 孙健敏，王震，李原，译. 北京：中国人民大学出版社，9.

② 王雪莉. 2012. 组织行为学案例. 北京：中国发展出版社，1.

才能降低内部交易成本，减少冲突。这是大多数组织的管理制度希望实现的总目标。

可见，在组织行为学的视野中，行为可以依据认知、环境等因素之间的持续交互作用而给予最佳的解释。人与环境并不是作为孤立的单位起作用的，而是与行为联系在一起，交互地决定行为的。这些行为既有个体行动者的行为，也有集体行动者的行为，更有由此形成的组织行为。班杜拉解释道："在很大程度上，正是通过自己的行动，人们引发了环境条件，这些条件又以交互的方式影响人的行为。由行为产生的经验也部分决定了一个人成为什么样的人、做什么事，而这一切又反过来影响后续的行为。"[①]本书将组织行为理论作为分析大学组织变革的理论工具，以丰富大学变革的内涵：对组织中人类行为的理解、预测和管理，并由此关注形成的组织行为的特征、类型和模式，以提高组织实现其既定目标的有效性。本书尝试用大学组织内部的个体和集体行动的行为推导大学组织变革行为的特征与类型，关注大学组织在特定时代环境中的变化，从而提升大学组织管理的有效性。

二、组织行为理论中的大学变革

1. 组织行为理论的基本框架

组织行为学关注的是人们在组织中做什么以及这种行为如何影响组织的绩效，因此这一领域强调的是与工作、岗位、缺勤、离职、生产率、工作绩效和管理有关的行为。虽然对于这些繁多的关注话题，至今仍有孰轻孰重的大量争论，但人们对组织行为学涵盖的核心课题基本上达成共识，包括动机、领导行为和权力、人际沟通、群体结构与过程、态度形成与知觉、变革过程、冲突和谈判、工作设计。其中，动机、群体结构与过程、态度形成与知觉、变革过程等，无论是个体层面还是组织层面，都是本书考察大学组织变革时会涉及的课题。为此，本书引进组织行为学的创始人之一斯蒂芬·罗宾斯（Stephen Robbins）给出的组织行为学总体模型（图3-1），尝试将大学变革的过程进行分解细化，为后文制度分析理论与分析框架的整合确立抽象的逻辑框架。在这个模型中，我们可以更清楚地看到这些议题分别处于研究组织行为的哪个层面或维度，使本书对理论基础进行操作化成为可能，为后文组织行为理论与IAD框架的整合提供了必要性和可操作性。该模型展示了组织行为学的三种类型的变量，即输入、过程和输出，以及三个层次的分析水平，即个体、群体和组织。

---

① Bandura A. 1977. Social Learning Theory. Upper Saddle River: Prentice-Hall, 9.

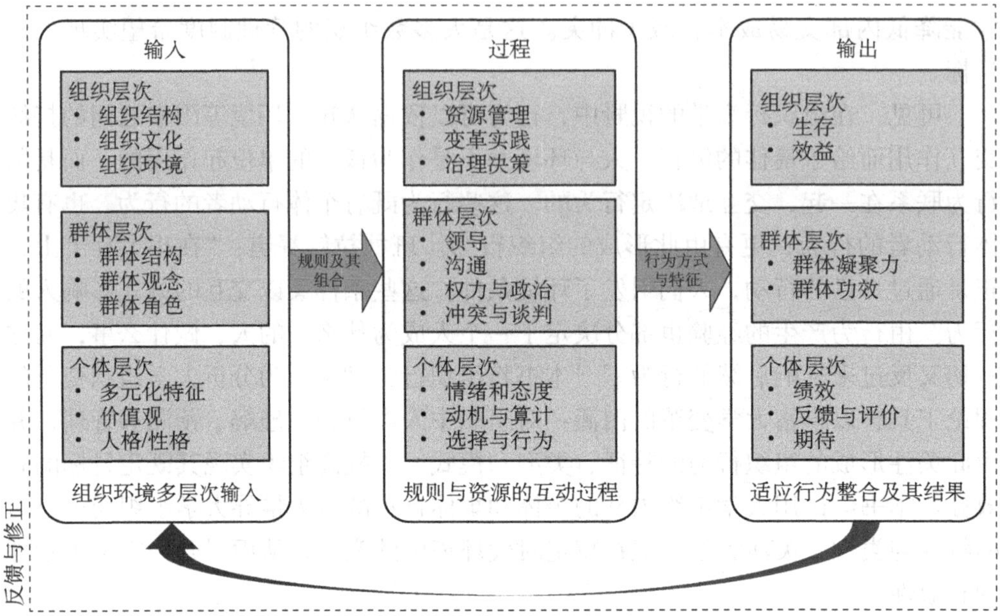

图 3-1　组织行为的输入、过程和输出模型图

注：模型图参考斯蒂芬·罗宾斯《组织行为学》一书中的“组织行为学基本框架图”

输入是指诸如人格/性格、群体结构、组织文化等能够引起变化过程的变量。这些变量决定了接下来组织会发生什么。其中，有的变量是在组织成员进入组织之前甚至在组织存在之前就确立的，如个体的多元化特征、价值观以及人格/性格等，是由个体的基因遗传以及童年环境共同塑造的，是在个体成为组织成员之前就具备的；有的变量是个体成为组织成员之后立刻形成的，如群体结构、群体观念、群体角色等，通常会在群体形成前后立刻形成；有的变量则需要经过一段时间甚至主动建构才会出现，如组织通过多年的发展和变革，通过适应环境，建立习俗和规范，最终形成组织结构和组织文化等。分析层次的复杂性和环境的多样性决定了输入变量的系统性与开放性。

过程是个体、群体以及组织参与的活动，由输入引起，最终带来一定的输出。在个体层次，过程包括情绪和态度、动机与算计、选择与行为。在群体层次，过程包括领导、沟通、权力与政治以及冲突与谈判等行为。最后，在组织层次，过程包括组织内外的资源管理、变革实践以及治理决策。组织行为学并未很好地解释组织环境输入之后与组织本身互动的过程，而 IAD 框架将外部环境输入变量与规则关联起来，通过规则之间的组合探讨组织环境对组织内部资源管理的影响，能有效解释组织行为过程中不透明且模糊的变革方式。

输出是想要解释或预测的关键因变量，因变量会受到其他变量的影响。组织行为学中最主要的结果包括三个方面：个体层次，包括绩效、反馈与评价、期待等；群体层次，群体凝聚力和群体功效是因变量；组织层次，关注组织的生存状况和总体的盈利能力/效益大小。输出的结果是组织适应环境变化后的行为整合带来的结果。①

该模型从左到右推进，输入带来行为过程，过程导致结果输出。需要注意的是，这是一个循环递进的过程，输出也可能会影响未来的输入。本书致力于将这个基本的组织行为学模型与IAD框架进行整合。在最左侧的输入端，通过展现组织多层次的输入，从组织环境中挖掘出各种规则影响因素并进行多层次分析。在中间的过程中，针对该模型对组织内外部三个层次行为的分析存在不透明、不明确的不足，借助IAD框架的行动情境，详尽地展现规则及其组合与组织资源以及各个层次行为的互动过程，即哪些规则会影响及其是如何影响三个层次的行为的。在最右侧的输出端，通过从环境到过程的详细解释，预测组织行为包含的类型特征，从而在不同层次生成组织行为变革的类型和结果。

总的来说，对组织行为学的基本框架模型与IAD框架进行整合，一方面依循组织行为学从输入到过程再到输出的逻辑流程与环节，另一方面充分挖掘IAD框架中的行动舞台所搭建的场域中的各时空元素，通过对特定时段变革史的挖掘，对案例大学组织中诸如治理体系（governance system）、资源系统（resource system）、组织文化（organizational culture）以及行动者等与环境互动的过程进行生动描绘，有助于将组织转化过程中不透明的、模糊的变化具象化并对其进行细节化处理。可以说，组织行为学是本书用来分析大学变革动力机制的骨架，而IAD框架则是本书用来分析案例的实操步骤，即对时代环境中众多元素进行操作化，对变迁过程中的各种资源、各种规则等对个体和组织行为发生作用的过程等实施分解与解析；更甚者，变革的最终类型是将组织的行为特征与制度变迁结果进行多维度、多层次、长时空的整合。这既是案例大学组织变革史中规则与行为的融合，也是组织行为理论与制度主义学派两大理论体系中的“行动舞台”对组织场域的嵌入。

后面的章节将运用搭建好的框架具体分析三个案例。在这之前，我们将详细解释如下问题：框架中的行动舞台是什么？它如何将组织行为学中所说的过程进行具体的转化？在这个过程中，大学组织需要哪些资源？而在时代环境中，又有

① 斯蒂芬·P. 罗宾斯. 1997. 组织行为学（第7版）. 孙健敏，李原，等译. 北京：中国人民大学出版社，53.

哪些元素最终会进入组织环境，成为大学变革的动力，并导致每个大学组织形成独特的变革类型？

2. 大学组织变革的组织行为

前文通过文献综述已经将本书关注的大学变革界定在中观层面，即通过研究大学组织内部行动者的具体活动，沟通宏观环境对大学组织的影响，以及微观行动者对大学变革经过和结果的形塑。而这一定义还与组织行为理论暗合，从词源学的角度对变革的本意和来源进行的梳理证实了这一点。

一方面，从汉语词源上来说，“变革”是指事物本质的改变，最早出现在《礼记·大传》中：“立权度量，考文章，改正朔，易服色，殊徽号，异器械，别衣服，此其所得与民变革者也。”其后，宋代曾巩在《自福州召判太常寺上殿札子》引用：“变革因循，号令必信，使海内观听，莫不震动。”可见该词在中国文化背景中多指宏观的制度、法度的本质性改变，使用者多用以指代改朝换代等大事记。因此，本书中使用的“变革”的基本意思是指大学组织在结构、宗旨、文化等制度层面的重大事务的变化。另一方面，“变革”一词与英文中的 reformation 或 transformation 大致对应，这两个单词的词根 metamoia 来自希腊语，意为“头脑的根本改变”。[①]所以，本书中的“变革”也包含了参与变革的组织个体、群体及组织本身的思想观念的变化，以及围绕这些变化大学组织出现的局部调整和适应环境的行为。可见，从词源上来说，“大学变革”可以描述和解释为大学组织结构等制度层面出现的变化，以及大学组织内部行动者行为方式和组织行为产生的结果的变化两层含义。

鉴于此，处于某一时代中的“大学组织变革”整合这两层含义，包括大学组织外部外生变量（宏观制度环境）和内生变量（微观行动者观念行为）两方面的“变化”：一方面是大学组织治理结构发生的变化；另一方面是大学组织内各利益主体行为模式的改变。具体来说，本书中的“大学组织变革”属于贯通宏观层面和微观层面的制度研究，其内涵既包括宏观的制度变迁——治理结构的变化，也包括微观的制度设计——个体和集体行动者在时代情境中形成的行动模式促成这一制度变迁的过程。综上，本书将“大学组织变革”界定为：大学组织内部行动者响应时代要求和自主观念行为的变化，在外部制度环境的影响与制约下，通过采取一系列行动，推动大学治理结构发生变化，使大学组织实现制度变迁的过程，形成共同治理的变革结果。它是一个关联外部制度环境和内部行动者行为模式的中层概念。也正是因为这一点，本书关注的“大学组织变革”的结果是外部

---

① 王健. 2011. 教育变革从思维方式的变革开始——读《变革的力量——透视教育改革》及其续集. 江西教育，(16)：47-48.

环境和内部行动者相互作用、共同生成的，是时代要求和宏观环境在中观层面的一种制度安排，使得大学组织变革的结果——新的治理结构既能反映社会对大学的要求和制约，也表达着各个行动者各自的权益和诉求。研究“大学组织变革”这一中层概念，我们需要一个适宜的制度分析工具，尤其是适合在制度变迁过程中对制度安排进行再设计的有力工具，这就是IAD框架。根据图3-1对组织行为模型与IAD框架的整合，本书拟按照组织、群体、个体三个分析层次，将组织行为的输入、过程和输出三类变量重新组合，具体分析在组织环境的多层次输入基础上，根据规则与资源的互动过程，分析组织适应行为的调整与整合，并归纳组织的行为方式与特征。这既是本书分析大学变革过程的研究步骤与分析单位，也是对组织行为模型与IAD框架的拓展和验证。

第二节　制度分析与发展框架

如前文的界定，本书所指涉的中观层面“大学组织变革”，是分析大学组织新的治理结构出现的过程和结果，是关注大学组织的一次制度变迁，通过制度变迁使组织实现“共同治理”的制度安排。这一研究重点和研究目的通过使用埃莉诺·奥斯特罗姆（Elinor Ostrom）开发的新制度主义分析工具——IAD框架可以得到很好实现。

一、IAD框架的理论基础

IAD框架可谓系出名门，其内在的理论背景和逻辑基础丰富且深厚。该框架来自经济学领域，标志性事件是2009年10月12日，瑞典皇家科学院授予印第安纳大学政治学系讲座教授、美国著名政治理论和政策分析专家奥斯特罗姆诺贝尔经济学奖。她的获奖是由于她“在经济治理，尤其在公共资源治理方面”①的卓越贡献。这使她成为诺贝尔经济学奖历史上首位女性得主，也是仅有的几位以政治学家身份获此殊荣的学者之一。此后，她和她的同事开创的多中心理论和在此理论基础上发展而来的自主治理理论以及后来的社会资本理论渐渐深入人心，在经济学、政治学和公共管理学等领域得到广泛认可。IAD框架便是奥斯特罗姆获得诺贝尔奖的主要理论成果的衍生物和得到这些研究成果的主要分析工具。

---

① 诺贝尔奖官网上对埃莉诺·奥斯特罗姆的提名词是：“for her analysis of economic governance, especially the commons”（出自：https://www.nobelprize.org/prizes/economic-sciences/2009/press-release/）。

奥斯特罗姆认为，IAD 框架的理论来源十分广泛，在古典政治经济学、新古典微观经济学、公共选择理论、非合作博弈论以及交易成本经济学中都能够找到理论依据，是综合了多种学科的一组分析框架。[①]就国内目前对奥斯特罗姆夫妇[②]的已有研究来看，他们的理论关注的核心是围绕个体相互关联的公共事务（the problem of the commons）的自主治理，主要包括复合共和制的政治理论、民主制行政的行政理论、多中心的秩序理论、IAD 框架、公共经济理论等，其中，IAD 框架是这些学术贡献的组成部分，也是与其他各个理论息息相关的部分。

1.多中心理论

多中心理论的出现可追溯到两千多年前的亚里士多德（Aristotle），他指出，凡是属于最多数人的公共事物常常是受人照顾最少的事物，人们关怀着自己的所有，却忽视公共的事物；对于公共的一切，他至多只留心其中对他个人多少有些相关的事物。[③]他提出了公共治理过程中一个必须正视的问题，即如果没有适当的制度安排，以自我利益为中心的有限理性的个体一般不会为了集体利益而行动。[④]多中心理论的出现正是为解决公共资源治理过程中的“搭便车”等问题。在奥斯特罗姆提出这一理论以前，公共事务治理中类似“搭便车”现象的“公地悲剧”“囚徒困境”“集体行动逻辑”问题都用选择理论给予解答，即在国家主权秩序和市场秩序两者间“二选一”——对公共资源要么通过强权控制，要么彻底私有化。但奥斯特罗姆却认为，所有个体与组织都是追求自我利益最大化的单元，不可能希望他们来实现公共领域的和谐与效率，因此，强权或私有化都不是公共事务治理的唯一有效的解决方案。她转而将目光投向政府与市场之外，从而促成多中心理论的兴起。该理论发掘公共事务中社会秩序的“自发性”和“殊异性”两大本质特征，在市场与政府之外找到了另一只“看不见的手”。也就是说，在社会公共事务的管理过程中，并非只有政府一个决策主体，而是包括中央政府、地方政府、各种非政府组织、各种私人机构及公民个人在内的众多决策中心，这些中心在既定的制度约束下共同行使主体性权力。因此，多中心理论的核心思想就是强调利用这只“看不见的手”，在市场与政府之外充分利用公共事务

---

① Ostrom E, Gardner R, Walker J. 1994. Rules, Games, and Common-Pool Resources. Ann Arbor: University of Michigan Press, 3-4.

② 这里的奥斯特罗姆夫妇指埃莉诺·奥斯特罗姆和文森特·奥斯特罗姆（Vincent Ostrom）夫妻二人。后者是美国著名政治学家、政治经济学家、行政学家和政策分析学家，公共选择理论的开创者之一、美国公共选择学派的创始人之一。他也是埃莉诺·奥斯特罗姆的博士生导师，两人的许多研究成果往往联名发表，难以严格区分开来。

③ 亚里士多德. 1983. 政治学. 吴寿彭，译. 北京：商务印书馆，37.

④ 亚里士多德. 1983. 政治学. 吴寿彭，译. 北京：商务印书馆，107.

发展的社会秩序，最大限度地遏制集体行动中的机会主义，从而保障公共利益的持续发展。

2.自主治理理论

自主治理理论的提出最早见于奥斯特罗姆的代表作《公共事物[①]的治理之道：集体行动制度的演进》（*Governing the Commons: The Evolution of Institutions for Collective Action*）。该书是作者在博士学位论文的基础上完成的，主要着眼于小规模的公共池塘资源问题。书中通过大量实证案例的调查研究，开发出自主治理公共事务的制度理论，即一群相互依赖的委托人通过把自己组织起来，进行自主治理，从而能够在所有人都面对"搭便车"、规避责任或其他机会主义行为诱惑的情况下，取得持久的共同收益。[②]如果说多中心理论主要是通过理论阐释而得来的，那么自主治理理论主要是在多中心理论的基础上，通过大量的案例分析实证推演出的理论。奥斯特罗姆和她的同事通过对瑞士的高山草场、日本的森林社群以及西班牙韦尔塔的灌溉制度、菲律宾桑赫拉的灌溉社群、斯里兰卡渔场和水利开发工程、加拿大新斯科舍近海渔场在内的多个亚洲、非洲、欧洲案例进行实证研究，分析了各个地方制度构建成功或失败的具体情况，得出公共池塘资源治理失败的制度原因。在这些案例研究中，她发现自主组织实现自主治理要遵循八项"设计原则"[③]：①清晰界定边界；②占用和供应规则与当地条件保持一致；③集体选择的安排；④监督；⑤分级制裁；⑥冲突解决机制；⑦对组织自主权的最低限度的认可；⑧分权制企业。这些设计原则是长期有效的公共池塘资源自主组织实现自主治理制度的基本构件，这些设计原则对公共池塘资源及相关制度的存续性提供了一种可信的解释。

3. 社会资本理论

基于多中心理论的自主治理理论对公共资源进行治理，没有公民的参与是不可能实现的；只有公民参与才谈得上"自治"，也才能体现"多中心"。没有公民的团结、互助、合作与信仰，就不可能在政府与市场之外存在"第三只手"来治理公共事务。奥斯特罗姆进一步提出社会资本理论。"社会资本"的内涵很丰富，首先，它基于规则体系之上。这里的规则体系是自然演化和人们的自觉设计

---

① 因翻译不同，为尊重该著作的表达方式，本书对"公共事物""公共事务"不作统一。

② 奥斯特罗姆. 2000. 公共事物的治理之道：集体行动制度的演进. 余逊达，陈旭东，译. 上海：上海译文出版社，23.

③ 这里的"设计原则"是指自主治理形成过程中的实质要素或条件，它们有助于说明这些制度在维持公共池塘资源、保证占用者世世代代遵守所使用的规则中的成功原因。出自：奥斯特罗姆. 2000. 公共事物的治理之道：集体行动制度的演进. 余逊达，陈旭东，译. 上海：上海译文出版社，47.

共同作用而形成的，因为它由使用公共资源的公民推动形成，所以它最贴近实践，也就最能帮助个人克服在社会中遭遇的各种社会困境和集体行动问题。正是由于这种规则体系的存在，积极公民在公共治理中的作用被凸显出来，他们不是单纯的政府服务消费者，也不完全作为政府对立或反对力量而存在，而是社区（community，也译为共同体）自治的一部分。其次，规则体系不是一经形成便一劳永逸的。由于参与其中的公民不完全同质，大家所认同的“东西”在长期反复的博弈、协调、对话、容忍与尊重中不断变化，使得规则体系也不断调整变化。这种不断改进而形成的“东西”就是“社会资本”。因此，社会资本是在公民积极参与问题的解决过程中形成的，它是维系社群生活的重要条件。

二、IAD 框架的形成与发展

上述三类理论在研究内容上呈现递进关系，其内在逻辑是：传统的市场秩序或国家秩序并不能很好地解决“搭便车”问题，多中心理论解释了第三条道路存在的理由，而且是通过“自主治理”组织来实现治理的；在自治的过程中，为了保证较好的治理效果，公民的参与至关重要。但是，公民并非完全同质，在参与中经过长期的反复博弈、协调、对话、容忍与尊重形成的东西——“社会资本”——是内生、存在和镶嵌于社会生活之中的资源状态。就这层含义而言，奥斯特罗姆理论的创新之处是把整个体制看成是由互动的公共机构构成的体制，而不是由个人控制的单一体制；把公共当局看成是多元的体制，而不是单一的体制。所有的治理是自发创造的秩序，且必须与其他公共控制机构在同一层次或者不同层次上综合在一起。①

从 IAD 框架具体形成过程来看，它综合了奥斯特罗姆夫妇二人研究的核心思想，尤其脱胎于“共同治理”理念。奥斯特罗姆通过实证研究证明使用者自主治理的公共池塘资源能在合理的制度安排下取得优于人们之前根据标准理论所预测的结果，从而颠覆了公共财产只有交由中央权威机构管理或者完全私有化之后才能有效管理的传统观念。而要实现公共池塘资源自主治理理论中所涉及的原则、方案，IAD 框架是一个有力的工具。由奥斯特罗姆本人反复研究论证，通过运用框架进行分析，能够强有力地解释自主治理体系的构建、调整和改善的起因、经过与结果。可以说，早在 1982 年由奥斯特罗姆提出时，IAD 框架就主要用于探究自主组织自主治理制度形成和发展的过程，随后她和她的团队发表了一系列文章对这一框架进行修正与补充，既有大量实证证明，

---

① 匡小平，肖建华. 2009. 埃莉诺·奥斯特罗姆公共治理思想评析. 当代财经，（11）：32-35.

也有理论基础的扩充。[①]但该框架的理论基础从未脱离“多中心”“自主治理”的核心，而且其在实践上常被用来验证公共资源、公共服务领域内的各类组织进行制度设计与制度安排的过程，如对警察服务、水资源和森林资源等的研究，包括奥斯特罗姆在内的很多学者都对这些领域内的组织自治进行了极具解释力的分析。一言以蔽之，IAD 框架出现于“共同参与”的实证研究，发展于“共同治理”制度设计的理论推演。

综上，IAD 框架是对上述三种理论一以贯之的研究内容的整合，其依据的核心思想是：对公共资源的治理，主要实行由广大公民参与的“自主治理”，充分利用“社会资本”，形成“多中心治理”局面，从而解决完全市场化或者政府强权的问题，对公共资源的治理形成一种不断改进和完善的制度设计。该框架的理论基础回应了其适用范围——由广大公民参与治理的公共资源——大学组织正属于这样一个参与者、行动者甚多的公共资源体系之内。当然，由于国情、文化以及大学组织机构自身的不同，大学组织和公共资源体系之间的关系又会表现出不同形态。不仅如此，该框架也弄清楚了其功能功效——由公共资源体系自身完成对机构组织内部的自主治理，凭借参与治理的组织之中的行动者形成多中心的“共同治理”来实现这一治理目标——这与本书关注的行动者共同关注、参与、作用的大学组织自主变革是相一致的，且变革的最终目标是实现“共同治理”。显然，IAD 框架的分析目标与 20 世纪 60 年代的时代要求是一致的，身处其间的大学组织变革的目标也是形成共同参与的治理结构，并关注这一结果以及形成结果的共同参与过程。

三、IAD 框架的实践应用

从 IAD 框架形成的过程可以看出，这一框架关注的是制度设计的过程和结果，是基于“多元参与、共同治理”的核心思想建立起来的，用以解决理念如何改变和完善现行制度，从而更好地实现对公共资源治理的理论分析工具。经过多年的发展，IAD 框架已经日臻完善，用以解释包括自然环境、组织社区性质、规则体系在

① 早在 1982 年，由凯泽（Kiser）和奥斯特罗姆合写的论文“The three worlds of action: A metatheoretical synthesis of institutional approaches”[Kiser L, Ostrom E. 1982. The three worlds of action: A metatheoretical synthesis of institutional approaches. In: E Ostrom (Ed.), Strategies of Political Inquiry. Beverly Hills: Sage, 179-222.]中就开始探讨该框架；到 1999 年，奥斯特罗姆的论文“Institutional rational choice: An assessment of the institutional analysis and development framework”[Ostrom E. 1999. Institutional rational choice: An assessment of the institutional analysis and development framework. In: P A Sabatier (Ed.), Theories of the Policy Process. Boulder: Westview Press, 35-71.]中正式提出该框架；一直到 2012 年奥斯特罗姆逝世前，她还对这一框架的最新研究进展进行了整理[Ostrom E. 2011. Background on the institutional analysis and development framework. The Policy Studies Journal, 39(1): 7-27.]。

内的外生变量如何影响公共资源的自主治理组织的制度设计结果，而这个不断调整的制度是在行动情境和利益相关者相互作用的结构模式中生成的，从而为组织相关者提供了一套能够增强信任与合作的制度设计方案及标准，用以评估、改善现行的制度安排。[①]今天的IAD框架已被毫无争议地归入新制度主义流派的一个分支，其中，关注利益相关者的行动和相互作用，是理性选择制度主义（经济学制度主义）的体现；而关注规则、属性、文化等外生变量和内生变量的作用，则是（组织）社会学制度主义的内容。因此，这一框架具备双重性，既可以用来评估静态的已有制度安排，也可以用来探究新规则和新技术不断出现的动态制度设计。它把行动者的行为分解成若干相互关联、互相掣肘的众多组成部分，使研究既可以关注各个行动者背后细致复杂的具体问题，也可以将行动者置于行动情境/行动舞台乃至大的制度环境之中，看其发生的深层原因。奥斯特罗姆通过这一框架研究了公共资源治理问题，不仅关注公共资源的自然属性，更重要的是关注资源所在社区环境的治理结构、规则政策、文化传统等社会属性对行动者行为模式和制度结果的影响。从某种程度上说，IAD框架已经成为公共管理领域实现组织“共同治理”的一个“操作指南”，对研究组织制度变迁与发展极具理论和实践的解释力。在实践研究上，IAD框架在公共服务领域内的运用已经比较成熟，但还远没有涉足教育、医疗、科技等方面的公共服务。[②]本书也可算作该框架向教育公共服务领域拓展的一次尝试。

作为分析制度变迁的理论工具，IAD框架已发展成为一个具有操作性的探讨自主组织自治过程的理论模型。一个完整的IAD框架模型包括8组主要变量，通过界定各变量具体含义及其之间的相互关系（图3-2），来展示和分析制度再设计的过程。

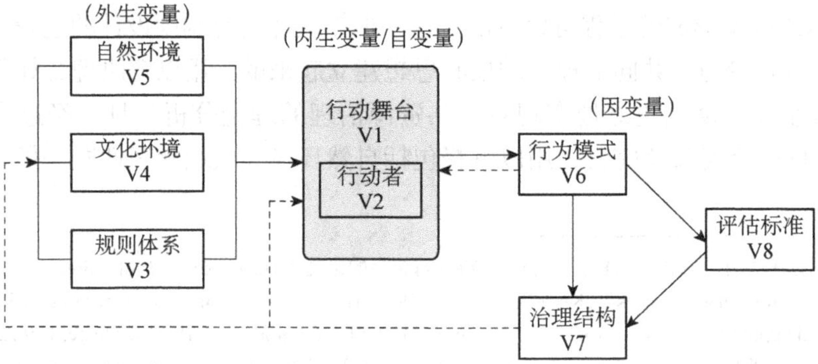

图3-2 IAD框架

① Poteete A, Janssen M, Ostrom E. 2010. Working Together: Collective Action, the Commons, and Multiple Methods in Practice. Princeton: Princeton University Press, 23-25.

② 毛寿龙. 2013-01-15. 布坎南与奥斯特罗姆夫妇之比较. 东方早报，第9版.

在图3-2所示的IAD框架里，8组变量普遍存在于自主组织自治制度再设计的过程中。模型的核心“行动舞台”（action arena）是第1组变量，该变量指个体间相互作用、交换商品和服务、解决问题、（在个体于行动舞台上所做的很多事情中）相互支配或斗争的社会空间。①这是一个广泛存在于国际、国家、地方、市场和公司等各类和各级事务中的社会空间，此空间内的个体由于利益矛盾而相互斗争。这个空间里活跃着两组概念单元：一是以行动舞台为中心构建的“行动情境”（action situations）；二是IAD框架的第2组变量“行动者”（actors）。作为自变量，行动舞台的结构特点影响和制约着其间行动者的行为，从而决定了因变量，即第6组变量“行为模式”（interactions）以及该模式的结果（outcomes）——第7组变量“治理结构”；作为内生变量，行动舞台又被看成是一组依赖于其他因素的变量，这些因素包括三组外生变量，即第5组变量“自然环境”（biophysical conditions），第4组变量“共同体属性”（attributes of community，也可理解为“文化环境”）和第3组变量“规则体系”（rules-in-use）。行动舞台在这些外生变量的影响下通过作用于行动情境来影响其间行动者的行为，间接影响“行为模式”和“治理结构”两组因变量。②

在奥斯特罗姆对IAD框架进行拓展和修正之后，行动情境成为可以涵盖行动舞台和行动者的核心要素。③行动情境是一个分析性概念（analytic concept），这一概念使框架使用者能单纯从直接影响行动者的行为过程的结构出发，解释行动者行为与结果的规律性，并分析这一结构对它们可能产生的影响。简单地说，行动情境是一个受外部环境和内部特征制约与影响而形成的作用于行动者行为和结果的结构特征，包括目标制度与关联性制度。前者是制度分析主要研究的制度，

① 埃莉诺·奥斯特罗姆. 2004. 制度性的理性选择：对制度分析和发展框架的评估//保罗·A. 萨巴蒂尔. 政策过程理论. 彭宗超，钟开斌，等译. 北京：生活·读书·新知三联书店，45-91.

② 本书中变量的设置包括自变量、因变量、内生变量与外生变量四种，四种变量之间既相互交叉又各自独立。具体来说，任何一个系统/模型都是由各种变量构成的，在分析这些系统/模型时，可以选择研究其中一些变量对另一些变量的影响，那么选择的这些变量就被称为“自变量”，而被影响的变量就被称为“因变量”。而在经济模型这类模型中（IAD框架具有广泛的政治学、经济学理论基础），内生变量是指该模型所要决定的变量，外生变量指由模型以外的因素所决定的已知变量，后者是模型得以建立的外部条件。内生变量可以在模型体系内得到说明，是模型的特殊之处；外生变量决定着内生变量，是广泛存在的一般特征，外生变量本身不能在模型体系中得到说明，但会作用于内生变量。在一个模型中，外生变量不可能是自变量和因变量，而内生变量通常是自变量或者因变量中的一个。

③ 需要特别说明的是，在2009年末的诺贝尔奖讲座中，奥斯特罗姆对IAD框架进行了简化，突出行动情境在整个框架中的核心地位，将行动舞台和行动者都略去。于是，行动情境成为矗立在行动舞台中的立体结构，行动者是行动情境的一部分。后文在进行制度分析时所指的“行动情境”也沿用了修正后拓展的概念，而不再单独解释行动舞台对行动者及其行为和结果的作用及意义。

后者是与目标制度相关的配套或辅助性制度。[1]置身于行动情境中的第2组变量行动者是促成行动情境结构特征，同时又受这一特征制约的最活跃的因素，因此在使用框架时往往把行动者行为模式——行动情境和行动者在外生变量影响下的相互作用模式——作为重点分析对象。作为内生变量，行动情境所受到的外部制约来自第 5 组变量自然环境、第 4 组变量文化环境和第 3 组变量规则体系，其中规则体系是最主要的因素。规则体系是基于社会资本理论而出现的一个概念，为制度形成之必需。按照奥斯特罗姆的界定，“制度”是约束人们在复杂境况下的决策过程中的行为规则、规范和策略。规则体系是制度的重要组成部分，是行动者普遍认可的对何种行为和结果是被要求、禁止和许可的具有可执行力的描述。[2]这意味着行动者在行动情境中，根据规则体系所形成的特定环境，建立关于行动情境的指令和所认可的架构行动情境的策略，或是人们鉴于行为和结果之间的关联而努力维持情境秩序和可预见性。从这一意义上说，规则体系是行动者采取行动的外部动力，行动情境由此生成的内部结构是内部动力，两者合力促成行动者行为模式并影响结果的出现。[3]除此之外，自然环境指对行动情境构成影响的自然和物质世界的属性；文化环境强调文化等“软”环境对行动情境的影响，包括人们普遍接受的行为规范、价值取向上的认同度、组织成员之间资源分配状况、认知结构上的类似程度等要素[4]，通常属于“文化概念”的内涵。三组变量构成了影响行动情境结构特征的外生变量。如此一来，行动情境在外生变量和内部结构特征的共同作用下，生成行动者和行动情境的“行为模式”，即第 6 组变量。这种模式直接作用于第 7 组变量“治理结构”这一结果，所以，结果由相互作用模式直接决定，同时又受行动情境和外生变量共同的间接影响，而这一结果又有反作用于行动情境和外生变量的可能。另外，行动情境的运作结果会附带产生一个评估结果和结果出现过程的“评估标准”（evaluation criteria），即第 8 组变量。

从上述 IAD 框架的变量组成可以看到，之所以能形成一种制度安排，关键在于行动情境受内外环境的影响而对行动者行为模式的形塑，这种行为模式决定了制度设计的结果，并对结果和结果出现的过程进行评估。时代要求和组织环境影响下的“大学组织变革”研究符合这个制度设计的过程，其关键就是分析行动情境中行动者的行为及其结果。

---

① Ostrom E. 1999. Institutional rational choice: An assessment of the institutional analysis and development framework. In: P A Sabatier (Ed.), Theories of the Policy Process. Boulder: Westview Press, 35-71.

② Ostrom E, Gardner R, Walker J. 1994. Rules, Games, and Common-Pool Resources. Ann Arbor: University of Michigan Press, 23-24.

③ Ostrom E. 2005. Understanding Institutional Diversity. Princeton: Princeton University Press, 243.

④ Ostrom E. 2005. Understanding Institutional Diversity. Princeton: Princeton University Press, 222.

四、IAD框架中大学组织变革的分析对象

大学变革史这一概念最初来自院校研究早期开展的活动，是院校研究决策信息的来源之一。[①]大学变革史是一个中观的概念，它的基点是个别院校，甚至是个别时段的关于大学变革的历史记录。概念的目标指向是大学在一定时段之中如何与环境互动，如何生成一个平衡环境需求与大学应对能力之间的变革结果。作为中观层面的概念，它关注的是制度分析中的“制度”。所以，大学变革史中的历史事件不仅包含一所大学机构设置、规章制度等成文、成体系的变化内容，也包括为人类行动提供意义框架的象征系统、认知模式和导读模板等规范的、规制的和文化-认知的一切变化。尤为重要的是，大学变革史中所记载的关于制度变化的历史故事，以组织内个体行动者或者集体行动者的活动为主要线索，用人物的活动史生动地再现历史情境，使历史发展保持与历史人物和历史事件的对话。

大学变革史不单纯地等同于校史，它更关注微观层面的具体活动。它的研究须充分借鉴人类数千年流传下来的丰富资料：不管是已经整理的还是未整理的、公开的还是私人的档案史料，不管是直接的还是间接的、中文的还是外文的各种文集、笔记、日记、家谱、族谱、年谱、方志、实录、报纸、杂志等记载史料，不管是回忆录、传说、歌谣等口碑史料还是各种文物、图片、绘画、教具、学具等实物史料，都是研究者必须首先收集、鉴别、考证、分析、整理以及充分运用的史料。除了在内涵上比校史涵盖更广，在研究层次上，大学变革史是对校史高层次、概念化的研究。因为大学变革史作为一个中观层面的概念，超出了校史记录中单纯的现象描述，而是试图把大学变革置于内外部制度环境共同作用的制度层面，使每个行动者的行为既源于外部制度环境和内部因素的制约，又通过两者间的互动反作用于制度。于是，大学变革史中所记载的历史故事，尤其是故事中人物的活动就不仅具有个体的历史意义，还具有影响变革结果的结构性意义。把大学变革史作为IAD框架分析的对象，更是对史实作结构化处理的最好体现。

大学变革史将“活动”作为具体研究内容，使得本书在利用大学变革史中的材料时选用的操作策略是“深描”。深描最初是文化人类学的研究手段，后来被微观史学流派所借鉴，特指研究者在大量占有调查材料的前提下，通过现代人的历史想

① 19世纪末20世纪初，美国院校开始普遍进入“大学化时期”，随之而来的是在大学内部出现以研究大学的改进和发展的研究领域，研究的载体就是每个大学自己的校史。到20世纪上半叶，美国院校研究逐渐进入院校自我调查阶段，以协调大学与环境的关系为指向推动大学组织变革。第二次世界大战之后，美国院校开始制度化地进行有组织的决策研究，为大学变革服务。整个过程中，院校变革史一直作为院校研究决策信息的来源之一。

象，为某一特定区域的文化构筑出一幅解释性的图景，并力图从细小但结构密集的事实中引出重大结论。[①]鉴于此，本书中的深描，也不只是简单地将观察到的现象套用到分析框架中，而是将以书面形式记录下来的象征性事件置于一个概念的结构之中进行解释。对大学变革史来说，为了搜集和鉴别对大学变革发挥影响和作用的元素，本书借用微观史学中的提名法与推测范式两种方法。提名法是“缩小历史考察的规模到可以精确地确认身份的个人”[②]。这种方法有利于对院校行动者进行具体而微的分析，由一个人名去还原个人的生活轨迹及其内在的思想情感，同时由这个人重建围绕在其周围的社会关系网络。推测范式则主张研究者从有限的、不完整的资料中，通过必要的推测获得一个合理的解释。[③]因为很多事件在不同的史料中有不同视角、不同详略的记录，把从许多地方得来的线索整合在一起，能够得到关于事件完整和真实的最合理、最可能的推测性论点。[④]这样，本书通过深描这种分析性叙述方式，用 IAD 框架中确定的结构特征把大学变革史中隐藏的影响制度设计的元素及其相互间的作用模式找出来，用以分析行动产生的结果及其与结果的关系，从而得出时代环境影响大学变革的过程和结果的相关研究结论。

深描的方式还决定了本书中必须确定大学变革史的两个重要因素，以考察对应的制度变迁：一是界定所探讨和追踪的制度的那些重要维度；二是在前者基础上确定所研究和追踪的适当时间范围。[⑤]本书确定的制度变迁的考察维度是旧有的治理结构中各个利益群体的活动，即深描个体行动者和集体行动者开展的活动、各种活动之间的相互关系，以及其对结果的影响如何，为后文基于行动者行为模式归纳出大学变革的类型提供依据；选择的时段是在世界范围内一个共同的背景，即 20 世纪 60 年代风起云涌的学生运动之后，大学面临的发展困境催生大学变革的迫切性。本书中所选的个案，即哥伦比亚大学、多伦多大学和华中理工大学，它们的变革既是由学生运动直接促发的，也是学生运动之后解决大学治理困境的结果。本书以三所大学新的治理结构形成为标志，深描三个个案大约 20 年的大学变革史。尽管变量设置相同，即大学变革中都存在相同的动力因素——这是大学变革的共性，但变量的具体内涵不同，所起的作用不同，行动者的行为模式不同，三所大学变革的类型不同，生成的治理结构也

① Burke P. 2001. New Perspectives on Historical Writing (2nd ed). Cambridge: Polity, 111.

② 周兵. 2006. 微观史学与新文化史. 学术研究，(6)：89-95，148.

③ 周兵. 2006. 微观史学与新文化史. 学术研究，(6)：89-95，148.

④ Davis N Z. 1988. On the lame. The American Historical Review, 93(3): 572-603.

⑤ 约翰・L. 坎贝尔. 2010. 制度变迁与全球化. 姚伟，译. 上海：上海人民出版社，47.

就迥异——这是大学变革的个体特征。后者的存在是院校研究以大学变革作为研究对象的重要理由。

第三节 组织行为学与IAD框架的整合

一、组织行为理论与大学组织变革、IAD 框架与大学变革史

基于上述分析，组织行为理论与大学组织变革、IAD 框架与大学变革史之间的关系可以界定为：IAD 框架是探索大学组织在时代要求和组织环境的影响下实现制度变迁的工具，制度变迁的结果是组织所处的制度环境变革了组织；这一结果是由大学变革史中的行动者在内外部制度环境的共同作用下，通过开展活动形成的组织特定行为模式所决定的。换句话说，在 IAD 框架中，“大学变革”可界定为：处于特定的行动情境结构中的大学组织行动者，在外生变量的影响与制约下，形成了组织本身一定的相互作用的行动模式，推动大学治理结构发生变化，大学组织实现了一次制度变迁的过程。其中，“特定的行动情境结构”是围绕时代要求和制度环境中各个利益主体建立的目标制度和关联性制度体系；“大学组织行动者”是受到时代“多元参与、共同治理”的影响，并为实现它而采取了行动的大学内部利益相关者；“外生变量”包括宏观制度环境中的自然环境、文化环境和规则体系，其中规则体系对行动情境的影响是最重要的；“行动模式”是行动者受行动情境制约和外生变量影响而形成的相互作用的行动模式，不同大学组织中的行动模式是不同的；新的“大学治理结构”是大学变革完成的标志，各个利益相关者在原有的治理结构中的利益诉求实现状况有所改变，大学组织的共同治理理念在新的治理结构中得以实现。

从这个意义上说，人的行为和选择决定了不断完善制度设计的过程，在这个过程中，个体和群体的思想、观念、意识等形塑组织中行动者的行为模式，行为模式又受到公共资源所处的具体环境的影响，从而决定组织治理结构的最终表现形式。本书基于组织行为理论与 IAD 框架的核心思想和基本要义，分析 20 世纪 60 年代的大学组织存在和变化的状态与过程，下面将具体介绍整合它们之后的分析框架。

二、分析框架的建构

鉴于组织行为理论与 IAD 框架各有其自身的学科渊源、理论基础和适用范围，本书尝试将两者结合使用。就研究的学术规范来说，当所用理论基础不止一个时，对理论进行整合是必要的，毕竟不同的理论都有自己的内在逻辑体系，它们之间可能容易融通，也可能相互冲突，甚至背离，需要根据研究需要，确定各个理论中能共同被理解和使用的成分，才能作为一个有效的理论分析工具。

在整合之前需确定 3 个前提，即组织行为理论与 IAD 框架需要整合、可以整合、必须整合。其一，组织行为理论基于人际关系理论，基于管理的核心“人的因素”，IAD 框架基于“理性人”的前提假设，可见两者源于共同的起点，但由于“理性人”已经不是纯粹的被管理者，故两者需要整合。其二，组织行为理论的最终目标是通过对组织内部人的行为的控制[①]（温和的表述是：对人的行为的塑造），提高组织实现预期目标的绩效。IAD 框架通过制度分析完成制度设计，从而实现组织（或基于某种结构建立的单位）对公共资源的有效治理。两者间最宏远的长期目标都在组织，可见两者可以整合。其三，组织行为理论的起点和落脚点都在组织内部，即使需要考虑组织环境、组织文化时也要内外关注，不能改变其管理学的“内洽性”，组织管理是对内的，外在因素甚至所谓的外部管理只是为了提升内部管理效益；本书采用 IAD 框架最终得到的结论都试图上升到组织外部的制度环境，其指向是通过对组织外部制度环境的关注，来表明大学组织变革的根源所在，以期更好地实现大学组织既定的变革目标，可见两者必须整合。确定了 3 个前提后，两者具体的整合分为研究步骤的确立、变量概念集的确定、行动舞台的搭建、行动情境的运作、评估结果和结果出现的过程 5 个部分。

1. 研究步骤的确立

IAD 框架是基于理论分析建立的研究逻辑，也是个案分析的操作步骤。奥斯特罗姆将后者确定为 5 个步骤。[②]

1）确定各个变量形成框架的概念集：选定与具体研究相关的变量，并解释各个变量的含义，使之上升为概念化的术语，构成一套关于研究的制度分析概念集。

2）确定行动情境的整体结构：归纳行动情境既有的内部结构特点，判定这些特点对行动者的影响以及与行动者的互动方式，即确定行动情境内部围绕制度

① 王雪莉. 2012. 组织行为学案例. 北京：中国发展出版社，5.

② Ostrom E. 2011. Background on the institutional analysis and development framework. Policy Studies Journal, 39(1): 7-27.

再设计这一结果而进行的具体运作方式。

3）挖掘影响行动情境结构的外生变量：在制度外部环境中确定能对行动情境结构产生影响的自然因素、人文因素等，尤其具体描述规则体系在行动情境中的应用，以及其通过影响行动情境结构形塑行动者行为模式的过程。

4）诊断行动情境伴随行动者行为模式变化的过程：在内外制度环境的共同作用下生成行动者的行为模式，同时，行动者的行为模式也反作用于外生变量和行动情境。两者与行动者相博弈，由此归纳出行动者行为模式的特点。

5）评估结果和结果出现的过程：用一系列评估标准和原则，判定形成的新的制度安排是否符合人们的预期，是否满足新的制度环境的要求。

这5个步骤是将IAD框架化为具体操作策略的流程，结合对大学变革史的深描，本书将分4个层面来完成这5个步骤：变量概念集的确定、行动舞台的搭建、行动情境的运作、评估结果和结果出现的过程。因为本书是通过深描大学变革史中的活动来挖掘外生变量和行动者的行为，外生变量、行动者行为特征都散于故事情节之中，所以将第3步和第4步合并到对行动情境运作的描述分析中，在进行这4个层面的操作时，由于人物活动繁杂，为便于观察，涉及的影响元素将按照其出现顺序用变量的英文缩写予以编码。

2. 变量概念集的确定

根据IAD框架，变量包括行动舞台、行动者、自然环境、文化环境、规则体系、行为模式、治理结构和评估标准8组，参见图3-2。其中行动舞台和行动者共同构成行动情境，本书中的行动舞台是指基于院校研究的个别院校，意即大学组织内部是大学变革实施的行动舞台。

（1）内生变量/自变量：行动舞台和行动者

变量之一：行动舞台（V1）

行动舞台这一变量体现为一种结构特征，这一特征是基于“共同治理”理念的目标制度与关联性制度的组合。目标制度是体现“共同治理”理念的治理结构，但这个目标制度与最终结果中的治理结构可能一致，也可能不一致，是预期结果与非预期结果之间的差距。关联性制度是行动者为实现“共同治理”的治理结构而采取的活动体系，是在长期反复地博弈、协调、对话、容忍与尊重之后形成的。因此，这个活动体系包括大学内行动者举行一系列大大小小的会议、进行众多的调查研究、成立许多临时/正式的委员会、出台报告政策文件等影响治理结构的活动。行动情境结构特征是内外制度环境共同作用形成的：一方面是由大学组织内既有的治理体系、资源系统、组织文化和行动者的特征组成的；另一方面是受自然环境、文化环境和规则体系等外生变量的作用而形成的。

变量之二：行动者（V2）

行动者在行动情境中是最积极主动的活跃因素，并在外生变量和行动情境的共同作用下，促成新的大学治理模式的生成，从而完成大学变革。大学变革中涉及的行动者包括教师 A1、学生 A2、管理人员 A3、大学董事会成员 A4、校友 A5、政府 A6，其中对每个群体中的关键个体按出场顺序加以区分，如教师团体的领导人 A1-1，管理人员中的某一任校长 A3-1 等。

（2）外生变量：规则体系、文化环境、自然环境

变量之三：规则体系（V3）

在一个开放式的组织结构内，参与者不仅遵从行动情境的结构规则，还会通过或深或浅地改变规则来实现行动情境内部机构的改变。①也就是说，以规则体系为代表的外生变量是 IAD 框架中直接影响行动情境的一组活跃的外部因素。

变量之四：文化环境（V4）

文化环境变量是剔除外部环境中规则体系变量的影响之后，对行动情境发挥作用的那些与组织文化和行动者相关的文化层面的因素，也被称为“人文环境”。这一变量对行动情境的影响通常是无形的，却也是根深蒂固的，有的甚至是从组织出现起就具备的基因铭记。它通过影响行动者的偏好、情感等决定他们的行动方式，从而改变行动结果。

变量之五：自然环境（V5）

自然环境变量指与大学组织直接关联的自然属性，如地理环境、校内自然生态等。在不同情形下，自然世界属性对行动情境有时也会产生很大影响。某种程度上说，哥伦比亚大学决定将校内图书馆建在晨边高地，并引起后续学生运动肇始等一系列事件，都是大学处在寸土寸金的纽约所带来的影响。

（3）因变量：行为模式、治理结构、评估标准

变量之六：行为模式（V6）

行为模式变量在本书中主要表现为行动者在与行动情境的互动中形成特有的行为模式，这个行为模式将直接决定变革结果的出现，以及出现的形式和出现的过程。因此，这个变量也成为本书通过外生变量和自变量的研究所探讨的因变量，本书试图通过它探究大学变革的类型。

变量之七：治理结构（V7）

治理结构变量是本书关注的大学组织变革得以实现的标志，它是基于“共同

---

① Ostrom E. 1999. Institutional rational choice: An assessment of the institutional analysis and development framework. In: P A Sabatier (Ed.), Theories of the Policy Process. Boulder: Westview Press, 35-71.

治理”的行动情境，在行动者行为模式的作用下出现的，是“共同治理”理念实现的一种制度安排。本书关注的治理结构在不同的个案中并不完全相同，其原因就在于这个因变量会受到不同的外生变量和自变量的影响，从而使大学变革的类型也不一样。

变量之八：评估标准（V8）

评估标准是大学组织中行动者的行为模式在推动新的治理结构出现的同时形成的。因为在生成新的治理结构的同时，参与者对“共同治理”的认识也得以加深，需要对新的治理环境进行监督和评价，使其变革的结果得到不断修正和完善。

3. 行动舞台的搭建

（1）行动情境的结构特征

行动舞台的搭建旨在确定行动情境的结构特征，它既受外生变量的作用，也受内部结构的影响。如图3-3所示，行动情境中的核心部分是行动者与情境的相互作用及其产生的结果，作用的过程和结果受到文化环境AC、自然环境BC以及规则体系RU等外部变量的影响，同时还受到行动情境内部既有的治理体系GS、资源系统RS、组织文化OC和行动者A的影响，以及这些元素之间的相互影响。因此，在确定“共同治理”的行动情境结构特征时，本书将具体从大学变革史中挖掘治理体系GS、资源系统RS、组织文化OC和行动者A四个因素的特征，这是大学变革开始的基础。外生变量则散入大学变革史的具体深描中予以标示。

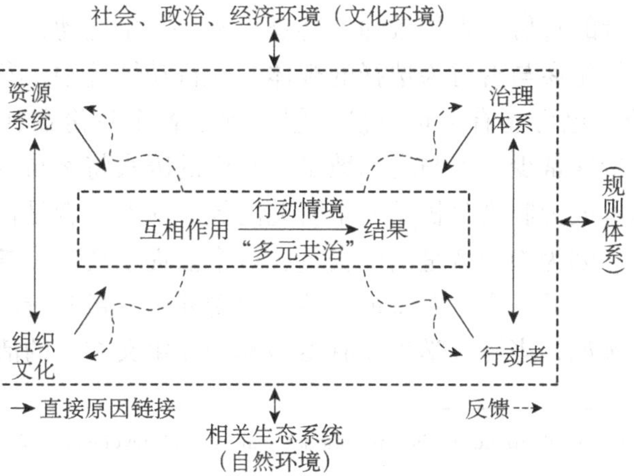

图3-3 行动情境内部运作方式示意图

（2）行动者与行动情境相互作用

行动者和行动情境之间的相互作用共同决定着行动情境的结构特征。这一过程既包括行动者携带特征作用于行动情境，也包括行动情境制约行动者特征的形成。

行动者影响行动情境结构的特征有4类：①行动者带入行动情境中的资源（RA），如校友对学校的捐赠；②行动者对行动情境和行为的价值判断（VA），这类特征虽然是主观判断，但却直接影响着行动者的行为；③行动者获取、处理、保留、使用临时信息的方式（WA），信息是决定行动者决策的关键因素；④行动者选择特定行为方式的过程（PA），这是行动者利用信息作出判断并采取行动的过程。[①]

行动情境中包含的行动者特征有7个，具体如下。

第一，参与者集合。参与者是指在决策过程中具有某种身份并具有决策能力的实体。[②]参与者有3个重要属性：①参与者数量，这决定了参与者的影响力和席位分配；②是以单独个体形式还是以集体形式存在，实际上，绝对的个体行动者比较少见，但在集权形式或者具有决定意义的关键人物出现时，存在需要引起重视的个体参与者；③参与者的社会关系网络（与外生变量密切相关）以及年龄、受教育程度、成长环境、文化背景等个别属性，这些个别属性会由于参与者对组织的不同影响力而发挥不同的作用。大学组织内的个体参与者主要是指大学变革期间在任的校长等关键人物，或者外生变量中极具政策影响力的政客；集体行动者往往是教师团队、学生组织、职员组织、学术行政人员代表团等积极参与大学变革活动的群体。

第二，参与者的身份。青年教师、终身教授、学生运动领袖、黑人学生、学院院长、校长等都是参与者行为选择的载体。在行动情境中，参与者可能有不同或者相同的身份，也可能有多重身份，但原则上各个身份在利益上是不相排斥的，且身份的数量通常少于参与者的数量。身份的因素将参与者与允许的行为集合连接起来，这也成为制度分析的一个研究前提，即参与者是在其身份的制约下选择行为模式的。因为参与者是内生变量，这个前提就决定了参与者与独立于行动情境结构之外的人品、个性等特征无关，但受外生变量和行动情境影响的个体特征不在此列。例如，当黑人学生没有参与和种族主义有关的活动时，他的人种

---

① Ostrom E. 2011. Background on the institutional analysis and development framework. Policy Studies Journal, 39(1): 7-27.

② 奥斯特罗姆用“参与者”指代框架中的“行动者”，旨在表明“行动者”就是采取行动的“参与者”，不一定非得独立出来严格加以区分。

特征身份是可以忽略的，只是某个大学组织内的学生而已；反之，就须考虑他的人种归属。

第三，允许的行为集合及其与结果的关联。具有某种身份的参与者，必须在“共同治理”理念允许的行为中作出选择。但并不是每个参与者每次的行为都能起作用，更遑论影响最终治理结构的结果。很多时候，个体参与者的一系列行为或者集体参与者的共同行为才能导致预期结果或者部分预期结果的发生。这种结果可能会影响一部分目标制度行为的产生，能使目标制度中某些事物或者程序产生、消失或者使其在程度、数量上发生改变。这实际上也是大学变革出现的判定标准。

第四，与个体行为相关联的潜在结果。行动情境中的潜在结果一般由 3 个部分构成：①由参与者一系列行为引起的物理结果，如学生（A2）运动对校园环境的破坏（A3）促成大学某栋教学大楼的修建等；②由偿付规则决定的和参与者行动相关的物质回报与支出，如黑人学生（A2-3）在学生运动后获得更多的资助；③参与者对物理结果和物质收支的综合评估，如大学董事会（A4）对于管理层修建的大楼能否实现学校某一目标作出评估，并由此影响校长（A3-1）是否连任。这个潜在结果可以用来评估预期结果与非预期结果之间的关系，有助于分析外生变量对行动情境的影响，也可以用来分析参与者个人偏好等对目标制度的影响。学生运动中学生并不了解自己行为的预期结果，但研究者可以据此分析最终生成的治理结构中学生利益表达方式的成因。

第五，每个参与者对决策的控制力。每个参与者对决策的控制力大小差别很大，存在绝对控制和零控制之间的任何一种情况。用公式来表示这种情况就是，参与者对结果的“影响力”（power）等于机会价值（在结果中所占的比重）与其对决策的控制力的乘积。机会价值与控制力一般不会在参与者之间平均分配，意即每个参与者对结果的影响力都是不同的，这也是每个参与者存在的意义所在。在大学变革中，学术行政人员与行政管理人员对治理结构的影响差别很大，在不同的大学组织内，两方所产生的影响力大小不同，甚至性质完全相反。

第六，参与者能够获得的关于行动情境结构的信息。如果参与者能获取关于行动情境结构的完全信息（perfect information），如参与者数量、身份类型、潜在结果等，甚至包括每个个体所要采取的行动，他可以据此作出完全理性的决策，从而对目标制度产生决定性影响。实际上，参与者只能获得不完全信息（incomplete information），这会导致两方面结果：一方面，在决策过程中的某一节点掌握关键信息便成为决定影响力大小的关键；另一方面，可能会有一些个体出现投机心理。后者通过推卸责任和欺骗，在牺牲别人利益的基础上实现自己利益的最大化，这反过来又加大了获取关键信息的难度。

第七，收益和代价。任何一个结果都与参与者一定的收益和花费的代价有关。收益是指参与者通过行为得到了回报，在大学变革中体现为行动者的利益诉求在新的治理结构中得到实现；代价是指参与者因为收益而需舍弃的其他方面的利益。

如图 3-4 所示，行动者与行动情境相互作用的过程，即行动情境的内部运作模式如下：参与者以一定的身份参与到决策过程中，并根据身份采取被行动情境允许的行动。如果参与者没有被赋予某种身份，则意味着他的行为集合是空集，他无法参与决策过程。这也意味着个体存在于行动情境之外，他对决策和结果不存在影响。无论信息完全与否，行动情境都会给予每一个参与者关于行动情境结构的信息，这些信息或多或少地会让参与者预见其行为可能出现的潜在结果，并使参与者意识到拥有怎样的控制力能够使自己的行动对结果产生最大的影响力。

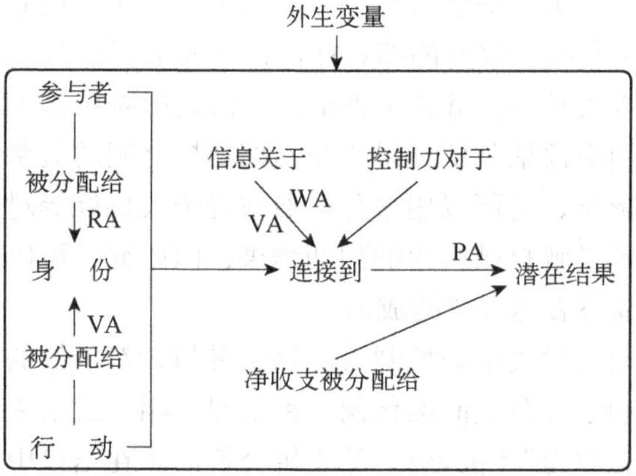

图 3-4　行动情境的内部结构示意图

4. 行动情境的运作

在完成对 IAD 框架中 8 组变量的界定之后，整个框架在各组变量的作用及其相互作用之下运作，其核心是行动情境的运作。对运作过程的分析主要包括两个步骤：一是对外生变量的挖掘；二是对行动者行为模式的分析。

（1）挖掘外生变量

在外生变量中，对行动情境运作起决定性作用的是规则体系，它通过 7 个具体的规则作用于行动情境内行动者的 7 个特征。如图 3-5 所示， 7 个规则分别是身份规则（position rules）、边界规则（boundary rules）、选择规则（choice rules）、聚合规则（aggregation rules）、范围规则（scope rules）、信息规则

（information rules）、偿付规则（payoff rules）等。

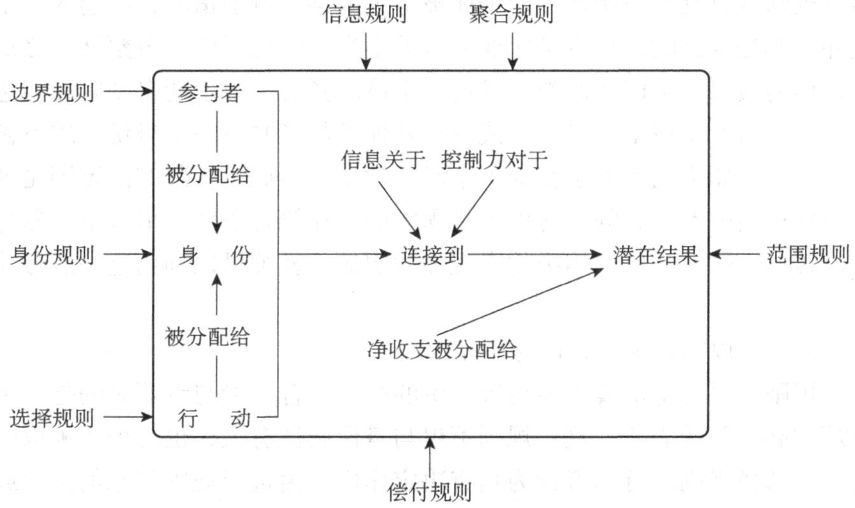

图 3-5　行动情境与规则体系互动示意图

（2）分析行动者行为模式

规则体系的 7 类规则与行动者的 7 个特征相互作用，从而生成行动者行为模式，在“共同治理”行动情境中具体表现为 7 类互动。

第一，身份规则与参与者的身份相互作用。

大学组织中的 5 类行动者，教师、学生、管理人员、大学董事会、校友是由外生变量的身份规则规定他们身份的种类和数量，从而把他们和身份允许的行动联系起来。其间，大学董事会受政府和社会的委托监督大学变革，教师、学生、管理人员在“共同治理”理念下表达各自利益诉求。身份规则决定了这些群体的数量、质量，尤其是大学校长的遴选对大学变革的影响深远。对于身份规则没有约束力的行动者，由大学组织的规模、类型等决定他们的数量和特点，进入、退出的难易程度，并与边界规则一起根据他们在大学变革不断发展和应用中积累的经验共同确定。这种互动作用是行动者参与大学变革的前提，在半封闭类型的大学组织内基本不会缺失。

第二，边界规则与参与者集合相互作用。

边界规则确立了个体取得或脱离某种身份的程序、标准、要求和费用，任何个体一旦失去身份，就等于离开了行动情境。学生入学的筛选可以说是边界规则最直接的表现。边界规则可以是一种“邀请”，那些已经具有一定身份的参与者，如大学管理人员可以“邀请”学生进入情境，同时赋予他们身份；也可以是一种“竞争”，学生通过考试等方式，根据表现使对手被淘汰，从而获得身份资格。边界规则有时具有强制性，即个体被迫进入某一行动情境，如卷入学生运动的学生并不都是自愿的，在哥伦比亚大学的学生运动过程中，警察涉入之后的误判断、误伤的很多学生即在此类，且这类个体的身份一般不能自动解除。边界规则允许一个参与者获得多重身份，或者与其他参与者共享一个身份，或者被禁止取得某种身份，如多伦多大学在变革中对大学董事会成员权限的限定即是如此。当然，边界规则中参与者的身份也不是固定的，在符合条件的情况下，参与者的身份可以转化，这在学生群体中的表现尤为明显，教师可以利用这一点分化学生群体。

第三，选择规则与参与者行为相互作用。

选择规则主要规定从属于参与者身份的行为集合，参与者面对的是“可以”“不可以”“必须”等表述。这一规则不仅与身份属性有关，也与个体采取的行为选择有关。选择规则对行动者行为具有决定作用，由选择规则带来的扩大或者减小的行为集合会影响参与者的基本权力、责任和自主程度。从这个意义上说，选择规则可以改变从属于身份的权力，从而改变行动情境容纳的权力总和与权力分配。大学董事会和管理层在面对学生运动时，是选择妥协并满足学生的诉求，还是选择采取强制手段镇压，不仅直接影响学生权利的范围，还将左右学生运动的走向，从而在深层次上影响大学变革的方式和内容。

第四，聚合规则与参与者对决策的控制力相互作用。

聚合规则规定了处于某一身份状态的个体对结果的控制力。这一规则主要通过三种方式来实现其目的：①不对称聚合规则，不是所有参与者都有选择权，由某些具有特定身份的参与者或者由参与者组成的参与组织的代表可以参加决策；②对称聚合规则，所有参与者均享有选择权，当某一选择的人数超过一定比例时，则通过决策；③协议缺失规则，针对协议没有达成的情况，执行暂时的决策或者推迟决策。这一规则实际上规定了参与者互相博弈、妥协的程序。面对学校处罚学生的分歧，三类聚合规则都起了很大作用，其中管理层的行为占优势。

第五，范围规则与潜在结果相互作用。

范围规则与潜在结果相关联，明确规定在行动情境内可能出现的结果集合。当行动情境处于稳定状态时，一定的行动会产生一定的结果；范围规则会干预结果的参数，从而影响参与者行为，当然它并不直接作用于行为。行动者在变革中采取某方面的措施时，往往由于几个协议之间的相互限制，从而限制了行动者的预期行动，使变革再次发生调整。

第六，信息规则与参与者能够获得的信息相关联。

信息规则决定了行动情境总体结构的信息，以及任何个体现在和过去的行动、状态的信息可获取的资格及程度。信息规则涉及的内容包括信息流通渠道和信息交流的频率、准确性、主题、语言规范等，有助于情境内的参与者确定其他参与者过去的行动，帮助参与者寻找可合作的伙伴和采取的决策。行动者依据信息规则获取、处理信息，既包括自身携带的信息，也包括行动情境赋予的信息，行动者根据自己的判断决定行为，这种行为最主要的是选择同盟。

第七，偿付规则影响参与者收益和代价。

偿付规则规定了基于行为选择而产生的结果所带来的回报与惩戒。一方面，偿付规则决定了参与者所获得的回报方式和内容，如利益诉求的满足、收益的增加、科研条件的改善、评价标准的公正等；另一方面，偿付规则规定了违反协议而需付出的代价和受到的惩戒，尤其详细地规定了惩戒的程序、实施机构等，这也是监督评估的一部分。不同行动者对这一规则的判断衡量差别很大。

总的来说，每一类规则只是把行动情境中行动者的一个特征作为切入点，进而影响参与者所有特征直至影响整个行动情境。在大学变革过程中，它们同时直接或者间接地作用于一个或一组特征，注重整体协作作用于行动情境结构。任何一个或者多个规则都可能缺失，使行动情境中行动者的某种特征处于没有规则直接约束的默认（default）状态，进而牵连其他特征。极端情况下，行动情境内的所有规则缺失，那么这个情境就处于“霍布斯自然状态”[①]，导致秩序的混乱和参与者行为的非理性化，组织将不复存在。从这个意义上说，制度的变革往往就是制定或调整影响行动情境的规则。[②]本书中大学组织变革的过程即组织制度变迁的过程，具体地说就是改变组织治理结构的过程，通过规则影响参与者的行动进而影响已有治理结构将成为分析的重点。如何受到已有规则的影响，如何影响已有规则成为制度分析的核心。规则是决定行动者行为模式的变量。在理想状态下推论，基于7类互动，行动者的行为模式可能出现授权式、分权式和集权式三种。3种行为模式中各规则与行动情境互动所起的作用是不同的，对于大学这类专业程度比较高、专业自主程度较大的组织来说，身份规则和边界规则一起对行动情境构成一般意义上的作用，决定行动者准入和退出等特征，这一点基本相同。其他规则与特征的互动则更大程度上决定了以下三种类型的行为模式。

① 霍布斯自然状态是英国政治家、思想家、哲学家托马斯·霍布斯（Thomas Hobbes）基于人性本恶的主张提出的学说，指一种一切人反对一切人的战争状态。这里的战争状态并不一定是指实际战斗的状态，还包括战争倾向。在这种自然状态下，每个人都按照自己的愿望和方式采用一切手段保全自己，当怀疑他人有侵害自己的企图时，便先发制人，进行袭击，互相争夺，互相残杀。因此，霍布斯自然状态是一种极其可怕、恐怖的前政治社会状态。

② Ostrom E. 2005. Understanding Institutional Diversity. Princeton: Princeton University Press, 6.

一是授权式行为模式。在这种行为模式中，偿付规则与行动者特征的互动作用占据主导地位，随后才是选择规则、聚合规则、信息规则与行动者之间的互动。范围规则与行动者的互动较弱，往往由居于主导性的互动使范围规则的影响弱化。

二是分权式行为模式。在这种行为模式中，行动者与信息规则、选择规则、范围规则、偿付规则之间的互动所起的作用大部分时候或者整体来看是比较平均的，尤其是不同行动者特征在与聚合规则互动时的博弈、对话、包容、调整是行动者行为最为显著的标志。

三是集权式行为模式。这种行为模式是基于偿付规则的互动基本缺失，信息规则的互动作用弱化，而行动者特征与聚合规则、选择规则的互动居绝对性地位的时候出现的，范围规则的互动也起了重要的辅助作用。

这三种行为模式将会在极大程度上决定大学组织变革的具体类型，后文三个个案将从实证分析中证实三种行为模式的出现，以及其对大学变革类型特征的决定性作用。

5. 评估结果和结果出现的过程

一般情况下，结合内外环境对大学治理结构的要求，评估标准主要有经济效益（economic efficiency）、收支平衡（fiscal equivalence）、再分配公平（redistribution equity）、社会问责（accountability）、组织内部行动者形成一致的价值观（conformance to values of local actors）、持续性（sustainability）等 7 项。因为评估标准是依据行动者行为模式所形成的，所以这些标准并不是在所有个案中够被全部运用。通过对大学治理结构变革结果的评估，我们可以得出两方面结论：一是治理结构在多大程度上体现了“共同治理”理念，造成预期结果与实际结果之间存在差距的原因何在；二是新的治理结构能否解决大学治理之前面临的困境，如财政、公平等问题，是否运转良好，以至于能否适应环境的变化。这两方面将共同奠定下一轮变革的情境结构特征。从这一个角度来说，大学时刻处于准备变革和变革的状态，“变革”状态是该类组织的常态。

总的来说，变量概念集的确定、行动舞台的搭建、行动情境的运作、评估结果和结果出现的过程这四个操作层面将成为本书第四至六章案例研究的操作策略。本书基于同一个分析框架选择变量，尽管三个个案中选择的变量的具体内涵（尤其是对结果所起的作用）有所不同，但变量名称是相同的，因此在个案中将不再赘述，个案的分析将从第 2 个层面“行动舞台的搭建”开始进行，着重关注第 3 个层面，即行动情境运作之中外生变量、内部结构和行动者之间的互动关系，以及生成的行为模式类型。

第四章

哥伦比亚大学的授权式变革

哥伦比亚大学是美国最古老的大学之一，是运用IAD框架分析的绝佳案例。其适切性主要体现在三个方面：一是进入20世纪60年代，哥伦比亚大学不可避免地受到席卷全球的学生运动的影响。大学面临教师团体地位迅速崛起、学生利益诉求极大增加、社区矛盾极度尖锐等多重困境，“变革”的理念开始萌芽。二是为了解决组织面临的困境，哥伦比亚大学在20世纪60—80年代进行了一系列旨在调整治理结构的变革，最终建立了由“大学董事会”与“大学参议会”共同治理的新型模式，完成了组织制度变迁。三是大学组织内参与变革的行动者受到组织文化、外部环境等大学内外既有制度的影响，形成了具有哥伦比亚大学特色的行动模式，从而影响了变革结果，决定了哥伦比亚大学授权式的变革类型。这三个方面都与IAD框架的关注点相契合，即组织在既有制度之上进行制度设计。同时，运用IAD框架能更深入地探究行动者的行为模式，进而归纳大学变革的类型，这也正是案例研究的目的。根据本书第三章形成的分析框架，结合哥伦比亚大学变革史的具体进程，本章分为“搭建行动舞台”“分析行动情境的运作”“评估结果及其出现的过程”等三个小节对案例予以描述分析，并在第四节总结了授权式变革结果。

第一节　搭建哥伦比亚大学行动舞台①

哥伦比亚大学个案中的行动舞台是 20 世纪 60 年代处于变革之中的哥伦比亚大学，下面从“共同治理”的行动情境和大学内参与变革的行动者两方面搭建哥伦比亚大学制度分析的行动舞台。

一、行动情境结构特征

弄清行动情境结构特征的关键在于指出组织既有制度元素的特点，这些制度元素包括制约行动者与行动情境相互作用模式的组织文化、治理体系、资源系统以及行动者本身。其中关于行动者本身的特征，将在下一节置于行动情境的运作中进行详细分析，对其他三个制度元素特征的分析采取先从大学变革史中提炼，再散入到历史深描中加以验证的方式。

1. 三个制度元素的总体特征

哥伦比亚大学变革的行动情境中的三个制度元素是从大学诞生之日起便逐渐积淀形成的，构成了其独特且深远的结构特色。这些制度元素与行动者相互作用，共同推动着大学的发展。

哥伦比亚大学的组织文化从诞生之日起，到 20 世纪 60 年代变革之前，具备两大方面的 7 个特色。一方面是大学源于英国血统（OC1）的通才教育与精英教育并重（OC3），以及同样具有皇家色彩的自由激进思想（OC4）；另一方面是作为生长在美国的美式大学（OC2）所具有的与当地发展紧密相连（OC5）而表现出来的服务地方、受制于战争等政治经济环境、爱国精神等特色，也因此广受社会舆论与媒体关注（OC6）。此外还有大学摇摆在英国血统和美式大学之间所形成的冲突文化（OC7）特色，共同构成行动情境的整体结构特点。哥伦比亚大学当时的治理体系特征同样具有英国血统和美式大学两大方面的 5 个特色，分别是按照英王乔治二世审定的大学章程管理大学（GS1），但完全实行美式的大学董事会自治（GS2），在与当地密切联系的基础上，逐渐发展成为一所综合性大学

① 本节关于美国哥伦比亚大学的数据和引文，如无特别说明，均源自以下两个出处：刘文修. 1996. 哥伦比亚大学. 长沙：湖南教育出版社；https://www.Columbia University in the City of New York/About Columbia（哥伦比亚大学官网）。

（GS3），后来通过大学理事会（GS4）辅助大学董事会的管理，成为完全独立运作的私人产业（GS5）。大学的资源系统在当时比较单一，有 5 个主要特点：最初由社会筹资修建（RS1），拥有地处纽约市中心之利与弊（RS2），后来得到皇家斥资扩建（RS3），两次由纽约州政府拨款迁校（RS4），并得到校友的慷慨资助（RS5）。

上述行动情境结构特征是在大学诞生之后 200 多年漫长的历史岁月中沉淀而来的组织基因，这一结构将深刻制约其中的行动者。结构中的三个制度元素散入大学组织之中，下面将用历史档案资料加以验证。

2. 行动情境结构特征描述

16 世纪，欧洲人沿着哥伦布开辟出来的大西洋航道，漂洋过海来到“新大陆”美洲，在这片奇异富饶的广阔土地上建立殖民地。17—18 世纪，大批英国人陆续远涉重洋来到北美东海岸。在这些移民中，有曾经在牛津大学和剑桥大学受过古典式高等教育的知识分子，他们为了让子孙后代在北美新家园也能受到良好的高等教育，先后在北美东海岸建立了 7 所后来被合称为“常春藤联盟”[①]的牛津剑桥式高等学校，其中就有哥伦比亚大学。从出现的背景来看，这种英国古典式的高等教育（OC1）将成为这些大学组织的基因而被铭记下来。

哥伦比亚大学的诞生可以追溯到 18 世纪 40 年代。1746 年，纽约州议会（OC2）通过了一项法案，该法案写道：“为了推进学术，决定采用推销有奖证券的办法，集资 2250 英镑，在本州建立一所学院。这笔收益将用作学院建校的基金。将来建立的学院将能使本州青年受到良好的正规教育，成为有教养的人。学院的建立，将大大提高本州的福祉和声誉。”

尽管后来由于某种未知原因，英王乔治二世对这个小小的地方学院青睐有加并敕令修建，但从这个法案的颁布中可以清楚地看到学校的合法性最初是来自当地政府，且办学目的是服务当地的经济、政治以及社会（OC5）。事实上，直到今天，哥伦比亚大学与当地的关系仍然是学校应对“大学与环境议题”的重点，从最初的办学目标来说这也是合宜的。到 1751 年，用推销奖券筹集的学院建校资金（RS1）已达 3443 英镑，大大超过原定集资目标；再加上纽约市曼哈顿岛南端“三一教堂”的牧师向纽约州议会表示，愿将教堂的 32 亩土地捐献出来，作

① 这七所大学分别为哈佛大学（1636）、耶鲁大学（1701）、宾夕法尼亚大学（1740）、普林斯顿大学（1746）、哥伦比亚大学（1754）、布朗大学（1764）、达特茅斯学院（1769）。它们曾联合组建一个校际体育运动团体，称为“常春藤联盟”。这个名称后来转变为七所老牌名校的集体代称，寓“根深叶茂，瓜瓞绵绵”之意。哥伦比亚大学就是结在这根“常春藤”上的第 5 个“瓜”。

为建校的基地——这都是纽约州居民建校兴学的迫切愿望使然。于是，纽约州第一所学院的最初校舍，便选定在纽约市曼哈顿岛南端（RS2）动工兴建。这块由教堂捐出来的校址深深影响了哥伦比亚大学后来的发展，尽管后来几次迁址，但从来没有离开过纽约市。这块土地所蕴含的已不仅仅是自然环境对大学的影响，而是融合了社区文化、种族特色、经济政治等多元社会人文环境，在很大程度上引领着大学的发展。

1754 年校舍建成，校名初定为“纽约学院”。4 月，牛津大学神学博士塞缪尔·约翰逊（Samuel Johnson）应聘来到纽约学院任院长。6 月 3 日，他在《纽约公报》上刊登招生广告。首届入学学生只有 8 人，编成一个班级，全部课程均由他一人教授。7 月，学院举行首届开学典礼。他在这个班级开设了当时学院一年级应开的全部课程，唯独没有开神学课。他认为，一年级学生应集中精力学好基础知识课，神学课以后再说。作为一位神学博士，他不开设神学课令宗教界十分吃惊；作为一位院长，他处处为学生着想和敢于革新的精神，为公众称道。这是大学通才教育思想（OC3）的最早发端，正是这种注重教育全才的理念，使得他后来即使历经艰难，也始终坚持开设文理课程。这也是与英国式大学办学传统血脉相连的表现，把培养绅士、培养全面发展的人当作永恒的办学理念。9 月，英王乔治二世（OC1）看中了这间小小的地方学院，出钱出力将其纳入皇家教育体系（RS3），并敕令学院办学宗旨（GS1），钦定校名为“国王学院”（King’s College）。哥伦比亚大学至此进入英国高等教育系统，并被打上皇家的烙印。为了向英王乔治二世表示敬意，根据大学章程（GS1）的有关规定，学院大厅的屋顶上饰以铁制英王王冠（OC1）。这个王冠作为学院创始的历史见证，一直保存至今。

应该说，从哥伦比亚大学的出身来看，写入该大学章程的不仅是对英国王室的敬意，还有欧洲那些早期由神学教会组织所创建的大学所没有的浓厚皇家色彩。最初的大学章程中保存着当时国王的敕令，即“国王学院之学苑，其旨在以雅范语言、宏阔的艺术及科学去裨益和教育青年”。这种泱泱之皇家风度，就是敕令不拘于任何宗教教派的教旨，不局限于任何思想教义的禁锢，声言“无论何种宗教教义，不拘何其殊异；人不论何种等级、特权、殊遇、恩惠、豁免，皆得以入学而受教也”。当然，从后来的发展来看，这种皇家气度的豁达和自由色彩增添了大学崇尚自由解放、开阔甚至激进（OC4）的学术色彩，极大地激发了大学后来的学术发展道路，也锻造了异乎寻常的优异独立的学风，无外乎其大学章程中书写的办学宗旨是“开阔胸襟，提高思悟力，陶冶整体人格，使其能够适应人生各阶段荣升际遇，造就最高贵的品性”。乍看起来，这种目的、要求以及设置极像我国古代科举制时的皇家贡院之涉及博学鸿辞、翰林院等选拔和储备人才的文苑、艺苑等，秉持极高的独立性（GS5）和最高精英系统的教育精神（OC3）。可以想见，在同期其他大学仍然笼罩在宗教纷争以及神学排斥异己之战的悲伤氛围里时，哥伦比亚大学已经在北美这块崇尚自由的土地上播下了最早的思想自由的种子。一旦英王乔治二世亲自办学倡导的自由思想得以传播，智慧的火花便如星火燎原般迅速蔓延。国王学院因此成为激进自由思想的摇篮和后来美国独立革命的策源地。乔治二世做梦也没想到，正是他创办的学校培养出的学生竟然推翻了他在北美殖民地的统治，这些学生更成为美国独立革命的领袖人物和美国独立自治的开国元勋。然而，这正是大学组织的魅力和价值所在！

1775 年，美国独立战争开始，国王学院被迫关闭，校园被征用成军营（OC5），教学中断了 8 年。1783 年，美国独立战争取得胜利，与英国签订和平条约，美国获得独立。1784 年学校重新开放，美国政府接收了国王学院，鉴于美国人日益高涨的爱国热情，经大学董事会向纽约州立法机关（OC5）申请并得到批准，校名改为“哥伦比亚学院”。但爱国是一回事，大学由政府接管又是另一回事，哥伦比亚大学不愿意接受政府的管束，不久大学便回归了大学董事会制（GS2）。当然，作为大学办学的使命与宗旨，学校并不排斥积极服务于国家和社会。为了让哥伦比亚学院为纽约市和纽约州的发展培养和输送足够的人才，在纽约州州长（OC5）陶姆·普凯因斯（Taum Pukeins）的大力支持下，纽约州议会于 1817 年通过一项法案，决定将学院校址由曼哈顿南端迁移到曼哈顿中心区，并拨款 8 万美元作为迁校（RS4）后兴建新校区的经费。实际的迁校行动由于学校财务危机等原因一直拖了 40 年才付诸实施。迁校前夕，纽约市《邮政晚报》（*Evening Post*）在 1857 年 5 月 7 日的一条新闻中报道（OC6）：“哥伦比亚学院在其教堂的老校区的活动行将结束。新校区位于本市曼哈顿区第 4 大道第 49 街至第 5 大道第 50 街之间。迁校前夕，金院长（Charles King）在原教堂最后一次集会中勉励全体学生奋发图强，除旧布新，开拓未来。院长讲话完毕，与全体学生同声合唱《祝福歌》。”

1857 年 5 月 11 日，迁校顺利完成。哥伦比亚学院由此进入新的发展时期，开始进入“美国世纪”[①]。这一年的开学典礼上，金院长满怀喜悦地宣告：“迁入新校区，校史翻新页。”校友们也纷纷解囊（RS5）支援母校创建新业。为了更加

① “美国世纪”是指在 20 世纪，美国取代了其他国家成为该世纪的代表。该词由 1941 年，《时代》（*Time*）创办人之一卢斯（Henry Luce）最先提出。

适应当地经济的发展，从1857年始，学校增设了医药、法律、工程、政治、建筑、哲学和理论科学等系所。这一次迁校是因为学院发展壮大，名气提升，原校址空间不足，政府才考虑迁校的，这是大学与当地密切联系得到重视的体现。新校址迁至纽约市曼哈顿区麦迪逊大道及第49街。至今，哥伦比亚大学在那块黄金地段仍有自己的房地产。在曼哈顿城中办学了约有半个世纪之后，第11任校长赛斯·劳（Seth Low）以其宏大的视野预见到校址会对学校未来的发展构成限制，遂于1897年把哥伦比亚大学迁至如今辉煌的晨边高地校址。迁校既是大学治理体系、组织文化、行动者良好运转产生的结果，也是反作用于行动情境结构的资源系统特征。

随着学校名气声望的提高，学校规模也越来越大。1890年，塞斯·劳校长就任哥伦比亚学院院长，开始着手实施把校园内自1754年以来陆续建起的8个各自独立的学院合并成一个完整大学的设想。塞斯·劳的这个设想经大学董事会反复酝酿成熟后，于1896年2月由大学董事会发出正式文件（GS2），将8个学院的集体名称定为"哥伦比亚大学"。1897年，哥伦比亚大学又先后设置了图书馆学、口腔外科、新闻学、教育学等，此时，哥伦比亚大学已经在结构上成为一所综合性大学（GS3）。由于学校名气太大，有众多大学起了相同的名字来仿效，造成鱼目混珠。据不完全统计，仅美国和加拿大两国名为哥伦比亚大学或学院的高等学校就有20所之多。为了保护自己的权益，大学董事会于1912年正式向纽约最高法庭申请更改全名为"纽约市的哥伦比亚大学"。同年，这一校名经纽约州政府批准（OC5）后正式使用，成为延续至今的校名。这个校名别人很难仿冒，只是称呼起来较为拗口，所以一般人说起它，几乎从来不称呼它是"纽约市的哥伦比亚大学"。这个名称只是出现在毕业证书和正规文献上，在非正式文件中，仍简称为哥伦比亚大学，或一如就读于该大学的师生和学术界所习惯的，将其称为"哥大"，既亲切又方便。本书为行文方便，有时也使用该简称。

至此，我们看到，在哥伦比亚大学成立的这段历史中隐藏了三个矛盾（OC7），使后来学校的发展始终没能完全脱离以下三个悖论。

悖论一：巩固统治还是推翻它?

英王乔治二世建立这所学校的本来目的是巩固英国王室的统治，旨在为其统治培养人才。但历史就是这么奇异地具有矛盾性和反讽意味。哥伦比亚大学培养的人才经历了血与火的战斗，成为推翻英国殖民统治、建立美利坚合众国的重要推手。独立和自由是英王赋予哥大人的权力，也顺理成章地成为哥大人的理想。他们怀抱着这个理想推翻了赋予他们这一权力的人。哥伦比亚大学的出现远远早于美利坚合众国。是用自由考验它，还是用顺从捍卫它，这恐怕是哥伦比亚大学自己也弄不明白的困惑。但不管怎么说，幸运的是乔治二世在创建哥伦比亚大学时那点慷慨的自由精神（OC4）保留下来了，而且余泽流溢至今。哥伦比亚大学便顺着自己最初的章程，继续“开阔胸襟，提高思悟力，陶冶整体人格，使其能够适应人生各阶段荣升际遇，造就最高贵的品性”。其他的留待大学组织和时代环境去博弈。

悖论二：融入社会还是遗世独立？

美国独立后，哥伦比亚大学更名并重新开放，照理说是革命者获胜，实现了理想，本该完全按照革命后的新路子去建造崭新的“美国式”大学——尤其是这里是美国独立理论的摇篮。然而，哥伦比亚大学并没有忘记乔治二世办学诏令的好处和风范，更愿意保留这所皇家学院的余泽。于是哥伦比亚大学尽管成为“美国世纪”的一分子，但所沿袭的并非纯然美国体制，而是保留了更多英伦的、皇家的色彩。迄今，哥伦比亚大学的校徽校标仍是引以为傲的英国王室金王冠，连学校的边门都饰以王冠的标志，这是学校的专利、荣耀和金字招牌。正是这种英伦的、皇家的传统和骨子里的骄傲，使得哥伦比亚大学有时自觉游离和自外于美国社会的一些制度与规矩，而坚持英国的或欧陆的某些治学和行政风范（OC1）。例如，在校历上，它并不在乎美国的某些节日而坚持自己的传统。除了必须遵守的美国法定节假日之外，许多美国的传统节日在这里并不会放假。相反，学校会选择在自定的一些传统节日放假。这所学校在美国创立 200 多年了，还是这么特立独行，我行我素。再如，在办学发展史中，它延迟到 1983 年才破例在哥伦比亚大学招收本科女生。也就是说，在它建校起到 1983 年的 200 多年间，这所名闻世界的学校竟然是拒收女生的！清一色的男生，如换上黑色的道袍，无异于中世纪的修道院。这是多么令人不可思议——这是在纽约，在美国。哥伦比亚大学最激进，也最保守，这里是都市里的乡村，是一块世袭的、充满着神秘色彩的最后的保守和骄傲的领地。

悖论三：美式大学还是英国血统？

这个悖论对后来哥伦比亚大学作为一个学术组织的影响尤其重大。这里有必要首先看看美式大学和英式大学的区别。美国大学的体制与英、法、德等国的大学有所不同。英国大学是各个学院的集合体，美国大学常常包括许多分离的学校。这些学校是学院性的、专业性的或技术性的，在组织和活动上都具有一定的独立性，不像法国大学那样强调集中与统一领导。美国一些大学设有欧洲中世纪大学的传统学科——神学、法学、医学和哲学，但这些学科之间不像德国大学那样互相关联。美国大学不排除应用科学，如农学、林学、冶金、化工、建筑等工程学科，也不拒绝学术上认可的制药、牙医、兽医等专业。美国大学渴望组织新专业学校，尽快使新行业达到科学水平；还培养学校校长、教师和新闻工作者，试图发展艺术学院，包括音乐、图画、雕刻，以及工程与艺术相结合的建筑。美国人用自己的哲学定义大学，对大学也采取实用主义。所以，美国大学是一个综合体，而不是一个匀称清晰的组织，有的大学甚至是一个教育管理单位。一般来说，美国大学至少有 3 个传统的欧洲式学院，包括哲学学院和非专业的研究生院，还有纯粹美国式的新专业，尤其是工程学的分支。哥伦比亚大学是如此典型的英式美国大学。它不但传授知识，还要增加知识和延伸知识的应用。哥伦比亚大学拥有庞大的教师队伍，教师同时也是研究人员，集教学与研究于一身。

作为美式大学和英式大学的综合体，哥伦比亚大学一方面有英国“绅士教育”的高贵血统，从其前身国王学院和哥伦比亚学院时起，便想方设法扩大课程范围，努力扩大学院教学领域，开设通才教育所需的各种文理基础课程。在科技革命一日千里的美国，对于培养风雅、有修养、全面发展、仪范端方的绅士淑女有无必要，曾多次受到挑战和质疑，但哥伦比亚大学不妥协、不退让，是少有的几所仍然坚持培养通才、全才，全面发展且要求学生必读古典、人文的名校之一。另外，在美国大学的哲学理念下，哥伦比亚大学高度重视神学、医学和法学等的专业教学，强调专业教育服务社会。为此，哥伦比亚大学很早就有改组传统的英式大学治理组织结构的想法和行动（OC2）。

1887 年，大学董事会认真考虑大学的组建问题，认为应采取有力措施，全面提高教学水平，达到大学标准水平，大力加强高级人才的培养工作。塞斯·劳继任校长之后，邀请教授们对大学组建问题继续发表意见。有一些教授建议，大学各学院选出学院 2—3 名代表，与校长一起组成大学理事会（GS4），管理大学学位，并负责定期报告大学校务工作。起初，大学理事会只是一个咨询机构，无一定权力。1892 年 6 月，大学董事会通过决议，赋予大学理事会一定权力，使其担负起大学的教育管理事宜。到 1892 年底，哥伦比亚大学建成了一个较为完备的教育体系，包括 7 个学院：1 个老学院（哥伦比亚学院）、3 个专业学院和 3 个非专业学院。这些学院组成大学的整体，共同服从于这个整体的权威当局。每个学院都是自治的，独立选举各自的管理人员。每个学院作为大学这个联合体的代表，要发展联合体的共同意志，保持教育政策上的一致。在大学理事会中，自然科学、人文科学和社会科学领域的各学院具有同等的发言权。这是最初的治理结构。1896 年，“哥伦比亚”仍为学院旧名，但区别于其他的学校。早在 1882 年，巴纳德（Barnard）校长就说：

“学院名称应限于用在学科学系，事实上大学已建立，应称其正确的名称。”1890年学校改组，产生了“大学理事会”，次年建立了大学助学基金会。1896年2月3日，大学董事会决定：今后为了工作方便，在所有官方出版物中，教学和研究的各系和部门集体地指称“纽约市的哥伦比亚大学”或“本大学”，文科学校今后称“哥伦比亚学院”或“本学院”。1900年以后，巴纳德学院和师范学院也成为哥伦比亚大学不可分割的一部分。财产所有权（GS5）是哥伦比亚学院、巴纳德学院、师范学院和药学院所共有的，但教育统一体（GS3）是哥伦比亚大学。到19世纪末，哥伦比亚大学已陆续建立11所学院，管理14个学科学院和学校。这14个学科学院和学校包括2所英式美式学院、3所非专业研究生学校和9所专业学校。

应该说，包括学科建设在内的哥伦比亚大学治理体系发展如此之迅速，与它建在“世界首都”纽约市不无关系。纽约不仅是美国最大的城市，也是全世界的金融、经济、艺术、新闻媒体、文化、时装、科技人文和政治等的中心，还是很多大型企业的总部所在地，这些外生变量无时不在向它提供资源和信息，影响它的行动情境结构。对于大学的行动者学生而言，纽约无疑是一个难能可贵的实践舞台。学校提供的课程有上千种，其中有相当一部分课程都可以在这个世界之都进行见习和锻炼。其商学、金融、法学、新闻学、国际关系、医学、艺术等学科在美国名列前茅或独占鳌头，便是学生、教师等学术行动者在外生变量和行动情境结构共同作用之下出现的结果。但此一时彼一时，地之利与地之弊之间很难有绝对的界限。作为一个半封闭式的学术组织，哥伦比亚大学作为它自己的私人产业/私营机构（GS5），除了大学董事会、大学参议会制定法规政策外，它不受任何国家政府、州或市政府的管辖，亦不受任何政党的管辖。与纽约这个花花世界如此近距离地接触，也使得它受环境的影响更大，更难协调自身与环境之间的关系。不过一般而言，哥伦比亚大学有自己的校规和专门的“法律”，即200多年前制定的大学章程，犹如一种古老的“家法”。这种行政结构也是经过大学董事会、管理层、教师还有职员的共同努力，尤其是在争取大学独立的自主权、在与当地政府和周边社区和谐共存中形成的结果。私人产业的性质虽为哥伦比亚大学变革提供了便利，但也造成了很多麻烦。正如本书选取的这段大学变革史中，1968年学潮时，学生运动震惊美国，后来仅在几个小时内就逮捕了770余人。事情闹到这么大，也只有得到哥伦比亚大学最高管理部门的邀请和批准，警察才能进入学校帮助处理和控制局面。经历了这段变革史，哥伦比亚大学变得更加自由，或者说更为民主，最终才慢慢形成了一个有效运行的“共同参与治理”的大学治理结构。

二、行动者与行动情境相互作用[①]

行动者是行动情境的重要组成部分，他们作用于情境结构，是结构整体特征的一部分；一旦进入行动情境，他们只能在情境结构的制约下行动并形成结果。行动者的行为模式由行动情境和行动者自身共同决定。下面是行动情境在哥伦比亚大学变革史中运作的具体体现。其中行动者的特征逐渐融入行动情境，成为其结构特征的重要组成部分。为了突出教师行动者在行动情境中的关键作用，以下将用一位教师当年的亲身经历与感受来记录这段对哥伦比亚大学影响深远的历史事件，从中归纳出行动者与行动情境之间相互作用的特点，其中也包括行动情境受到外生变量和结构内其他制度因素影响的过程。

1. 相互作用之一：身历运动[②]

20 世纪 60 年代创立于美国旧金山的著名杂志《艺术论坛》（*Art Forum*）在 2008 年 5 月刊上发表了哥伦比亚大学一名教师（A1）阿瑟·丹顿（Arthur Danto）的文章，题为《革命之前：1968 年哥伦比亚大学的学生运动》“Before the Revolution: On the 1968 Student Revolt at Columbia University”。很显然，尽管过去了这么多年，这件事情在很多人心中还恍如昨日，因为其中隐藏着后来哥伦比亚大学历次变革不能忽视的东西，也成为整个美国社会富有活力的部分。文章是这样开篇的：“1968 年 4 月末哥伦比亚大学学生运动结束后的许多年，我仍然经常想起形成当时整个事件的那种无与伦比的政治创造性。它决定了美国各地所有学生运动将要采取的形式，仿佛在社会运动的热潮中某种脚本被拼贴诞生了，之后同样情节的政治剧年复一年地不断重演，具体细节根据当地情况各不相同，但核心部分从来不变。学生（A2）占领教学楼，提出没有商量余地的要求，戴上袖章和写下标语；教师（A1）成立特别委员会，与学生形成激进同盟等——这些都像是成了某种‘多功能抗议套餐’。但第一次亲历学生运动又是另外一回事，它让我尝到了活在历史中的滋味，那种感觉到大事正在发生，但谁也不知道最后结果会怎样的滋味。那场抗议就是一次即兴表演练习（A1-WA1）。”

事情的起因是这样的。1958 年哥伦比亚大学打算修建一座体育馆，但在寸土寸金的纽约（RS2、BC1）很难找到合适的土地。最终哥大只好决定在晨边高地

---

① 本部分没有专门标注的引文均出自以下这篇文章：Danto A C. 2023-06-13. The student revolt at Columbia University. https://www.artforum.com/columns/the-student-revolt-at-columbia-university-188113/.

② 关于 1968 年哥伦比亚大学学生运动的具体细节，参照维基百科英文词条“Columbia University protests of 1968”，网页链接 http://en.wikipedia.org/wiki/Columbia_University_protests_of_1968.

公园的那部分校园里为社区（OC5）修建一个体育馆；作为回报，大学体育馆可以兴建在社区体育馆的上面。这一协议三年后走完正式的法律程序，获得批准。根据协议的内容，哥大要用100万美元建造社区体育馆，并为其提供取暖系统和室外维修，每年交给地方政府3000美元的租金。随后，哥大在社会上募捐了1000万美元的场馆建设费用。最初，哥大内部的学生（A2）、教师（A1）、校友（A5）以及管理层（A3）都是全心全意来完成这件事的，哥大周边的社区也没有什么异议。但到1965年，地方政府（AC1）、社区方面（AC2）突然发现在这笔交易中，哥大得到太多好处，付出的成本却很低，于是单方面撕毁协议，要求重新谈判。迫于无奈，1967年哥大答应增加40万美元给社区体育馆修建一个游泳池。若事情就这样进行下去，尽管哥大和周边社区已经心存芥蒂，但至少事情还能平稳顺遂地进行下去，也就不会有后来的故事。

不久，随着校方公布建筑设计图，新的矛盾出现了。学校本来计划新馆建成后，既对在校学生开放，也对周边社区年轻人开放。“很多想法都是此一时彼一时，现在看似很美好的计划转天可能就会被人唾骂，哥大体育馆就是很好的例子。”按校方计划，体育馆共分两个入口：一个供学生出入；另一个位置较低的入口为社区居民专用。但附近的居民觉得设计图上表现出来的却是，未来的体育馆面向学校的大门造价昂贵、美轮美奂，而面向附近社区的大门则又小又简陋。其实当时“著名城市学家简·雅各布（Jane Jacob）还在《美国大城市的生与死》（*Death and Life of Great American Cities*）一书中将哥伦比亚大学单独列出（OC6），称其为少数几个懂得关照社区需求的机构之一。但在1968年，任何人只要想想，都会觉得这座两层分开的建筑俨然是种族隔离的象征，简直不可原谅”。

1968年4月20日，150多名哥大学生（A2-WA2）和社区居民（AC2）组成的示威队伍向体育馆工地进发，提出要求——“带有种族歧视的体育馆必须拆除！”参加示威的白人中还有哥大争取民主社会学生会（A2-1）主席马克·鲁德（Mark Rudd，A2-1-1）。这个协会几天之前刚刚征集1500人签名，要求哥大退出国防分析研究所（Institute for Defense Analysis，IDA），这是一个12所大学研究人员参加的为五角大楼工作的机构。学生们指责该研究所的一个项目是为了“压迫越南人民”，而且包括“防暴设备，为了在美国对黑人进行大规模种族灭绝（AC3）”。[①]

其实在1968年4月23日之前，校园内没有任何实质性暴力事件发生的迹

① 彭小云. 2007. 世界名校故事——哥伦比亚大学. 北京：军事谊文出版社，14-15.

象。但是“运动的爆发让所有人都始料不及。最初的起因就像一种创造性冲动”。4月23日，运动爆发当天，“那天是星期二，我和其他几名同事应邀和几位通过招生委员会选拔，并准备录取的学生共进午餐。那时学生已经宣布要组织游行（A2-PA1）——主要口号是反对处罚学生领袖，反对大学承包国防项目以及在哈林社区修建新的校体育馆。虽然当时我已经看到汉密尔顿大厅和我办公室所在的哥伦比亚主教学楼上上下下都散落着大量传单，但那段时间，游行示威在哥大显然是家常便饭，不足为奇（A1-VA1）。后来一群学生试图闯进饱受争议的体育馆施工现场失败，沮丧之余，他们转而回到学校，占领了汉密尔顿大厅（A2-PA2）。‘闹事’学生似乎想把这次事件当成一个教育机会，其中一名学生还给我打了个电话，叫我过去跟他们谈判（A1-PA3）”。

示威者游行到校行政机构所在的汉密尔顿大楼。“当我到达汉密尔顿大厅时，学生们挟持了一名人质（A2-PA4）——当时的代理教务长、前运动员哈利·科尔曼（Harry S. Coleman，A3）。现场已经群情激愤。我爬到大厅二楼，向学生解释（A1-PA5）说只要他们放了科尔曼教务长，想谈什么都可以。有人说教务长想走随时都可以走。于是我到科尔曼的办公室问他到底想不想离开，他说想。当我把这个消息告诉外面的学生时，有人说教务长可以离开，但另外一个又说他们也可以好好揍他一顿。我听完想提醒他们这样挟持人质的做法是不道德的。下面有人喊道：‘我们是不是该拿出本子来作笔记呀？’我就这么被轰了下来。离开大楼时，几个学生说我根本不了解情况，说这是一场革命！好吧，革命的气息到处弥漫。我怎么可能知道？其他人又怎么可能知道？（A1-VA1）”

学生们将代理教务长拘留了26个小时。“第二天一早，电话铃响了。有人火急火燎地叫我赶紧到学校来，黑人学生已经占领了汉密尔顿大厅！我问他我能干什么，他回答：‘谈判（A1-PA3)!’当时天还没亮，我记得看到争取民主社会学生会哥伦比亚大学分会主席鲁德（A2-1-1）大步流星地穿过校园。他正赶往‘洛氏图书馆’（Low Library）——学校行政办公主楼，校长办公室所在地（A2-1-PA6）……从那一刻起，整个事件在我的眼里开始变得模糊。我记得我们在同事莱昂内尔·特里林（Lionel Trilling）家里开会（A1-PA7），讨论的主要内容是，我们应该怎么做才能拯救学校？这就是后来所谓的‘教师特别委员会’（Ad Hoc Faculty Group，A1-1）的第一次会议。整个危机过程中，我们都在哲学楼大厅的研究生休息室定期开会。回想起来，历史就像一幅只修复了一半的壁画，白色的石膏墙上点缀着各种不规则的色块。”

接着，围攻哥大的战斗打响，其中又掺进了白人学生（A2-2）和黑人学生

（A2-3）的矛盾：60 名黑人学生因争取民主社会学生会在学生协会中的“战斗性不足”，要求白人离开。最后鲁德带领白人学生撤离汉密尔顿大楼，接管了学校综合行政大楼洛氏图书馆，并贴出通告：“解放区！可以自由加入！”他们还到大楼内格雷森·柯克（Grayson Kirk）校长办公室去搜集证据，对信函和文件进行拍照，乱扔一气。次日，又有一百人夺取了社会科学大楼，另一百人夺取了建筑设计中心大楼；再次日，第五座大楼也被占领，阳台上挂出横幅“第五解放区”。他们建立指挥所，油印各种声明传单（A2-1-PA4）。

哥大原本是私有财产（GS5），未经学校允许，警察不得擅自闯入。见形势发展已不可控制，大学董事会（A4）决定要校长“对学生的行为实行果断的纪律措施”（A4-VA2），并决定允许警察进入校园（A4-VA3）。柯克校长（A3-1）决定，必要时可用武力夺回大楼（A3-PA8），并动用 1000 名警察（RU1）。至此，整个学生运动真正暴力的部分才刚开始。“4 月 30 日上午，警察闯入校园，殴打抗议学生，并伤及试图在混乱中保护学生的教职员工（A3-PA9）。最后至少有 150 人在冲突中受伤。但随着事态的发展，预测暴力冲突是否会爆发以及何时会爆发变得越来越困难，抗议学生和外部力量都有可能成为触发冲突的导火索。后来，‘地下气象’组织（The Weather Underground，AC4）——哥伦比亚大学的若干抗议学生也是该组织的成员——采用的手段多少带上了一些恐怖主义色彩（RU2）。”警察首先夺回了被黑人学生占领的汉密尔顿大楼，随后在夺回其他大楼时动用了武力。由于警察误以为围观的数千人和闹事学生是同伙，于是也对他们采取了推打等措施，共逮捕了 698 人，鲁德和其余 12 人后来还被勒令停学一年。但事实上，“学生运动发生的那一个星期里，对立双方都表现出了一种奇怪的克制。正因为如此，人们才责备柯克校长召请警方的行为打破了和平僵持的局面。实际上，他本来早就可以向警方求援，但又害怕让自己无法控制的力量进入校园（A3-1-VA4）。当这些疑虑消失后，面对大学董事会（A4）的压力，他举起了白旗（A3-1-PA6），运动结束了，剩下的只有苦涩和怨恨——当然，还有历史一贯留给后人的神话”。

2. 相互作用之二：运动过后

学生运动后的“一天，我离开学校去东区看一位朋友的画展。当我正准备穿过百老汇大街时，我惊讶地发现人们的生活一切照常。学生们错了。这不是一场革命。根本就没有什么革命……毫无疑问，大家对事态发展都非常关注，也有不少外来人员加入了哥大的抗议活动。但运动大部分仍局限于校内，并越来越不像学生相信并希望发生的那场‘革命’了。后来有人说警察随时都可能进入学校，我心想这些谣言我真是听够了。所以我并没有出现在最后的‘大清场’。但整个过程中，700 多名学生及大批支持者被警察带走，并送进下城区法院。第二天清晨，走在校园里，我有一种很不好的感觉，就像祖国被人侵犯了一样（A1-VA5）。到处都是警察和斗争的残骸。校长因召集警察前来清场，在所有人心中威望尽失，所以也没有主持当年的毕业典礼。我记得这是哥大毕业典礼上，第一次由非校长的人员担任演讲人。典礼仪式也没有像以往一样在校园里举行，而是移到了附近的圣约翰大教堂。很多毕业生都中途退出，去参加校园里的另一场‘反毕业典礼’。没多久，柯克校长辞职（A3-1-PA10）”。

其实包括阿瑟·丹顿在内的很多哥大教师和行政人员都知道，学生反对修建体育馆和要求退出国防分析研究所，都只是表面现象，根源在于学生以及美国社会对越南战争（RU3）和种族歧视（RU4）都深为不满。争取民主社会学生会在哥伦比亚大学的另一名分会主席特德·戈尔德（Ted Gold）扬言："我们斗争的目标，不仅是要争取一个革命化的哥伦比亚大学，而且还要争取一个革命化的美国。"因为哥大自诞生之日起就有着这样的组织印迹——作为美国自由派（OC4）的一个重要堡垒。这场学生运动是社会动荡在校园中的必然反映，同时，大学组织内部长期被漠视的学生（A2）、教师（A1）的权益，以及管理层（A3）集权的趋势，这些因素共同作用，引发了这场运动。

在运动之中，教师感到有责任（A1-VA6）在抗议学生（A2）和校方（A3）之间进行斡旋。他们觉得对学校行政管理层没什么特殊感情（A1-VA7），尤其是在当时的校长柯克的领导下，行政部门总是高高在上，冷冰冰的，对任何事情都反应迟钝。作为一所优秀院校，哥大本身代表了身为学者和教师所认同的价值观（A1-VA8）——发出质疑的自由（OC4）、对真理和知识的尊重（OC3）、智力上的开放态度（OC5）以及纽约所赋予她的某种世界主义精神（RU5）。教师眼里的大学和抗议者眼里的大学有很大出入。后者认为学校是种族主义的帮凶，积极支持政府发动"越战"；而前者则为平息这场运动付出了不懈努力，很多时候教师们深知，这些努力的关键点并不单单在大学内部。在那个特殊的时期，教师特别委员会的会议见证了抗议者的各类团体如何在外界的"激发"中一步步走向激进。1968 年，哥大校园内的很多冲突是由外部不确定因素引发的。最关键的一个问题就是美国非洲裔学生会（A2-3）控制了汉密尔顿大厅后，哈林社区（AC2）的反应。自从 4 月初马丁·路德·金（Martin Luther King）被暗杀以来，哈林社区还没有发生过大规模的骚乱，但这并不意味着风平浪静。约翰·林赛（John Lindsay）市长（AC1）在黑人政治家（AC4）的帮助下，亲自到上城区来维持和平局面，当时整个美国都沉浸在绝望和悲愤（RU6）之中。而从地势较低（BC1）的哈林社区向上看，哥大建在晨边高地的体育馆俨然就是白人势力的象征（BC2）。正是种族冲突（RU4）将学生运动推向白热化。学生（A2）在校园中被忽视，缺乏参与权与决策建议权是他们无法了解校园内正在发生的事情（A2-WA2）的根本原因。正如校方为了学生同社区"委曲求全"修建体育馆，学生不但不领情，反而"伙同"社区黑人居民奋起大闹。大闹的结果是直到1998年后学校才想尽办法在校园里另建了体育馆供学生使用——在1968—1998年的30年中，学生都要到学校的地下体育场去锻炼，而晨边公园一直荒废，成了纽约市内犯罪率最高，也最危险、最臭名昭著的市内公园——当然，这是后话。

1968年4月后，哥大的学生（A2）对争取民主社会学生会的某些观点非常认同：人们应该参与那些影响自己生活的决策（A2-VA9）。"四月学生运动过去后的一天，我和同事、逻辑学家查尔斯·帕森斯（Charles Parsons）走在路上时，他说：'在我看来，问题不在于谁右倾、谁左倾，谁在场、谁在家才是关键。'学术界的男男女女可以醉心于研究品达（Pindar，古希腊抒情诗人）的诗歌、乌兹别克语的语法、卡尔纳普的逻辑句法或显微镜学的历史，但为他们的研究工作提供保障的还是大学。理想社会需要我们保护，知识也一样。1968年，哥伦比亚大学的教员们必须保护学校，保护在校的学生。有些界限是我们必须尊重的（A1-VA10）。而如今我们就正处在这样一个关键时刻。"这个关键时刻就是哥大需要变革！哥大作为大学组织，作为社会的良心，应该给社会以正能量。各方行动者在行动情境结构和外生变量的共同作用下形成自己的行为模式，进而反过来也作用于行动情境结构。

3. 行动者特征分析

通过分析上述学生运动中挖掘的信息，我们能够洞察行动者的特征，而这些特征无疑是行动者与行动情境共同作用的结果。如表4-1所示，在行动情境中，行动者包括教师、学生、管理层和大学董事会4类，他们通过带入行动情境中的资源（RA），对行动情境和行为的价值判断（VA），获取、处理、保留、使用临时信息的方式（WA），以及选择特定行为方式的过程（PA）等塑造了行动情境的特征。其中，信息特征表现为各类行动者获取的信息皆不完整；价值判断方面，由于获取信息不完整，行动者有不少误判；行为特征上，教师在其中发挥着积极主动的中介作用，为后来在新的治理结构中处于重要地位埋下伏笔；资源特征上，因为教师群体的重要作用，行动情境受教师所带来的资源影响最大。

表 4-1　哥伦比亚大学行动者特征

行动者（A）	教师（A1） 教师特别委员会（A1-1）	学生（A2） 争取民主社会学生会（A2-1） 白人学生群体（A2-2） 黑人学生群体（A2-3）	管理层（A3） 柯克校长是关键行动者 （A3-1）	大学董事会（A4）
获取、处理、保留、使用临时信息的方式（WA）	WA1：教师群体对学生运动预期结果的不确定	WA2：学生对学校修建体育馆信息掌握不完整		
对行动情境和行为的价值判断（VA）	VA1：教师对学生运动的形势估计不足 VA5：教师认为警察介入导致事态更加严重，伤害了教师的感情 VA6：教师认为有责任在学生和学校之间起沟通作用 VA7：教师对学校管理层感情冷漠，没有认同感 VA8：教师认同的大学与学生认同的大学差别很大 VA10：教师认为自己有保护知识和理想的使命	VA9：学生认同自己决策的价值观	VA4：错误地夸大校内形势的严峻程度	VA2：错误判断形势，决定对学生行为施行果断的纪律措施 VA3：决定允许警察进入校园
选择特定行为方式的过程（PA）	PA3：教师代表学校与学生谈判 PA5：教师代表学校向学生作出解释 PA7：教师召集会议讨论应对形势	PA1：宣布游行，提出要求 PA2：游行受挫转而占领学校 PA4：挟持管理人员作人质 PA6：攻击学校行政大楼	PA8：执行大学董事会决议，武力镇压学生 PA9：借助外部规则——警察解决校内冲突 PA10：柯克校长辞职	
带入行动情境中的资源（RA）	RA1：教师群体对学生运动的记忆保留至今			

总的来说，在即将进行全方位变革的哥大校园里，各方参与者按照行动情境允许的身份特征采取行动，也带着这些特征进入行动情境的运作之中。学生出于利益诉求，希望解决问题，使他们能获得足以影响学校决策的某些权力和途径。校方出于对权力的把持和对学生的忽视，从一开始对学生要求的漠视、置之不理，到恐慌并试图用外界力量解决，并不是明智的决策。而教师是中介，他们试图平衡两者之间的权利冲突，巧妙地利用不同利益代表之间的空隙进行有效调节。各方都有改变调整的必要，变革还在持续，因为现实和理想的差距还是需要人们去适应的。人们“很难相信这就是信仰‘革命’的结果。抗议从根本上看也许是反对“越战”的一个‘擦边球’，但学生运动在全球风起云涌，其实质肯定不止这些。当时所有人都憧憬一个更自由的社会，希望获得更多公正和满足”。下面将继续在行动情境的运作中呈现这场变革的始末。

第二节　哥伦比亚大学行动情境的运作[①]

在哥伦比亚大学变革中，外部力量的影响很有限，所以本书将影响行动情境结构的外生变量的挖掘并入诊断行动情境伴随行动者行为模式变化的过程。

一、外生变量的挖掘

20 世纪 60 年代的美国历史本以社会运动的风起云涌为主要特征，黑人解放运动、和平反战运动、文化解放运动以及校园学生运动是这一时期社会抗议的四大主题。[②]上文学生运动中，已经有一些外生变量在通过行动情境作用于行动者。由于行动情境组织文化中具备与当地发展紧密相连（OC5）的特征，大学迫于现实条件的制约（RS2）寻求同社区一起兴建体育馆，这是整个事件的直接导火线。于是与大学周边环境有关的自然环境（BC）、文化环境（AC）和规则体系（RU）相继开始对组织内部施加作用，如表 4-2 所示。

---

① 除特殊说明外，本节涉及的引文均来自以下两个出处：哥伦比亚大学官网的档案馆资料，网页链接为 http://findingaids.cul.columbia.edu/ead/nnc-ua/ldpd_4080177/summary；哥伦比亚大学官方出版的校史资料：McCaughey R A. 2003. Stand, Columbia: A History of Columbia University in the City of New York, 1754-2004. New York: Columbia University Press.

② 周莹莹. 2008. 20 世纪 60 年代美国学生运动——加州伯克利大学和哥伦比亚大学的比较研究. 厦门大学硕士学位论文，3-4.

表 4-2 哥伦比亚大学外生变量特征

外生变量	特征
自然环境（BC）	BC1：纽约寸土寸金的地理条件决定了哥大与社区联合修建体育馆 BC2：地势上哈林社区比较低，使得校方对于体育馆两个校门的处理似乎凸显了白人为主的哥大的优势
文化环境（AC）	AC1：地方政府首先在体育馆合作项目上反悔，认为哥大占了太多便宜 AC2：社区居民认为体育馆是种族歧视的象征 AC3：美国政府与大学合作用于越南战争的武器研究项目 AC4：民间组织“地下气象”组织的极端恐怖手段对学生运动的影响 AC5：黑人政治家在哈林社区的鼓动
规则体系（RU）	RU1：警察的暴力手段 RU2：校外组织的恐怖主义 RU3：社会的反战氛围 RU4：高涨的黑人运动带来的反种族歧视情绪 RU5：纽约的世界主义精神 RU6：马丁·路德·金被刺后美国社会的绝望与悲愤 RU7：第二次世界大战后美国政府对社会道德建设的忽视

可以说，哥大内部行动情境中的冲突是这些外生变量的直接反映，在外部环境如此激荡起伏的时候，大学组织也不能再独善其身，只有变革才能继续发展。大学组织中权力的分布对当时的学生运动产生了结构性的影响，大学权力机构中的学生群体、教师阶层、行政部门和大学董事会的互动及各自的功能，对学生运动后大学的变革与发展有重要影响。围绕学生运动中各个相关利益群体，哥大的变革正在教师、大学董事会、学生和行政人员之间展开。

二、行动者在行动情境运作中的行为描述

上文归纳的行动者特征和外生变量，将在行动情境运作中相互作用，这种运作主要体现在 7 类规则与行动者 7 个特征相互作用的过程中。以下将在哥大变革中展现这些互动。

1. 教师的振作：越来越重要的地位

1968 年的学生运动或多或少成为教授参与学校决策的一个有利契机，这当然得益于他们在学生和校方之间冒着危险、出于责任和良知而不懈地奔走——尽管他们自己当时在哥大内部的处境并不见得好（OR1）。大约从 1965 年下半年开始，有数名教授公开指责大学对学术人员不够重视，转而另谋他就。数据显示，1963—1968 年，哥大教授的工资在美国大学的排名由第 5 位下降到第 17 位。1966 年的一份评估研究生教育的调查表明，哥大从长期排名前三滑到前五开外，

有些专业甚至滑出前十位。这直接导致了1967年福特基金会资助4000万美元给10所大学重组研究生教育的计划中，哥大并不在此列。这些都使得哥大校园里的教授情绪低落，缺乏对学校的认同感。

1968年学生运动发生后，教师内部关于政治上的分歧几乎消失了（IR1），他们在危机时刻关注学生和校方的关系，新的分歧在于“支持学生抗议者的行为”和“支持学校管理层对学生的处理”（AR1）方面。当时，哥大有2500多名教师，但在柯克校长的萧条任期里，整个校园里仅有几十人仍坚定地认同他们自己的身份。或许对于当时的科尔曼教务长，也只有同样数量的人对他这一身份有认同感，而且仅仅限于哥大的教师，不包括其他教辅人员和管理人员等。教师基于新的分歧出现分化，一方面，十几名教师公开承认他们与争取民主社会学生会、罢工协调委员会结盟；另一方面，一支自封为“激进教师”的队伍出现，由六名人类学系教师组成，但也仅限于此（AR2）。这里教师们与偿付规则的互动（OR2）占了上风，尽管存在分歧，但限于当时自身状况并不好，他们主要是承担沟通学生和学校关系的责任，而不是尽可能扩大分歧。因此，他们致力于缩小更激进的学生和更保守的大学董事会之间的裂痕，而教师内部关于支持学生还是支持管理层之间的分歧并非难以调和。

教师的内部分歧包括两派：左派和右派。左派的教师支持学生的抗议，尤其是支持学生在运动中表现出对哥大的担忧和管理的质疑——这批教师在教师独立团（Independent Faculty Group）中有50多人。他们认为哥大值得进行一次动摇根基的变革，那些激进的学生已经提出了一个切实可行的目标，例如，反对大学同政府在战争武器方面的合作，质疑大学对所属房地产的管理不合理，以及管理层制定的带有种族歧视的政策等。其中一些教师认为学生的一些要求是合理的，不应该因为他们粗暴的行为而拒绝合理的要求；但另一些教师不能宽恕争取民主社会学生会组织采取的策略，认为学生已经准备放弃重要的道德权威和把大学引向正轨的法律责任。后者多是人文社科学院的教师，如文理学院、社会工作系、建筑系等。尽管青年教师占的比例不大，但也包括一批新晋终身教师和全职教授。

右派教师占了大部分，他们不愿意相信大学的变革，也不愿相信大学生的抗议或者昔日的教师联盟。这些人也许无限支持校长办公室等管理人员的决策，但并不意味着他们也支持校长柯克。事实上，他们认为柯克在修建体育馆事情中表现出他“缺乏对现实走向深刻的洞见（VA4）——这是很荒谬的”。这当中还有一部分教师强烈反对1968年的学生运动，但同时他们又对学院与学校的关系很失望。他们见到太多教师离开哥大。当然，有不假思索离开的，也有坚持留下来与风雨飘摇中的大学共进退的（OR3）。

不论是哪一阵营的教师，大学的后续变革都必须重视并认可教师的存在，因为学校已经开始明白教师之于学校、之于学生，尤其是之于学生与学校关系的重要意义（OR4）。从一定程度上说，教师有机会在1968年的学生运动后证明"教师就是大学"。因为失职的教师显然不是那些20世纪50—60年代初期知识分子中的杰出人物，而是年轻人。他们是不被人了解的一代，他们不像那些超然的长者，将自己辛勤的工作成效留给时间证明，而是"积极地思考学校怎样才能办得更好"这种看似"虚无缥缈"但实际上十分重要的议题。

教师执行委员会（A1-1）是教师联盟（The Joint Faculties，A1-2）在1968年5月1日投票成立的，它存在了一年多的时间。1969年5月29日，在学校新成立的大学参议会第一次进行全校范围内的公投表决之后，教师执行委员会解散。该委员会由28位教师组成，其中的5人一直坚守至委员会存在的第13个月。他们的不懈努力为学校争取到了宝贵的时间和空间进行政治斡旋，使得学校能够集中精力安抚各方以达成严格一致。如果这个委员会的教师没有做这项工作，虽然也会有其他人接替，但是很难想象他们能达到如此程度，更难以期待他们会做得更好（OR4）。的确，在哥大发展史上这个特殊的时刻里，"教师就是大学"。

然而，教师执行委员会的工作并非一帆风顺。该委员会最初的10名成员产生了很大分歧，他们对那些一受批评就服软的学生和顽固不化的强硬派学生的态度各异。其中，4名教师理解并支持学生的要求，还有4名成员以其保守的观点著称，另有1人中立，最后1人态度不明确（AR3）。但不管怎么说，这个共同体体现了大学变革史开端的典型特征——分歧与争执（OR5）。到1968年9月，教师执行委员会中的右派占据了上风，保守的资深教师停止了他们的政治激进运动，而左派成员还在继续通过教师独立团表达他们的诉求。然而，这些教师很快便意识到，他们之间的分歧在逐渐缩小。当涉及学生最初提出的财政事务改革的时候，如体育馆的修建、与政府的涉密研究、校园扩张、惩戒规则以及海军后备军官训练队（Naval Reserve Officers' Training Corps，NROTC），他们通过协商和劝说，共同争取大学董事会的认可与支持（OR6）。

到1968年秋天，教师执行委员会已经成功地劝服大部分左派教师支持该委员会，右派教师也为这个临时委员会的独立运作而感到高兴（CR1），因为比教师执行委员会成立更早的教师独立团一直没有获此殊荣。尽管尚未完全统一，但哥大教师在这年秋天已经回到校园（BR、PA、OR7），并准备接受思想上的"洗礼"，而4个月前他们被迫离开时的情景还历历在目。所有这些，都要感谢教师执行委员会整整一个夏天的努力。变革的起点是教师，他们在学校中的作用越来越重要，而这种重要性并不仅仅体现在学术上，在管理上也少不了他们（OR8）。大学董事会正视了这一现实，并开始采取措施。

2. 大学董事会的行动：学习新的策略

怀着一种非革命性的、真诚的善意，最初成立教师执行委员会的目的是应对大学董事会，但当初的想法恐怕太简单了。对大学董事会内部的某些成员来说，他们已经在怨恨这个临时委员会胡乱干预晨边高地体育馆修建一事（AR4）。尤其是大学董事会中有几个人觉得教师执行委员会的领导人韦斯廷（Westin）作为一个粗暴的领导者试图发起骚乱。当教师执行委员会成员公开宣称“罢课”、迫使大学董事会接受“无言的赦免”，并支持员工罢工的要求时，大学董事会认为他们和争取民主社会学生会采取了一样的策略（AR4）。然而，如果大学董事会致力于维护校园秩序，他们最明智的选择便是与教师并肩合作，因为教师的代表性正如他们所强调的那样具有分量（OR9）。很多大学董事会成员在 1968 年 5 月 6 日与教师执行委员会开了一次会议之后很快接受了现实，谨慎地支持该委员会的成立和独立运作。

当然，大学董事会也有其自身的考量。学生运动之后，关于权力在大学治理结构中如何分配的矛盾愈发凸显，这迫使大学董事会必须立即着手进行学校变革。他们之所以作出承认教师执行委员会的决定，是因为这一决策有助于实现关于学校变革的两个重要目标（OR10）。第一个目标是敦促教师执行委员会履行“研究和建议大学基本的治理结构变革”的职责。为此，大学董事会召开专门会议成立了一个六人特别委员会（A4-1），由即将离职的艾伦·坦普尔（Alan Temple）和大学董事会的新成员罗伯特·里利（Robert Lilley）担任主席。六人特别委员会旨在帮助教师执行委员会履行上述职责。保险起见，大学董事会还聘请了一个管理咨询公司——克雷萨普-麦考密克-佩吉特管理咨询公司（Cresup McCormick and Paget Consulting Group）予以协助（RU8）。第二个目标是暂时搁置教师当中对学生惩罚的争议，使全校上下转而关注重新运转的问题。后一目标是改善同教师执行委员会关系的令大学董事会最信服的理由（OR10），然而这并非易事。教师执行委员会最初有两项主要行动：一是批准哥伦比亚学院教学委员会（Columbia College Committee on Instruction）成立的纪律委员会（A3-2）修改学校制定的“政治活动临时惩戒条例”（CR2）；二是建议学校停止起诉在 1968 年 4 月 30 日被逮捕的学生——后者遭到大学董事会的反对（CR3）。考虑到纪律委员会已经开始修改这个临时规则，大学董事会决定表明他们最初的观点，即惩戒规则应该特别对大学董事会负责，这样可以便于他们授权校长执行这一规则（OR11）。但是停止对被逮捕的学生的起诉并非易事，这甚至引起大学董事会中几位有律师经验的成员的愤怒。但无论如何，大学董事会已经意识到，变革的焦点在于大学组织的治理结构。更重要的是，大学董事会意识到对于现有的权力配置体系，他们已经感到无力，这来源于校长等管理层对学生运动的束手无策，是时候该重新分配权力了（OR12）。

从 1968 年 4 月 30 日校园骚乱到 9 月哥大正式开始工作这段时间，大学董事会一共召开了 13 次会议（BR、PR）。六人特别委员会（A4-1）在这一系列会议上，狠狠打击了被免去职务的几个学校管理成员；即使对于大学董事会中的老成员来说，他们也是第一次在会议上面对学校如此之多的方方面面的问题。但是形势仍然越来越糟，甚至超出了大学董事会中那些悲观主义者的预期，不过至少他们已深刻认识到学校运转的实际状况。总的来说，大学董事会在骚乱发生后的 3 个月里展现出了他们应有的姿态：自“纽约市的哥伦比亚大学”完成组建的半个多世纪以来，他们首次全心全意地按照大学章程履行自身职责，维持大学的正常运转（BR、PR）。不仅大学董事会的人明白了他们的当务之急是什么，所有人也都充分认识到来自学校各个部门的压力正推动着大学董事会进行改组，以确保各个部门都能成为哥大决策与权力行使中不可或缺的一部分（OR13）。

最终，变革从大学董事会成员的构成开始撕开了缝隙。自从 1909 年 6 名校友成员提出一项协议以来，哥大董事会在其程序上的第一次重大变革发生在 1955 年。当时大学董事会提出其成员的强制性退休年龄是 70 岁，随后不久便调整至 72 岁。然而，在 1968 年学生运动的两年以后，大学董事会再次对其程序进行了以下变革。

1）取消大学董事会成员的终身任期制，代之以有限任期的成员资格，大学董事会所有成员都是 6 年任期，可以连任一届。这就意味着没有任何成员的任期可以超过 12 年。

2）在大学董事会的 24 个席位中特别指定 6 个席位——另加上在校友中选举的 6 个席位——由全校教师、学生和管理人员选举产生的代表担任。

大学董事会的变革实现了预期效果：降低了成员年龄的中位值，加强了成员的流动性，加速了大学董事会实现多样化（SR1）。这正是学校治理中需要发生的变化（OR13）。纵向来看，第二次世界大战后，大学董事会一直在不断变化，包括成员构成和成员资格的多方面变革。其中一项最主要的非法定变化是增加了犹太人候选成员资格。1944 年推举的《纽约时报》（*New York Times*）的出版商阿瑟·海斯·苏兹贝格（Arthur Hays Sulzberger），三年后成为大学董事会正式成员。1968 年春，大学董事会已有 7 位犹太人董事。在学生运动发生的几个月内，大学董事会选举了第一位黑人董事——牧师莫岚·韦斯顿（Moran Weston）。不久，校友席位中又选出了第二位黑人成员。1973 年，大学董事会还选举了一位女性董事——玛莎·缪斯（Martha Muse），几个月后又产生了第二位女性成员——凯瑟琳·奥金克洛斯（Katherine Auchincloss）。对于大学董事会来说，这些举措可谓激进而大胆！这一变革的动力源于 1968 年的学生运动。它迅速地、毫无争议地推动了哥大董事会成员资格的多样化。也正是 1968 年以后的大学董事会及时彻底地改组了他们自身，才使得他们在 1970 年重组哥大治理结构时扮演了重要的角色，因为这样的变革让他们比 1890 年被危机困扰的董事会前身获得了更高的效率和更广泛的认可（OR14）。

3. 学生的参与：分化和收编

教师执行委员很难劝说大学董事会相信参加抗议的学生不是“极端分子”，因为大学董事会很早就开始质疑学生行动的合法性。于是，教师执行委员会采取了之前改造争取民主社会学生会组织的策略，这一策略尤其适用于学生反对体育馆修建的抗议行动，即分化和收编（BR1、PR1）。他们试图分化那些最为激进的学生，这些学生在争取民主社会学生会组织中并未得到罢工协调委员会的关注。而教师执行委员会却希望这些学生参与到大学治理结构重组计划中去，这样才能进一步孤立激进分子（AR5）。教师执行委员会相信，只要这一策略能够成功，诸如教师中的保守派、少数学生中的保守派等群体，将会迅速从原先支持争取民主社会学生会组织的立场，转而同样支持教师执行委员会（OR15）。

当然，学生并不是提出重组大学治理结构的最早代表，早在哥大修建费耶韦瑟大厅（Fayerweather Hall）时的那些冗长讨论中就出现过这些想法，但是内部改革的必要性和急迫性被此次学生运动揭示出来（IR2）。学生运动中的领导者积极主张要最大限度地加强教师和学生在大学治理中的决策权。然而，争取民主社会学生会成员很快意识到大学治理结构重组的提议很有可能是在转移他们的注意力（OR16），因此他们蔑视“学生领导者”中支持大学治理结构重组的人。尽管教师执行委员会的确将重建大学治理结构看成是将学生注意力从全球或者大学周边争端转移到校内事务的一种手段，但是和争取民主社会学生会成员想法不同的是，教师执行委员是真心欢迎重组，并密切关注着大学组织中任何需要改变的细微迹象。因此，教师执行委员会和争取民主社会学生会组织中支持重组的左派之间很快便展开了合作。

在走向合作的过程中，教师执行委员会逐步得到了两个激进的学生团体的帮助（CR4）——争取民主社会学生会和非裔美国学生协会（Society of Afro-American Students，SAS）。争取民主社会学生会为了在体育馆修建事件中维持其控制权，采取高压专横的方法，并同占领汉密尔顿大楼的黑人组织 SAS 达成一致：除非警察采取行动，否则不撤退。但是 SAS 很快单独行动，和社区的罢工调查委员会一起呼吁联合抵制，为此争取民主社会学生会和SAS组织反目成仇。特里林适时地将占领汉密尔顿大楼的黑人学生和占领数学大楼的白人学生区分开来（SR2）：白人学生“动机完全是政治性的”——不涉及大学，仅仅是破坏，但“黑人学生想占领大学”。果然，SAS在骚乱后提出的要求反映了哥大中的黑人（主要是社区中的黑人）学生控制当地局势的念头（OR19）。他们对哥大提出了最直接的要求：①加强对招收黑人学生的控制，包括对黑人学生占优势的各个招生委员会的控制；②控制由哥大黑人研究所创立的临时委员会；③给予黑人学生更多的财政资助；④收回宿舍中原本属于黑人学生的休息室，现在这个地方被海军后备军官训练队占据；⑤聘任更多的黑人教师。

接下来几个月，为了推动这些要求的实现，黑人学生偶尔制造一些破坏性的事件，如1969年4月14日封锁汉密尔顿大楼几个小时。最终学校基本上满足了他们的要求，除了他们要求成立单独招生委员会负责黑人学生招生被拒绝（OR18）。作为回报，他们也表示愿意同教师执行委员会就一些合理的要求进行协商，甚至包括在招募更多的哥大少数民族裔学生方面发挥更大的作用（OR18）。1969年春招收的新生中，有黑人、西班牙裔和亚裔学生共计260人，而之前这个数目从未超过145 人。可以看到，1968年哥大黑人学生致力于在现有的校园体制（system）内争取权益，因此他们迫切要求开设更多的非洲研究课程，有更多的黑人教师（OR19）。一位SAS成员告诉教师执行委员会，黑人学生想“测试这个社会的包容度……看看能够接受他们什么样的举动”，而这实际上也是教师执行委员会所做的。当然，如果在测试大学包容度的过程中破坏了争取民主社会学生会与 SAS之间松散的联盟，或者使柯克校长、戴维·杜鲁门（David Truman）教务长解决体育馆修建危机的努力失败，那就更好了（OR20）。

教师执行委员会得到的帮助还不止这些。争取民主社会学生会 和SAS组织呼吁在骚乱之后继续在校园外进行斗争，这激怒了一些支持恢复正常教学秩序的学生，以及那些虽然参与联合抵制但并未准备上街示威的学生。他们当中有一些学生觉得由教师执行委员会和大学董事会答应他们加入大学重组计划的提议是值得考虑的。于是，1968年5月7日，罢工协调委员会中的一些学生打破与争取民主社会学生会主导的合作，与具有同样激进思想的学生组成支持大学重组治理结构学生团体（Student for a Restructured University，SRU）。这个团体以研究生为主，包括几名历史学系的研究生，还有哲学系的研究生等。当被鲁德和科尔指责他们忘记了“大学内部治理结构不可能从大学的社会和政治职能中分离出来”的时候，他们坚持自己的信念并为实现它而努力奋斗。但是，诚如特里林的区分，不同种族学生之间的分歧的确很大（IR3）。许多在SRU之中的黑人学生仍坚持把破坏性的抗议当作有效的策略，并继续支持联合抵制罢课。约翰·托马斯（John Thoms）作为SRU的发言人，5月16日向激进的研究生保证："我们虽然离开了，但我们从来没有背叛争取民主社会学生会赋予我们的信念。"5月17日，鲁德领导的争取民主社会学生会成员通过与社区运动的联合，成功实行了他们在校外进行斗争的目标。警察赶来后逮捕了130人，其中哥伦比亚学院学生有61人，巴纳德学院和教师学院学生有21人。SRU成员谴责了这次行动，他们已经和争取民主社会学生会组织走上了完全相反的道路。分化和收编学生的策略收到了预期的效果。

4. 管理层的动荡：被挑战的权力

对于教师执行委员会来说，在思想保守的大学董事会和具有变革意识的学生之间建立工作合作关系，对于重塑学校共同愿景的未来至关重要。但是学生和那些在运动中受过伤的管理人员之间的和睦相处已变得困难重重，特别是如果未来教师执行委员会仍保持独立姿态而不愿妥协，可能性将更低。这意味着管理层的动荡更大，重组大学治理结构的计划实施起来更加艰难（OR21）。

由于管理层的重重顾虑，行政大楼里办公人员很快拒绝了教师执行委员会的提议。实际上，教师执行委员会的本意并不是想在行政楼三楼设立教师俱乐部——这一早期举动如今被误解为他们想疏离管理层。然而，校长柯克和教务长杜鲁门却觉得教师执行委员会对已经妥协的职能部门提出了挑战。以下是哥大管理层的做法在美国社会引起的不良反响（OC6、RU9）。

1968年之前，许多人对哥大积怨已久。警察介入学生运动的当天，曾经的校友、著名评论家默里·肯普顿（Murray Kempton）在《纽约邮报》（*New York Post*）上发表了一篇题为《哥伦比亚大学断想》的小文章，承认自己具有反哥大（anti-Columbia）的偏见，但他相信这并不是特例。他写道："只要我一想起哥大，我就情不自禁地憎恨它……我甚至不能摆脱这种痛苦……我关于哥大的梦境，都是那个像罗马帝国一样破败不堪的地方。"甚至肯普顿的同学，那个当年哥大足球队的狂热追逐者，也没有对哥大处理学生运动的做法说一句好话，除了欢迎WKCR[①]电台对学生进行不偏不倚的新闻报道。

尽管《纽约时报》在学生运动之后的几个月里继续支持哥大管理层和大学董事会，但其他记者，包括《纽约时报》自己的专栏记者哈里森·索尔兹伯里（Harrison Salisbury）都质疑报纸所做的关于哥大修建体育馆事件的任何报道。同时，全国性周刊《生活》（*Life*）、《新闻周刊》（*Newsweek*）以及《时代》等，都

① WKCR，纽约调频电台 Wisconsin Kitty Cat Racers 的缩写。

对哥大的问题进行了大量的并且通常是封面性的报道，尤其是针对校方对激进学生的敌意采取的补偿行动进行了报道，将批评直指大学管理人员。哥大新闻系学生在《生活》周刊的报道中，还附以教师和学生鲜血淋漓的照片，更易引发校园内新的混乱。

那些左派的老牌评论性杂志，诸如《国家》（*Nation*）、《新共和》（*New Republic*）等，都在预言哥大今后艰难的处境。在一些比较保守的杂志上，也很少有支持哥大的报道。《纽约时报》和《国家评论》（*National Review*）专栏的联合撰稿人威廉姆·巴克利（William Buckley）为哥伦比亚大学发了一份不同于传统文体格式的充满遗憾和哀悼的“讣告”。在 1968 年 5 月 4 日的专栏中，他指出哥大“用警察来维护大学”，不仅没有中止学生的暴乱，反而点燃了参与其中的教师的怒火，这样“它就不应该被称为一所大学”。

哥大的公共关系问题源于校长、教务长、大学董事会共同采取的不当行动——不适当地召集警察镇压学生以控制局面（PR2、BR2）。最初试图澄清所有报道的努力都是徒劳的和极其艰难的。尽管教务长杜鲁门在报道和电视采访中总是声称“大学是不会倒闭的”，但是这些由衷的愿望既缺乏说服力也无法让人安心。另外，校长柯克“致哥大朋友的信”和大学董事会成员哈罗德·麦奎尔（Harold McGuire）为晨边高地体育馆计划所作的辩护导致的结果却是“树敌更多而不是增加了朋友”。当然，也没有任何报道让读者把哥大领导和那些极端保守的对学生运动“既不了解也不忘记”的人进行比较。况且还有一些对个人的攻击，柯克和大学董事会没有选择（OR22），只能接受教师执行委员会于 5 月 4 日提出的建议，邀请校外人士成立一个事实调查委员会（RU10），彻底查清 4 月份发生的校园学生运动的真相及其背后的原因。该委员会主要借助社会各界的力量，其构成如下：主席——哈佛大学法学院教授考克斯（Archibald Cox，后来主持调查“水门事件”）；成员——宾夕法尼亚大学法学院教授、布鲁克林学院社会学教授、联邦地区法院前法官以及哈佛大学安全卫生服务部主任等。三天之后，大学董事会同意资助这个由以上五人组成的事实调查委员会（OR23）。随即，该委员会开始在全校进行调查和搜集证词。

1968 年 8 月 5 日，事实调查委员会正在工作中，但校长柯克拒绝接受调查，并向大学董事会提出他希望在秋季学期开学时退休（PR3）。在过渡期间，大学董事会应任命一名代理校长暂代其职。尽管柯克的辞职是意料之中的事，但是大学董事会没有任命教务长杜鲁门接替柯克（BR3），这让杜鲁门及其拥护者倍感失望。早在 13 个月前，他已被视为柯克的继任者。但是在杜鲁门担任教务长期间，大学董事会觉得他所管理的时期是学校最糟糕的时期。柯克也不赞成杜鲁门的接任。这引发了校园内各方人马关于继任者的“斗争”。教师执行委员会推举波利卡普·库施（Polykarp Kusch）为候选人，并发起了“除了杜鲁门谁都可以”的运动。甚至在科迪尔（Cordier）被任命为代理校长之后，教师执行委员会仍保持着在校园内的主要政治势力。直到复课前一周，通过由教师联合会（The Faculty Association）召集讨论纪律委员会制定的惩戒规则的会议，代理校长才得到承认（AR6）。

然而，在这个会议上，关于成立大学参议会的提议却因会议议程出错而被迫推迟。教师执行委员会因此面临了一场严峻的考验，因为对一些教师来说，他们只是认同大学自春季暴乱后已受到严重损耗，资深教师则普遍支持大学能重回正轨。在维护会议秩序与推动参议会制度公平公正之间，教师执行委员会暂时选择了前者（CR6）。大学治理结构的重组确实来之不易。时隔不久，迈克尔·索文恩（Michael Sovern）领导的教师执行委员会发布了一份总结该委员会夏季所开展的活动的报告，包括与大学董事会的交涉等。当前这个会议则专注于审议纪律委员会起草的临时惩戒条例。这份条例延续了哥大的传统，即允许非破坏性的政治分歧，但是限制罢工纠察行为和产生破坏性影响的行为。尽管有少数教师支持学生在抗议中提出的问题和建议，但整个讨论仍在井然有序地进行。教师独立团的代表丹克沃特·罗斯托（Dankwart Rustow）最后提出了一份修正案。修改之后的草案并没有加重惩罚力度，尽管保罗·克里斯蒂勒（Paul Kristeller）和其他保守派教师的反对态度有所缓和，但并未引起草案的显著改变。由于纪律委员会的成员对草案的每一条款都进行了辩护，所有试图削弱条例惩罚性的实质性修改都被否定了。但是会议并未顺利通过这一条例。教师独立团的代表提出了一个替代性的方案，即教师可以“接受”这一临时条例但不“签署”它，意味着条例可以生效但无须提交给教师执行委员会进行辩护。纪律委员会的一个学生代表反对这样做，他质疑：“这样一来，教师们是不是要投票支持承担惩戒条例实施后的责任呢？”他在全场人的掌声中坐下，新的问题随之浮现（AR7）。

正在会议僵持不下的时候，会议室外面有学生要求在会议上发言，甚至暗示“如果他们不能进去，参会者们也不能离开”（CR7）。后来的会议录音带表明，当时门外学生重重的敲门声和大声喧哗让会议很难继续下去。一些开始主张修改条例的教师同意让学生进来，但还有一些教师主张暂时休会。外面争取民主社会学生会的领导人送进来一张纸条，说给参会者“三分钟的时间考虑允许他们进去，否则他们就破门而入”。于是，会议主席回应他们：“我们将一直待到他们所说的‘最后通牒’。”此时，教师执行委员会负责人索文恩提出一个建议结束了争论，即采用摩根贝沙式投票解决方式①，随后会议直接就临时惩戒条例进行了投票。摩根贝沙式第一次投票最终以272对129票反对让学生进来。接下来会议继续——当时是下午两点半，外面的学生要求在休会以前达成一致——由在场的400多名教师举手表决的摩根贝沙式第二次投票方式通过条例的方式被提出来。会议主席在宣布反对票时说："我看到只有十个人举手，解决方案生效了。"（AR8）他感谢教师执行委员会所做的努力，以及其他参会的教师，然后宣布休会，条例由此通过了。

5. 取得成效：治理结构重组

成效之一：事实调查委员会的真相。

在长达21天的听证会上，事实调查委员会一共听取了79人的证词，审查了3790页的文字记录。1968年9月26日，该委员会出版了一本白皮书，题为《哥伦比亚大学的危机：1968年4—5月哥伦比亚大学骚乱专项调查委员会的研究报告》（"Crisis at Columbia: Report of the Fact-Finding Commission Appointed Investigation the Disturbances at Columbia University in April and May 1968"）。全书共222页，印刷2500册。

如果把白皮书视为对哥大在20世纪60年代前后十年的一次评估的话，它的评估标准是基于外部环境来确立的。1968年是美国当代史上最动荡的一年，当时正是欧美造反者津津乐道的"反叛的六十年代"的巅峰时期。而刚刚卷入世界民权斗争的美国大学生，理想色彩浓厚（A2-WA3）。他们对政府、社会、现实的束手无策感到苦恼，寄希望于校园中，寻求情感的宣泄与改变的可能。因此白皮书指出，外部矛盾并不是学生运动的根源。于是，事实调查委员会迅速排除了外部环境对大学的决定性影响，把注意力转入大学组织内部，针对学校稳步发展提出了严厉的批评并提供了实质性的帮助，具体如下。

（1）人员——受到谴责的群体

白皮书站在客观的立场上批评了学校内的各方人员。学校管理层因对学生关心的问题和邻里矛盾反应迟缓而受质疑；教师执行委员会被指责削弱了校长的权威；资深教师被谴责趁机追求"更多的自治权"；大学董事会则忽略了大学社区对体育馆项目的敏感情绪；最尖刻的批评是针对牧师的，因为他们作为神职人员，竟然公开支持抗议活动。其中唯一未受谴责的，是黑人学生占领汉密尔顿大楼的行动。

① 摩根贝沙式投票解决方式是根据哲学家摩根贝沙（Sidney Morgenbesser）的话"不置可否"（yeah yeah）演变而来的一种表决方式。它的哲学假设是：有很多情况能说明两个否定变成肯定，或者也有可能两个肯定变成否定。此处借指用两次投票决定同一事件，以增强结果的可信性和说服力。

（2）强权——积重难返的传统

哥大行政部门的强权传统是从巴特勒校长时代开始的，随着巴特勒时代的结束，权力交接出现了真空期，各院系各自为政，缺乏协调统一的管理，甚至内在联系也较为薄弱。对学生来说，校方多次在公开场合表明“学生和教授的意见对大学的决策是没有任何影响的”。对教授来说，他们不仅没有决策权，而且在行政管理中的地位较为低下。文理教师从巴特勒时期便被分成政治科学、哲学和纯科学三大领域。然而，校内既缺乏代表教授的教师评议会，也未能形成统一的文理学院教师队伍。已有的大学理事会和教授顾问委员会并未拥有实质性的权力，更谈不上拥有话语权了。

（3）环境——缺乏归属的认同

哥大身处繁华的纽约市（RS2），很多来自中产阶级家庭的学生对学校破旧拥挤的宿舍和教室根本没有认同感。事实调查委员会详细地探究了“学生的生活质量”问题，并用“年久失修的公寓”来指称破旧的学生宿舍。再加上哥大是少数“头重脚轻”的大学之一，其研究生数量超过本科生，且明显倾向于研究生教育，因此很多本科生对学校的课程结构十分不满。而对那些来自寒门的学习优异的学生，尤其是黑人学生，大学又毫不掩饰对他们持歧视和冷漠态度。破旧不堪的学习环境、冰冷的情感氛围都很难让学生以身为哥大学生为荣，更谈不上支持、肯定大学组织的行为和决策。

最后，事实调查委员会得出结论，认为哥大的问题是由它自己造成的，有些问题在其他大学完全可以避免。千头万绪的原因只在哥大内部：教授与管理层间的鸿沟巨大；教授与学生间的隔阂深远；学生觉得教授不关心他们；大学缺乏应变的组织结构和能力；大学董事会有独裁之嫌；教授和大学董事会之间缺少必要的沟通。

这些直指哥大组织深处的建议的明智之处迅速凸显。当时，哥大内部杂志《今日哥伦比亚学院》（*Columbia College Today*）的主编乔治·科勒（George Keller）发表了一篇长文《震撼晨边高地的六周》（“Six Weeks that Shook Morningside”）。文章中没有为现任管理层作辩护，而是在白皮书公开的事实的基础上，对柯克和管理人员提出了尖锐的批评。30天后，这篇文章被一家新闻媒体大力推崇，并忠实转载，其影响力远超教师、学生及外部观察员的“我曾经在那里”的评论和“消防队式”的分析。然而，科勒却为此失去了工作。

在众多尖锐的公开评论中，事实调查委员会完成了教师执行委员会有意实现的一个目标：公开哥大在近期历史事件内遇到的问题的真实版本，从而允许它继续努力铸造一个更加美好的未来。两个月后，一系列大受欢迎的书籍相继问世，例如，《推翻常春藤墙：一段哥伦比亚大学危机的历史》（*Up Against the Ivy Wall:*

A History of the Columbia Crisis），还有更有个性的《一颗“草莓”引发的大学变革》（*Strawberry Statement: Notes of a College Revolutionary*）[①]。这些作品使哥大再次成为媒体关注的焦点。1968 年，哥大“有幸”成为全国媒体排名前六的报道对象（OC6）。

尽管白皮书毫不留情地批评了刚刚离任的前校长柯克和被提名但未当选的教务长杜鲁门，但它并未削弱教师执行委员会的权威。事实上，白皮书通过揭示哥大的管理层、教师和学生之间沟通不畅的问题，含蓄地支持了教师执行委员会计划成立的大学代表参议会制度。同时，白皮书还揭示了新任代理校长科迪尔和其他的继任者所面临的种种挑战，他们的表现可能会使学校重回往日的困境。

成效之二：满足学生的要求。

1968 年 10 月 1 日，鲁德在《波士顿环球报》（*Boston Globe*）上发表了一篇报告，声称“是学生民主运动引起了争议，国防分析研究所什么都不是，就是三个教授而已”。他表示：“体育馆是专门训练用的，对其他人来说没有任何意义。”然而，教师执行委员会却持有不同观点，他们强调临时校长、大学董事会和学生皆与学校的兴衰紧密相连。这些争议被列入一份学生急需解决的重要问题清单。不论争议如何产生，它们都具有重要价值，甚至可以说，哥大的未来取决于其如何妥善解决这些问题。最终，在教师的极力推动下，学生的诉求得到了满足。

（1）哥大退出国防分析研究所

1968 年 5 月 31 日，劳·路易斯·亨金（Law Louis Henkin）教授代表校外代理处（Outside Agency，A3-3）发表了一份期待已久的关于哥大委员会与该代理处的关系的报告。该报告为哥大与校外代理处的持续合作进行了辩护，其中还包括与政府相关的代理机构间的合作。报告证实了管理层关于大学未参与任何涉密研究或直接参与武器研究的观点，并强调“哥大委员会涉及的这些非营利性的合作研究（如国防分析研究所）里看不到任何危险的因子”。然而，亨金的报告里还指出，所有与校外代理处的合作都应以促进大学核心目标的实现为宗旨，而非仅仅服务于那些校外代理处或者相关教师的利益。最后，报告提出三条建议，以回应校园里学生长久以来关于终止与国防分析研究所合作的要求：①监督和控制大学与校外各种机构的关系，尤其是尊重教师执行委员会的意见；②终止大学与政府的涉密研究的合作；③退出大学在国防分析研究所中的成员资格。

---

① 草莓事件是指，1968 年学生运动爆发以前，哥大曾有一位院长公然宣称：“大学绝不是什么民主机构，学生们对一个问题是同意也好，反对也罢，对我们来说就像是说他们喜欢草莓。”这种对学生视若无睹、凭强权进行管理的行为，使得哥大学生压抑已久，最终成为学生运动中学生对管理层不满的有力证据。

1969 年 5 月 15 日，在一个校外代理处的决定中，大学董事会采纳了教师和学生委员会的建议，终止了与美国海军后备军官训练队的合作项目。这个项目自 1946 年启动以来，曾作为政府与大学合作的典型受到推崇。该项目让 600 多名年轻军人获得全额奖学金进入大学深造，另外还有 100 多名哥大人在海军后备军官训练队担任军职。如今，该项目逐渐沦为了政治的消耗品。

（2）取消晨边高地项目的代价

1969 年 3 月 3 日，大学董事会经过投票否决了在晨边高地修建体育馆的项目。满足学生这一要求的必然结果就是哥大需承担取消项目和回填已挖掘土地的成本，以及可能对未来大学与社会合作产生的消极影响。已经在体育馆项目上投资了 700 万美元的大学董事会和校友对这个结果十分愤怒，他们原本只是希望阻止体育馆建在公园内，却未曾料到会引发如此严重的后果。如今，哥大势必要重新努力在校友和支持者中寻找新的捐赠者。

（3）特赦学生领袖

无论是教师执行委员会还是大学董事会，都未打算对参加 1968 年春非法抗议的学生实行完全赦免。1968 年 9 月 12 日，教师联合会通过了纪律委员会制定的临时惩戒条例，以“242 票赞成 163 票反对”通过了不对学生领袖进行赦免的决定。但在教师执行委员会的催促下，大学董事会至少在形式上，明智地接受了将 4 月 30 日当天逮捕学生的负责人停职的要求。不过最终大学对惩戒措施的变革并没有落空，几乎所有学生都至少收到了警告处分。只有在两种情况下给予停学一个学期的处理：一是学生面临多项指控；二是学生拒绝对院系负责人的指控作出解释。1968 年 9 月，临时惩戒条例经教师执行委员会采纳，并得到学生的投票支持，对上述两种情况中的学生施以更严厉的惩罚。这一转变，从过去校长的全面掌控惩戒规则，到 1968 年教师、学生和管理者集体抉择的变化，标志着一场历史性的变革。不仅如此，哥大再次确认了一个原则，即只要不影响学校的发展，哥大不受其外部规则的束缚。从这个意义上说，“共同治理”思想植根于哥大组织文化中，体现了其内在的遗世独立和自由清高的精神（GS5）。

总的来说，哥大能在 1968 年春的学生运动中幸存，主要归功于管理层在语气、程序、个性上的转变，学生和教师的变化也起到一部分作用，但最关键的转变莫过于管理层在校园决策中角色的重新定位。这不仅是对上述要求的实质性回应，也是行动情境运作的最终目标——完成“共同治理”的制度设计。如果没有“参与治理”的迫切需求来点燃学生运动的星星之火，哥大人可能难以产生这种深刻的“事后合法性”的认识。成效之三则标志着大学变革完成——体现“共同治理”理念新的治理结构的形成。

成效之三：建立大学参议会制度。

虽然职位调整并未被特别强调，但重建大学治理体系的要求无疑对坚信现行治理结构无懈可击的职员构成了挑战，而这恰恰是大学参议会能否成功建立的关键。1968 年 5 月，教师执行委员会成员在最初召开的讨论会上虽未提出具体建议，但他们却积极推动大学各部门在接下来的 12 个月内开始这一近乎创新的举动。若需大学各部门牺牲小我，以支持其他团体获得更多的权利，教师执行委员会势必将根据各部门的利益诉求调整重组后的治理体系中的权力分配。而站在大学董事会、管理层和校友组织的立场上，他们不仅要关注校长的权威是否会被削弱，以免大学管理陷入困境，还需考虑学生作为一个“哥大人”对于决策权和治理权更大参与度的期望。

1968 年 9 月 12 日，索文恩校长（教师执行委员会的领导人）在教师联合会上提出了一个关于“大学参议会”的雏形，即“一个具有最高管理权和最高权力的制定政策的合法性实体机构，用以处理大学范围内所有大小事宜”。它拥有 92 名成员，其中教师 70 人（包括 50 名终身教授和 20 名青年教师）、行政人员 7 人、校友 5 人和学生 10 人（学生来自有权处理学生事务的那些独立团体）。最初，教师执行委员会设想的大学参议会能够自主选举其办公室负责人，但根据席位分配的现实情况，该负责人更可能来自教师代表席位而非校长。因此，建立一个由资深教师掌控的具有持久合法性的实体机构似乎并非难事，尽管其规模可能会较为庞大。最初的版本还包含一项协议，即允许大学教授（1968 年时有 3 位）根据其职务担任参议员，这既是对“教师就是大学”这一传统理念的坚守，也反映了一个假定——“大学里最杰出的学者就是最好的管理者”。

还有一项值得瞩目的进展是全员参与讨论的美好愿景的实现。由教师执行委员会、大学董事会和 SRU 联合发起的八人公开会议在 1968 年深秋召开，旨在广泛集结大学参议会可能涉及的各方力量。一项由 SRU 组织的 3440 名学生参与的调查，极大地推动了学生在大学参议会中代表权的增加——由最初教师执行委员会在 1968 年 9 月提出的 10 人增加到 1969 年 2 月获得一致认可的 20 人。这一举措标志着学生在大学参议会中的席位得到了成功扩张，SRU 将全力以赴，见证大学参议会这一变革的逐步推进与实施。

截至 1969 年 4 月的第一周，教师执行委员会、大学董事会成员和 SRU 支持的大学参议会的提议被提交到各个部门单独进行投票，这些部门包括终身教授委员会、非终身教授委员会，以及全体注册学生。提交的协议明确了大学参议会的组成，总计 100 人，其中包括：终身教职教师 42 人，非终身教职人员 17 人，学生 20 人，附属机构代表 6 人，员工代表 6 人，校友代表 2 人。此外还包括附加条款中规定的大学参议会中有6个席位由大学董事会提名产生，以及大学校长将担任大学参议会的主持人。大学参议会是“制定政策的实体机构，处理与大学有关的所有事务和至少足以影响一名教师和一所学院的事务”。大学参议会作为决策的最终阶段，除非涉及需要大学董事会审议的事项，否则其决议具有最终效力。大学参议会全面取代了原先教师执行委员会和即将解散的大学理事会的权力与职能。

1969年4月8日，教师和学生以压倒性的优势投票通过了大学参议会的建立。其中，学生同意率为89.3%，资深教员同意率为92.4%，青年教师同意率为90.4%。随着决议的通过，接下来是组织各个团体代表人的选举，计划由大学参议会组织进行。因为争取民主社会学生会对这次投票结果持质疑和否定态度，所以，维护大学参议会的义务就落到了管理层、大学董事会，甚至是教师执行委员会的头上。

1969年5月29日，大学参议会首次百人大会在行政大楼的教师大厅召开。会议全程遵循大学参议会章程，所有事务都被记录下来。未当选为代表的教师执行委员会成员，在大学参议会主席索文恩的带领下，与新成员愉快地挥手致意。官方校史后来评价这个变革结果为：“哥伦比亚大学并没有搬出森林，但是它正目标明确地走向一个舒适的帐篷里面。”这意味着哥大无法完全摆脱外部环境的影响，也彰显了其已经获得了一个相对稳定的环境，得以专注于自身的发展。

三、行动者行为模式分析

本书在深描哥大变革历程的同时，对规则体系与行动情境的互动进行了项目化编码，并根据行动主体的不同进行了分类，如表4-3所示。值得注意的是，大学对其内部成员在身份和资格上的准入、退出机制，不会因为学校的不同而存在根本性差别，因此，身份规则和边界规则的作用在表中没有单独列出。然而，在分析行为模式时，我们将关注这两项规则与个体性特征的相互影响，但不作为重点。从表4-3中呈现的条目来看，对于教师、大学董事会、学生和管理层来说，偿付规则是起主要作用的规则，其余依次是聚合规则、选择规则、信息规则和范围规则。具体来说，大学董事会作为学校的最高决策机构，在偿付规则的作用下，他们将很大一部分权力（包括决策权和执行权）在学生运动后的特殊时期让渡给了教师群体。这些规则的运作逻辑在于：大学董事会在学生运动过后有两个目标，即重组治理结构和恢复正常秩序。鉴于教师在变革过程中对于维护学校秩序和实行学术、行政管理所展现出的重要作用，大学董事会虽对教师执行委员会

表 4-3 哥伦比亚大学行动情境运作规则表

互动规则	教师（A1） 教师执行委员会（A1-2）	董事会（A4） 六人特别委员会（A4-1），纪律委员会（A4-2）	学生（A2） 黑人学生（A2-3）	管理层（A3）
偿付规则（OR）	OR1：处境不好留下来是为了完成变革 OR2：教师团体没有分歧才能更好地担任沟通角色 OR3：右派教师因对学院与学校关系失望而分化 OR4：没有谁能替代教师推动各方达成一致 OR5：变革以分歧和争端为开端 OR6：教师之间基于财政等共同利益联合 OR7：离开哥大的教师看见教师地位得到提升而回来 OR15：分化争取民主社会学生会中的学生使其转而支持 A1-2 OR17：转移学生注意力与希望重组治理结构并重 OR20：借助黑人学生的激进行为实现自己的目标 OR21：重组中董事会、学生很重要，管理层难度很大	OR8：教师在学术和管理上都很重要 OR9：由于教师对维护秩序重要，要支持 A1-2 OR10：支持 A1 为实现 A4 的两个目标——重组和恢复秩序 OR11：惩戒规则需对 A4 负责，便于授权给校长 OR12：对 A1 停止起诉学生愤怒，但屈从于重组的需要 OR13：A4 必须重组，传统职能不足以应对形势 OR14：争取 A4 在变革中的主动，缓解面对的压力 OR23：对 A3 不满意，进一步支持 A1 改组 A3	OR16：认为重组分散注意力拒绝支持 OR18： A2-3 回报 A3 动员少数民族学生参军 OR19：扩大黑人学生在治理体系中的影响	OR4： 没有谁能替代教师推动各方达成一致，重视教师 OR18：满足 A2-3，得到学生参军支持 OR22：不足以应付外界质询，让渡部分权力给 A1
聚合规则（AR）	AR1：围绕支持 A2 还是 A3 各自结盟 AR2：围绕是否支持激进的 A2 分化为左派和右派 AR3：对学生软化派和强硬派的分歧分化 AR5：分化 A2 加入重组计划 AR6：推举自己的校长候选人，结果 A4 胜出 AR7：围绕惩戒条例严厉还是温和各方博弈 AR8：投票通过 A4 授意的惩戒条例	AR4：对 A1-2 不满的分化屈从于 OR9	AR7：A2 代表参与惩戒条例讨论并发言	
选择规则（CR）	CR1： A4 允许 A1-2 建立并独立运作 CR2：批准 A4-2 修改惩戒条例 CR3：停止起诉学生被 A4 反对 CR6：决定先于重组问题讨论惩戒条例		CR4：采取过激行为无意识帮助了 A1-2 CR7：被禁止干预惩戒条例讨论会议的进行	CR5：被迫允许 A1 接替一部分传统职能
信息规则（IR）	IR1：A2 的信息使 A1 搁置分歧		IR2：重组的重要性被 A2 加强 IR3：因对重组信息的理解而分化	IR4：A1 聘请校外评估被认为是对 A3 权力的挑战
范围规则（SR）		SR1：成员资格的变化是屈从于 OR13	SR2：A2-3 被从 A2 中区分出来但屈从于 OR18	

的一些做法有所不满，但基于整体利益考量，他们选择支持教师执行委员会的成立，并大力配合其独立运作，聘请外部咨询公司协助教师推动治理机构的重组。在此过程中，偿付规则超越了聚合规则和范围规则，使大学董事会获得了实质性收益，实现了预期目标。

教师是大学董事会授权的对象，他们之所以接受这一授权，主要基于偿付规则的作用。教师团体的团结源自他们意识到只有这样才有利于他们承担沟通与协调的角色。一旦肩负起这一角色，他们不仅能推动大学治理结构的重组，从而改善当前在教学和科研方面面临的困境，更能证明自己的重要性，进一步巩固其在大学治理中的核心地位。事实上，尽管教师群体内部存在博弈，但他们往往能够基于共同的“收益”导向，充分运用大学董事会的授权，协助大学董事会达成既定目标，同时也实现自身期待的成果。

在这场变革中，管理层属于利益受损方，他们被剥夺了很多传统职能，并不得不接受外部事实调查委员会的评估。迫于自身治理能力的不足，管理层与教师妥协，虽然进行了改组，但并未损害其威信；同时，他们积极满足学生要求，也如愿获得了学生的认可与回报。偿付规则使管理层作出了自己都难以置信的改变——接纳教师的评估并授权其参与大学治理。虽然经历了短暂的阵痛，但大学最终成功地扭转了逆境，朝着更加积极的方向稳步前行。

学生出于对信息获取和掌控能力的不足，在学校变革中主要由选择规则和聚合规则起主导作用。幸运的是，教师群体借助身份规则和边界规则对学生施以帮助：他们运用大学重组的思想来分化并收编学生，从而间接地让管理层关注到学生的需求。鉴于学生群体在身份和能力上的局限性，其中明智的一部分学生积极同教师合作，将许多重要的决策权交付给教师。因此，尽管教师并非最大的赢家，但治理结构中权力分配的变化却揭示了一个重要趋势：学生的作用在逐步加强。

在以偿付规则为主导的作用下，教师、大学董事会、管理层和学生都有机会参与大学治理，新的治理结构体现了“共同治理”的理念。这一制度设计在很大程度上实现了预期目标，其成效将在后续的结果评估中进一步得到证实。在变革中，教师的作用被前所未有地强化，他们主要基于偿付规则，从大学董事会、管理层、学生处获得大部分权力，以推动这场变革。整个变革过程是由大学董事会授权、教师主导、管理层配合、学生积极争取共同完成的。在此过程中，偿付规则居主导地位，身份规则和边界规则被遵循，聚合规则、选择规则和信息规则也发挥了积极作用，范围规则相对弱化，多方共同努力体现了“共同治理”的变革过程和积极结果。下文将对这一结果作进一步的评估。

第三节 评估“大学参议会”及其出现的过程

对“大学参议会”的设立及其形成过程进行评估时，适宜采用的标准包括收支平衡、社会问责、行动者价值观的体现以及持续性等四项。然而，针对哥大新的治理结构来说，实现收支平衡成为其最迫切的问责焦点。因此，我们将评估标准分为收支平衡、体现“共同治理”的价值理念以及持续发展三个方面。

一、收支平衡

1970 年 2 月 4 日，大学董事会正式推举威廉·麦吉尔（William McGill）担任哥伦比亚大学第 16 任校长。他曾倾注大量心血于大学参议会的成员选拔，最终助力学生赢得现有的席位。麦吉尔的斗志确保了大学参议会在制度形成初期能够顺畅运作。尽管他也向大学董事会坦承，部分参议会成员的行为带有些许“游击战术”的色彩，但他始终坚定地反驳那些对于参议会制度持“无用论”观点的指责。他偶尔也陷入历史合法性等问题中，但始终保持着审慎的发言态度。随着学生暴力抗议活动的平息，摆在麦吉尔面前亟须解决的问题是修复大学的邻里关系。他深知这一问题主要涉及财政方面，且哥大当前的财政状况堪忧。他清楚自己需要投入大量精力，以应对这一由来已久的难题，并在任期内使其恢复正常。

哥伦比亚大学的财政问题始于 20 世纪 20 年代，当时校友捐赠减少，而纽约市的运营成本不断上升，侵蚀了学校的健康发展。第二次世界大战后的繁荣曾短暂掩盖了这些问题，但柯克校长在任期间，学校对联邦政府和基金会资助的依赖加重。同时，为了维护与周边社区的关系并避免进一步激怒居民，柯克校长不得不限制通识教育的招生规模和自费研究生的录取人数。柯克校长任期最后两年（1966—1968 年），学校的财政预算分别出现了 200 万和 400 万美元的赤字，累计债务高达 600 万美元，且预计 1968—1969 年度的财政赤字还将增长 5%。1968 年的学生运动进一步暴露了长期的财政问题，预算外的开支如清洁费、法律诉讼费和校园安全费用等急剧膨胀，使得原本 200 万美元的赤字飙升至 900 万美元，大学累计债务达到 1.5 亿美元。这一慢性财政问题在巴特勒校长 40 年任期中开始显现，到柯克校长 8 年任期内加剧，并在代理校长科迪尔短暂的 22 个月任期内达到危急关头。科迪尔作为危机管理者，由于采取权宜之计和忽视长期财政危机，短时间内造成了严重后果。

体育馆建设成为大学财政问题的一个缩影。初期，为确保 1100 万美元的专项资金用于建设，校友捐赠者和大学董事会成员麦奎尔均表达了支持。然而，科迪尔提出的将体育馆建在晨边高地南端的方案，以及计划花费 60 万美元邀请建筑师裴（I. M. Pei）进行可行性分析，却遭遇了学校财务部门的拒绝，他们担忧资金短缺和项目的高额费用。面对困境，科迪尔向校友理事会的普罗菲特（Profitt）和撒切尔（Thatcher）寻求帮助，希望他们能支付这笔费用，但并未成功。1969 年末，由于文书工作失误，科迪尔直接向主要捐赠者发送了捐助账单，这一做法引起了继任校长麦吉尔的强烈不满，批评其管理不当。尽管得到了一些校友的捐赠，体育馆项目的资金缺口仍难以填补。最终，通过 1969—1970 年度和 1970—1971 年度的财政预算，学校才得以解决资金问题。这两个预算均包含高额赤字，使得学校债务激增。在科迪尔离开后的两年内，赤字更是飙升至 3400 万美元，并持续上升，凸显了哥伦比亚大学长期面临的财政困境。

科迪尔的另一项财政政策是对校内各部门实行资金平均分配。因此，来自福特基金会的 1 亿美元被平均用于修建新的生物学大楼和海洋学大楼，以及补充资金不足的国际事务学院（School of International Affairs，SIA）大楼的修建，后者是科迪尔特别重视的项目。为了完成这些财政计划，科迪尔建议大学董事会卖掉位于洛克菲勒中心（Rockefeller Center）的地皮，他预估售价为 12.5 亿美元，但当时市场定价仅为 7500 万美元。尽管这一提案最初获得了董事会多数成员的支持，但两位具备财务专业知识的董事强烈反对，他们认为这块土地的实际价值远超标价，一旦出售将导致严重贬值，因此建议科迪尔和管理层重新考虑这一决策。

1970 年 2 月，大学董事会选举麦吉尔为校长时，他们可能并未充分意识到大学财政状况的严峻性，尤其需要麦吉尔具备卓越的财政管理能力。事实表明，大学正处于严重的财政赤字之中。科迪尔在 1970 年 4 月提交的 1970—1971 年度财政预算中已揭示了高达 1650 万美元的赤字，麦吉尔不得不接受这一预算，其中人文学院一项就面临 600 万— 800 万美元的赤字。同年 9 月，大学董事会通知新任校长麦吉尔，他需要在接下来的一年多内提出一个方案，以平衡开支并消除每月累积的 4000 万美元债务。

麦吉尔可能在一定程度上夸大了哥大 1970 年财政预算程序的粗糙程度，但实际情况确实反映出诸多不足。当时，哥大缺乏完善的资金预算、分期摊还体系和资本流动管理。大学建设预算通常由执行委员会和财务办公室分别负责，导致预算和财务分析过程缺乏合理性。为了解决赤字问题，麦吉尔面临两大结构性挑战。首先，校长无法全面掌控财政预算，仅能控制与学术使命直接相关的部分，且财政报告不直接提交给校长，而是由大学董事会财务委员会负责人柏西·乌里斯（Percy Uris）处理，这凸显了旧有治理体系的缺陷。其次，各部门在预算制定上各自为政，管理者几乎可以随意忽略节约资源的可能性，每个部门都有自己的账目和学费收取方式，新校长对此缺乏全面了解。1970 年 4 月 6 日，教务长彼得·凯南（Peter Kenen）在回答关于预算赤字的问题时，忽略了医学院预算的重要性，并乐观地认为晨边高地校区的预算不会过度消耗学校总收入。这一回答引起了新任董事韦斯顿的警觉，他质疑这是否意味着将耗尽所有捐赠。这一对话凸显了财政各自为政的严重性，呼吁麦吉尔利用新的治理结构采取果断行动，以应对日益严重的财政赤字问题。

大学董事会为了稳定大学财政，将执行权赋予麦吉尔，期望他能带来重大变革。第一个变化发生在 1971 年 1 月的大学董事会会议上——学费收入将直接分配给校长而非各院系主任。这一转变意味着院系将不再上缴部分学费给行政大楼，而是由行政大楼根据需要返还部分收入给院系。新上任的法律系主任索文恩直接体验了这一变革的影响。当得知法律系收入可能在未来预算中被削减时，他表达了开支不足的担忧。副校长库施与他沟通，同意院系可以支配部分学费收入，但强调需严格控制使用，必要时可用其他收入弥补。经过激烈讨论，各院系负责人被允许保留通过提高学费或增加学生人数所获得的部分收入，这两种方式都能有效增加院系收入。然而，这一政策也引发了富裕院系对财政完全独立的追求，因为这可能意味着收入多的院系需要资助收入少的院系填补赤字。对此，校长坚决表示，将不会允许院系财政独立，以防止这种趋势在大学内蔓延，造成财务管理的混乱。

第二个变化是麦吉尔通过对大学预算核心部分的控制恢复收支平衡，主要涵盖非学术和捐赠方面。然而，这一过程中，他遭遇了一位极具挑战性的对手——财政委员会主席乌里斯。麦吉尔形容乌里斯为“我从未遇过的、令人惊讶的个性，简直是个魔鬼”。他视乌里斯为大学董事会中最具影响力的人物。20 世纪 60 年代，乌里斯因为大学不允许使用洛克菲勒州长抵押给私立高校的房产租金，而指责麦吉尔在破旧设施上坚持零债务的策略。幸运的是，在麦吉尔着手平衡大学开支后不久，乌里斯因病去世，避免了两人之间的直接冲突。随后，布劳尔接替乌里斯成为财政委员会主席，继续向麦吉尔提供财务报告。1973 年，麦吉尔与洛克菲勒州长重新谈判地产租金，最终将哥伦比亚大学的年租金从 400 万美元增加到 900 万美元，并计划在后续租赁中逐步提高到每年 1300 万美元。这一协议的达成，为大学带来了可观的收入增长。

这两项变化显然是由于在新的治理结构中，管理层从大学董事会手中获得部分财政大权（包括学术的和非学术的）实现的。这意味着院系在财政管理中的权力得到加强，也就是说学术和财政结合得更紧密了。这原本就是“大学参议会”的重要价值所在——哥大重回稳定的财政状况。事后当被问及大学财政的关键问题时，校长麦吉尔说：“我决定了它们，然后强迫它们沿着各个部位的要害处进行。”以下是变革策略的小结，同时也对产生这一结果的过程进行了评估。

策略之一：齐心协力。

稳定财政的第一步是统筹预算。麦吉尔得到的协助不仅仅来自行政大楼里编制财政预算的人员，还有那些理解并支持他统筹预算理念的院系负责人。他们集中到行政大楼里，与麦吉尔在 1975 年成立的预算评审委员会一起辛勤工作。

策略之二：各个击破。

只要一部分搞定了，另外一些就容易了——这是第二个策略。为了激励院系提升收入，财政盈余的院系得到了增加收入的激励；相应地，财政赤字的院系则被明确要求削减成本。在最初的分类中，法学院和商学院等因高学费和稳定需求而位列盈利院系，而文理学院、国际事务研究所和通识教育学院则因财政压力而被视为需要削减成本的赤字院系。

策略之三：精简机构。

为了缓解财政赤字对特定院系的压力，大学采取了机构精简措施。文理学院成为受影响较大的院系之一，经历了显著的人员和项目削减。1968—1979 年，文理学院的教师数量减少了 15 %左右，全职教师从 600 多人缩减至不足 500 人，兼职教师岗位更是遭受了更为严重的削减。不仅如此，该学院的语言学系和地理学系两个部门直接被关闭。哥大还对全校性的刊物做了精简：《论坛》（*Forum*）杂志被停刊；《今日之哥伦比亚学院》（*Columbia College Today*）从季刊过渡到偶尔发行的时事通讯。

策略之四：评估反馈。

麦吉尔采取的一系列措施虽然短期内实现了哥伦比亚大学的收支平衡，但他也清醒地认识到这并非长期解决财政问题的根本之策。原本预计需要三年时间，然而经过全面评估，结果令人振奋。哥伦比亚大学不仅成功抵御了国际石油危机和纽约市财政崩溃的冲击，而且在 1973—1974 年度，财政赤字显著减少了 2600 万美元，并在随后一年进一步缩减至 400 万美元。因此，学校迅速调整预算方案，原本计划在 1975—1976 年度实现收支平衡，并为此预留了 500 万美元的赤字预算，但现在这一目标已提前实现，标志着哥大在财政管理上的显著进步。

1978 年，麦吉尔向大学董事会报告，哥大已经实现了收支平衡，彻底解决了长期困扰学校的财政问题。1979—1980 年度的财政预算总额高达 2.91 亿美元，这是近 14 年来首次向大学董事会提交的无赤字预算。在这一历史性时刻的背后，是新的治理结构的顺利运作和大学内部共同价值观的彰显，即倡导全体成员积极参与，共同治理与学校息息相关的事务。

二、体现“共同治理”的价值理念

新的治理结构成功地使哥大形成了“共同治理”的治理体系。该体系中的最高权力机构是大学董事会，共有 24 名董事，6 年一任，任期一般不超过 12 年，董事年龄超过 72 岁应退休。大学董事会负责决定学校的人事、金融投资政策，批准预算，监督、管理、制定学校的指导性政策等，大学董事会是学校财产的法人代表。大学董事会任命校长作为学校的最高执法人和行政长官，负责学校的正常运行。大学董事会下设执行委员会、发展委员会、校友事务委员会、财政委员会、法律事务委员会等 9 个常设委员会，掌管学校日常事务。大学董事会组织 9 个常设委员会的负责人举行例会，商议学校事务。最高权力机构之下，哥大实行大学参议会制度。大学参议会由 92 名选定的委员组成，校长任主席，教务长、各院院长、研究生院院长、主要行政部门负责人皆由校长任命，并默认为大学参议会成员。其他成员包括：教师代表，由 57 名教授和 5 名教师代表（其中哥伦比亚女子学院、教育学院各 2 名，神学院 1 名）组成；学生代表 21 名（指定哥伦比亚女子学院 1 名）；毕业校友代表 2 名；行政部门中层代表 2 名，图书馆和一般研究人员代表 2 名，基本上做到面面俱到。大学参议会负责制定学校的一般运行政策，如教育政策、学校发展预算、校际关系、学生福利及权益等。此外，它还有责任决定学位、荣誉学位授予的标准、授奖及人选等，同时监督学校的行政及法规的实施情况，处理校内诸如游行、示威及罢工、集会诸事，学校与邻里关系等。大学参议会每年 9 月至次年 5 月的每月各进行一次会议，讨论、制定现行政策及处理一般性问题。这些会议对外公开，任何哥大人员皆可以参与旁听，除非在极例外的情况下，由执行委员会决定不对外，而且经大多数大学参议会成员表决认可不对外的才可以封闭式开会，这就是哥大的“共同参与式民主”。大学的日常事务由成员中的 13 人组成的执行委员会和一些具体事务委员会处理，这些事务委员会有 15 个，包括常设行政委员会、教职工事务委员会、学术自由委员会、对外关系和政策研究委员会、校纪与执法委员会、校友联络委员会、荣誉及颁奖委员会、图书馆及电教设备委员会等。哥大的院长、系主任有较高的独立行政操控权，他们可以掌控所辖院系的工资、课程设置、教学标准、师生关系以及科学研究等事项的制定与审批。哥大所有行政职务都有任期年限，不是终身制。这种多方决策、共同治理的体系，正是变革理念对大学组织的改变。

三、持续发展

经过这场变革以后，麦吉尔在总结自己十几年的努力时指出："现在各个专业院系的影响在普遍上升"，部分院系对大学发展的贡献尤为显著。他赋予哥伦比亚大学的院系"独立运作中心"的地位，显著减轻了如文理学院等院系的压力。文理学院以其全面的综合教育为核心，凭借更大的自主权，实现了课程设置的灵活化，更好地满足了学生学术深造和职业规划的需求，从而吸引了大量学生。商学院研究生院同样受益于此。此外，一些学院通过引入充满活力的新领导班子，对课程结构进行了全面革新，如建筑系和牙医系的新系主任。法学院则在生源增长和负责任领导的推动下实现了显著的改善，而医学院在1970年迎来历史性的转折点，健康服务中心的成立进一步凸显了学院的独特优势。

1980年6月20日，为这场变革作出突出贡献的麦吉尔校长离开了哥大的晨边高地校区。在他的任期内，他面对来自学生、教师乃至社会的重重挑战，以及日益严峻的财政压力，但他成功地引领了一场全方位的改革，实现了收支平衡，消除了赤字预算，优化了新生的治理结构，妥善处理了学生骚乱，保障了教师权益，并促进了院系与大学之间的和谐关系，为学院的发展注入了新的活力。这些成就，他都为自己打出了满意的分数。尤其让他自豪的是，他任命了一批杰出的领导者，如1978年任命的工程系主任彼得·莱金斯（Peter Likins），1975年任命的商学院院长鲍里斯·亚韦茨（Boris Yavetz），还有1972年任命的建筑系主任詹姆士·波拉切克（James Polshek）等。正是这些人才的加入，才使他的变革得以顺利推进。在行政大楼内，麦吉尔校长尤为满意的是法学院院长索文恩，后来成为他的继任者，担任大学的第17任校长。作为他的教务长，索文恩在休年假时，麦吉尔校长甚至破例允许他自主选择代理法学院事务的负责人，这在哥伦比亚大学的历史上是前所未有的。一个领导班子的建立，的确是大学变革的重中之重。

第四节　哥伦比亚大学组织的授权式变革结果

本章运用组织行为IAD框架对哥大的变革进行了全面而深入的分析。通过定义变量概念集、解析行动情境结构特征、挖掘外生变量作用、归纳行动者行为模式、评估变革结果等5个具体操作，展示了哥大围绕"共同治理"理念所进行的结构重组过程。研究聚焦于变革的原因——行动情境内外因素共同作用、过程——行动情境中的行动者与规则体系互动，以及结果——建立大学参议会制度。基于这些分析，我们提炼出哥大授权式变革的特点，并对其进行了综合评估。

在哥大的变革中活跃的 8 组变量是：自变量/内生变量——共同治理的行动情境，教师、大学董事会、学生、管理层 4 类行动者；外生变量——自然环境、文化环境、规则体系；因变量——授权式的行为模式和大学参议会存在的治理结构，以及随之产生的评估标准。在 8 组变量相互作用、相互影响的过程中，我们可以清晰地观测到哥大变革的原因、过程和结果。

哥大变革的原因是行动情境受到外生变量和自身结构特征的双重影响。外生变量中，自然环境包括组织所处的纽约市区和哈林社区中的较低的地势；文化环境包括地方政府、社区（黑人）居民、民间组织的行事风格，黑人政治家的政治态度，以及美国政府与大学在武器研究上的合作背景；规则体系则包括警察的暴力镇压、行动中的恐怖主义色彩、社会反战和反种族歧视运动、纽约的世界主义精神、美国社会在黑人运动中的情感反应、美国政府长久以来对道德建设的忽视、社会管理咨询公司对大学的协助、大学公共关系处理、兄弟院校对大学的支持，以及席卷全球的学生运动的影响。这些外部因素共同塑造了大学内部行动舞台的复杂特征。在组织文化方面，哥大既秉承了英国传统的通才教育与精英教育并重，以及自由激进的皇家精神，又体现了作为美国本土大学的服务地方、受制于政治经济环境和爱国情怀的特色，这导致了其在社会舆论和媒体中受到广泛关注。同时，大学在文化上也呈现出英国传统与美式现实之间的冲突与融合。治理体系上，哥大既遵循英王乔治二世审定的大学章程，又实行美式大学董事会的完全自治和独立运作模式。大学资源系统主要由社会筹资构成，同时地理位置位于纽约市中心，既有其独特的优势也面临相应的挑战。

哥大的变革过程主要是围绕四类行动者（教师、学生、管理层、大学董事会）在与外生变量中的规则体系互动中展开的。教师作为学生和校方之间的沟通桥梁，通过谈判、信息传递和内部协商等策略，预见到管理层需要改革、学生需求应被重视，并强化自身在维护学校、学生、知识和真理方面的责任。他们成立教师团体以增强影响力。学生则作为管理对象，由于信息不完整和身份限制，常作出错误判断，通过游行示威等极端行为表达诉求，坚持增强在学校决策中的影响力，但往往无法准确预测结果。管理层在处理学生运动时，常因信息不足和判断失误，试图通过外部强制规则来维护校内秩序，但结果往往超出预期，导致校长等关键人物离职。大学董事会作为最高决策层，虽试图对行动情境施加影响，但同样受限于信息不完整和对各方了解不足，错误地允许警察进入校园，严厉惩罚学生，而非通过谈判和沟通解决问题。这一决策导致权力真空和教师群体的不满，削弱了其在后续变革中的影响力。在这场变革中，各方参与者均根据行动情境赋予的身份特征采取行动，同时这些特征也深刻影响着行动情境的发展。

在以偿付规则为主导的框架下，哥大的教师、大学董事会、管理层和学生等行动者均被赋予了参与大学治理的机会。大学董事会通过偿付规则将显著权力转移给教师群体，使教师成为这一权力转移的受益者。教师积极承担起协调学校与学生关系的责任，同时享受改善的教学科研条件和在大学治理中日益提升的地位。管理层也在偿付规则的指导下，赋予教师参与大学治理的权力，并接受外部评估的监督。学生则利用选择规则和聚合规则，在教师的协助下间接地实现了参与决策的权利。这一变革中，“共同参与”的治理理念开始显现。教师的作用得到了前所未有的加强，大学董事会的权力，尤其是学术决策权，被分散到管理层、教师和学生等各个行动者中。各方在变革的过程中均获得了一定的决策权和执行权，共同推动了治理结构的变革。整个变革过程是大学董事会、教师、管理层和学生等多方共同努力的成果，充分体现了“共同治理”的理念。这一变革是在行动者授权式的行为模式中完成的，其特点是以偿付规则为主导，同时遵循身份规则和边界规则，在聚合规则、选择规则和信息规则的共同作用下，弱化范围规则，共同构建了一个体现“共同治理”理念的治理结构。

在综合考量财政、价值观和可持续性标准后，本章对变革结果——新的治理结构及其形成过程进行了全面评估。结果显示，这一变革成果不仅充分展现了共同治理的核心理念，还成功平衡了学校内外环境的多方需求，确保了学校的稳定与持续发展。由此，可以断言，哥伦比亚大学的授权式变革是成功的，并且具备持久性，为大学未来的治理提供了有力的支撑和借鉴。

本章小结

本章是首个运用组织行为 IAD 框架进行个案分析的案例研究，深入剖析了哥伦比亚大学变革的完整过程。通过遵循 IAD 框架的分析步骤，本章详细揭示了变革的起因、发展轨迹、最终成果以及综合评估，展示了大学组织如何围绕“共同参与治理”的理念进行制度设计的实践。在这一过程中，教师获得了大学董事会、管理层及学生的广泛授权，主导了变革的推进，并实现了大部分预期目标。基于对变革结果的全面评估，本章得出结论：正是时代环境的变迁催生了“行动者授权式行为模式”，进而推动了大学组织变革的成功实现。哥伦比亚大学的这场授权式变革不仅取得了显著成效，也验证了 IAD 框架在分析授权式变革方面的可行性和解释力。为了进一步验证 IAD 框架的普遍适用性，下文将选取另外两个案例，探讨该框架在不同类型大学组织变革中制度设计的解释力。

第五章

多伦多大学的分权式变革

位于加拿大安大略省的多伦多大学是关注大学组织在短时期通过变革形成新的治理结构的极好案例。对其运用组织行为IAD框架予以分析的适切性表现在以下三方面：一是20世纪60年代，多伦多大学经历了由学生运动带来的治理结构变革，尽管它的运动姗姗来迟又较为含蓄，但变革的过程却从真正意义上实现了学生与教师等其他参与者拥有平等的决策权。二是在多伦多大学的变革中，参与者范围之广泛尤为显著。外部行动者与内部行动者均全力投入，经过多轮博弈、协商，以及相互间的妥协与退让，他们在一种分权式的行为模式下共同努力，最终促成了"共同参与治理"的变革过程和积极成果。三是多伦多大学经过这场变革，成功地将20世纪初的"两院制"治理模式——大学董事会与大学参议会——转型为更为精简高效的"一院制"，即大学理事会。这一变革经过不断完善，取得了丰硕的成果。尽管同样具有适切性，但多伦多大学与哥伦比亚大学呈现了完全相反的变革结果，前者从"两院制"变为"一院制"，后者是将"一院制"分为两部分。这种差异源自行动者在特定的行动情境和外生变量作用下的不同行为模式，是时代理念在不同情境中的独特体现，从而使多伦多大学的变革具有其独特的魅力。[①]

① 除特殊说明外，本章内容主要参照如下文献：Friedland M L. 2005. The University of Toronto: A History. Buffalo: University of Toronto Press；朱维信，卜英勇. 1989. 多伦多大学. 长沙：湖南教育出版社；https://www.utoronto.ca/about-u-of-t（多伦多大学官网）.

第一节 搭建多伦多大学行动舞台

多伦多大学行动舞台内的行动情境结构和行动者是极其复杂的，行动情境结构中制度元素的特征从大学还未正式形成就已经开始。行动者涉及加拿大独立之前的英国政府（A6-3）、英国皇室（A6-4）、英国殖民地省政府（A6-5）、宗教势力（A6-6），以及独立后的加拿大联邦政府（A6-1），这是外部行动者；内部行动者包括安大略省政府（A6-2）、大学管理层（A3）[分为校长（A3-1）、学术行政人员（A3-2）、职员（A3-3）三类]、大学董事会（A4）、教师（A1）、学生（A2）、校友（A5）。下面将从总体归纳和深描变革史两方面再现大学组织的变革过程和结果。

一、行动情境结构特征

多伦多大学行动情境结构中的制度特征主要表现在组织文化（OC）、治理体系（GS）和资源系统（RS）三个方面（表 5-1），关于众多行动者的特征将在下一节予以描述和分析。

1. 三个制度元素的总体特征

如表 5-1 所示，组织文化这一制度元素中呈现出三方面的特征。首先，英国殖民政府和加拿大自治政府共同对大学组织产生影响，由英国皇家特许状赋予的办学权（OC1），很快被加拿大国家意识取代了。前者的积极作用是宗教势力对学校领导权的争夺，是后来政府（包括加拿大政府）对建设大学积极发挥作用的定位和各方利益相关者把建设大学视为己任的滥觞；后者的影响是把大学确立为省立大学（OC3），这种公立的性质决定了大学与政治/政府的关系（OC4），在人员（OC6）和经费（OC12）上对政府高度依赖。其次，组织文化中最重要的是政府在大学发展中的定位，一方面，政府发挥积极作用使大学得到支持并蓬勃发展（OC5、OC9、OC10、OC11）；另一方面，大学也受到政府的过多干预（OC14、OC15）。但更重要的是，政府对办学各方势力博弈的一种调节和平衡思想始终贯穿在大学历次变革之中，政府成为对大学具有最高裁量权的机构。最后，组织文化中还包含了大学内部被赋予的独立于政府、宗教的高度自治权（OC16、OC17、OC19、OC20、OC21）。总的来说，多伦多大学的组织文化有两大特色：一是政府对它有办学的责任，但无干涉的权力；二是学校内部高度自治，但又从外界获取资源，从政府得到合法性。

表 5-1 多伦多大学行动情境结构特征

组织文化（OC）	治理体系（GS）	资源系统（RS）
OC1：前身是由英国政府颁布皇家特许状成立的英皇学院	GS1：大学领导权归属问题由来已久	RS1：A6-3 变卖政府公地作为筹校经费
OC2：最早由 A6-5 和 A6-6 国教圣公会控制	GS2：大学行政由政府直接派人管理	RS2：A6-4 每年补助 1000 英镑建校舍
OC3：后来脱离宗教控制成为加拿大省立大学	GS3：教学或教务有关的重大决策须通过大学评议会批准	RS3：在旧省议院大楼举行开学典礼
OC4：受省政府管辖，与政治关系密切		RS4：经费由政府直接派人筹划和管理
OC5：围绕大学的兴办，地方势力与政府权力的博弈	GS4：大学评议会由政府指派，包括教会学院代表	RS5：皇室领地收入转至大学名下作为基金
OC6：A6-3 批准 A6-5 提出的大学负责人和由政府指派的修正案		RS6：A6-2 同意每年拨 2.5 万元给学校
OC7：大学独立于政府、独立于宗教	GS5：1906 年法案规定大学超越外界控制的学术自主权	RS7：研究生教育在 A3 努力下得到社会上很大的经济援助
OC8：1850 年前，大学管理权把持在 A6-6 手中		
OC9：大学与教会学校往来极少	GS6：大学权力机构按行政和学术两类分开管理	
OC10：A6-2 的联校法案使大学空前发展，新增教学科研单位		
OC11：A5 对大学发展意义重大	GS7：经费渠道制度化，政府只有经济上援助的职责而没有干涉的权力	
OC12：A5 使 A6-2 通过立法程序拨款资助大学		
OC13：1906 年前，校长受到政府牵制	GS8：成立纪律咨询委员会监督校长	
OC14：政府对大学的过多干预造成学生罢课风潮	GS9：1922 年成立研究生院	
OC15：政府对大学的过分把持造成学校政策不连续	GS10：第二次世界大战后，学校规模大增	
OC16：第一次世界大战中校长保护德籍教师免受无辜解聘		
OC17：包容的传统		
OC18：具有的爱国精神为大学打下民族与国家的烙印		
OC19：第二次世界大战后硬件和软件上都居全国领先地位		
OC20：高瞻远瞩的发展谋虑和全面制定、执行重大计划的行事风格		
OC21：A2 运动后，全校形成“一院制”理念		

多伦多大学治理体系的特点有三个：一是领导权归属问题是大学没有正式出现以前便存在的（GS1），这对后来形成“共同治理”的思想非常重要，因为这意味着各方参与者都坚持自己有参与治理的资格，权力主体众多；二是作为公立大学，多伦多大学与政府控制之间展开博弈（GS2、GS4、GS5、GS7）；三是内部治理体系明显分为行政和学术两大块（GS6），前者由政府指派的大学董事会负责，后者由大学和政府共同决定的评议会掌握（GS3），另外还辅以一个监督机构（GS8）。应该说，多伦多大学的治理体系是比较完备的，但由于权力主体实在太多，不断变革也在意料之中。一旦与20世纪60年代特殊的时代相结合，这种变革势必来势汹汹，成果斐然。与此同时，作为公立大学，多伦多大学的资源系统并不复杂，主要由政府负责，而不管是英国政府（RS1、RS2）还是加拿大政府（RS3、RS4、RS5、RS6），对大学的支持都很大。当然，社会上尤其是校友对大学的重要作用也不容忽视（RS7）。

2. 行动情境结构特征描述

多伦多大学的创建可以追溯到1827年，英国政府（A6-3）给上部加拿大省颁发了一张皇家特许状，允许在多伦多市建立一所英皇学院（OC1），即多伦多大学前身。最初，学院处于英国在加拿大的殖民地政府（A6-5）和英国国教圣公会（A6-6）的控制之下（OC2）。后来由于政治形势和社会情况的转变，这所英皇学院于1850年1月1日脱离教会的控制，成为上部加拿大省的一所省立大学（OC3），更名为“多伦多大学”。这意味着大学从诞生起，就受到政府的管辖，与政治的关系十分紧密（OC4）。当然，之所以在这一时期出现这样一所大学，还有着其他深刻的社会原因。这些背景后来成为多伦多大学在与环境互动中形成的基因特色而被组织铭记。

1783年，随着美国独立战争的胜利，一部分原住民迁徙到以英国后裔占大多数的上部加拿大省（相当于现在的安大略省）。这些移民给该地区带来拓殖发展中急需的人力资源。更为难得的是，尽管他们本身没受过什么教育，却能充分认识到教育与他们的子孙和未来不可分离的密切关系。鉴于当时上部加拿大省落后的教育状况，他们通过省议院向伦敦的英国政府提出办校申请。英国政府原则上同意在该省的每一郡城设立一所公立中等学校，并酌情考虑建立一所相当于大学程度的文科学院，还同意将50万英亩的省政府公地变卖，作为筹校经费（RS1），其中半数作为建立学院的基金。但由于当时加拿大地广人稀，政府的公地不容易在短时间内出售，建立公立中学与大学的教育计划也就暂时搁置（BC1），但是这种重视教育的风气（RU1）却一直在安大略省存留下来了。当我们在梳理以多伦多大学为代表的安大略省内大学的财政危机那段历史时，这种文化氛围仍略见端倪。

19 世纪初叶，随着欧洲拿破仑战争结束，一些退伍军人携家眷定居上部加拿大省。他们当中一部分是受过高等教育的海陆军军官（AC1），甚至是大学毕业生。他们的到来给早先兴办教育事业的人士增添了一支生力军。恰逢此时的省督也是一位教育事业热心者（AC2），他决心在任期内处理建立学院的相关事宜。经过数年的努力，1825 年，他派遣约克郡（后改名为多伦多）英国圣公会副主教约翰·斯特罗恩（John Strachan）前往伦敦谒见殖民部大臣，要求政府同意将英国皇家在上部加拿大省的 22 万英亩王室领地与 1798 年拨出作为创办学院基金的省政府公地兑换——因前者地居要冲，价值较高，变卖起来易脱手又售价不菲。1827 年初，英国在加拿大殖民地政府正式得到英国政府通知：英王乔治四世（A6-4）特许上部加拿大省在省会约克郡建立一所相当于大学等级的英皇学院（OC1）。特许状中声明英国政府同意拨出 22.5 万英亩的王室领地作为建校基金，并在此后 16 年中每年补助 1000 英镑以建校舍（RS2）。但事情远没有设想的那样发展顺利，多伦多大学的多元文化背景的冲突（RU2）此时已经隐藏在组织基因中。由于特许状中严格规定学院所有大学董事会主席和校长及以下的负责人都必须是英国圣公会的教徒，这激起了当地普遍追奉长老会和卫理公会的移民不满（RU3）。因为尽管这些不同的教会都是基督新教的支派，但门户之见几乎已近水火不相容的程度。这种强烈的不满引起伦敦英国政府的注意，殖民部于 1828 年 9 月照会上部加拿大省政府，在众议未能达成一致以前，特许状中所批准的各项措施暂缓执行（RU4）。大学筹建工作再受挫折。地方势力与政府权力在教育办学方面博弈的传统（OC5）也一直延续至今。

在以后的 10 年中，上部加拿大省各教会/教派领袖，各政党的重要任务和社会贤达，几乎都卷入对这个问题的争论中。圣公会虽然得到英国皇室的特别宠信，但在特许状中贬低其他教派的规定毕竟不合理。1837 年，新任省督弗朗西斯·赫德（Francis Hurd，A6-5）勋爵意识到这场争议若再持续下去，只会扩大社会的分裂（AC3）。他敦促新组阁的保守党通过议会，修正特许状中有关大学负责人的规定，认为大学董事会是学校最高决策机构，理事由政府指派，包括名誉校长、校长、5 位教授和校外代表共 12 人（RU5）。这项修正案得到了英国政府批准（OC6），正式通过成为法案。1843 年秋季，学校正式开学，当时校舍建筑尚未完工，只好暂借旧省议院大楼举行开学典礼（RS3）。尽管如此，各个教会/教派之间的争论并未因此而平息。争论的焦点主要是学院领导权的归属（GS1）问题，而这也成为后来大学变革的核心问题。

1837 年的修正案取消了英国圣公会在学校的最高权力机构——大学董事会中的垄断地位，而且明文规定无论什么教会的教徒都有同等的机会被政府选为大学董事会的董事。但实际上，新执政的保守党政府考虑到为了继续取得在政治上仍拥有相当势力的圣公会的合作与支持，必须对他们在修正案中失去的特权加以适当的补偿（AC4）。因此，在政府的蓄意安排下，英皇学院首届大学董事会的董事，几乎无一不是圣公会教士或教徒。这种阳奉阴违的做法，激起了民众对政府与圣公会勾结的猛烈抨击（AC5）。1848 年大选之后，保守党大败，自由党领袖罗伯特·鲍德温（Robert Baldwin）执政，他是一位竭力主张不让教会通过任何形式操作大学行政的开明人士。他在竞选中的口号就是把教会排除在大学大门以外（AC6）。在执政的第二年，他便提出一个新的大学法案，将英皇学院改为多伦多大学（RU6）。这成为多伦多大学一个重要的转折点。该方案明文规定：大学的行政（GS2）和经费由政府直接派人负责筹划与管理（RS4），不允许任何教会有机会直接控制大学的教育（AC6）；1827 年，英国政府拨给的作为英皇学院成立费用的王室领地也全部转入多伦多大学名下作为基金财产（RS5）。新法案于 1850 年正式通过，多伦多大学的校史自此迈入一个新的里程。独立于政府、独立于宗教（OC7），为此后多伦多大学的多元化发展奠定了历史基础。

不管怎么说，多伦多大学总算艰难地建立起来。随着 1850 年新法案的通过，多伦多大学进入新的里程，新的大学开始正式运行了。多伦多大学最初的治理结构基本上分为立法和行政两部分。所有与教学或校务有关的重大决策，都必须通过立法机构——大学评议会的批准（GS3）。按照 1837 年修正案的规定，建校之初首届评议会有 23 人：一部分由政府指派，包括名誉校长、校长、教授代表共 12 人；另一部分的 11 位评议员由上部加拿大省各主要教会开办的学院选出代表充任（GS4）。政府之所以决定在大学评议会中吸收一些教会学院的代表（RU7），主要是希望通过联席评议校长的方式，消弭教会对这所“无神大学”的敌意，使他们继续对大学的事务有发表意见的机会。此外，政府也希望最终能将这些学院逐一并入多伦多大学（RU8）。当然，为了防止教会过分干预学校行政，政府规定学院代表不得是在教会中拥有神职的教士（RU9）。这是政府对教会力量的一种维系和妥协，也是政府在宏观调控大学领导权时持有“平衡”思想的源头。

从历史上看，在 19 世纪，基督教会与安大略省教育的发展始终保持相当密切的关系（RU10）。1850 年以前的英皇学院几乎完全把持在英国圣公会的控制之下（OC8）；直到 1850 年英皇学院被政府从教会手中接过来，改名为多伦多大学，方成为省立大学（OC3），但它与各个教会创办的学院极少往来（OC9）。到19世纪后30年，这种各自为政的分离局面逐渐受两种外来因素的影响而出现变化。一是国际环境——兴于欧美的新式教育。这种新式教育注重学科的多样性并鼓励自然科学的研究，进而需要学校拥有大量的资金与人力提供支持。但当时安大略省包括多伦多大学在内的几所高等学校经费几乎全是自筹，想建立新式的、规模较大的大学，若非群策群力几乎不可能。这迫使各大学和学院慎重考虑并寻找出一条可行的合作途径（RU11）。二是国内环境——加拿大国家意识抬头。1867年，加拿大各省联合起来建立了加拿大自治领，从一个英国殖民地一跃成为一个内政基本上独立的近代国家。这种政治上的变迁，给加拿大人民带来了一种新的共同命运感，愿意为创造一个更好的共同未来而冰释前嫌、彼此合作。在爱国潮流的推动之下，安大略省各界人士呼吁政府采取措施，促进省内大学和学院合并，建立一所具有世界水平的一流大学，为加拿大国家培养更多的人才（RU12）。由于新建的加拿大国家采用联邦政府的模式划分中央与各省的权力管辖范围，兴办教育成为各省职权的一部分（RU13）。1887年，由上部加拿大省改名而来的安大略省议会经过激烈辩论，以大多数票顺利通过政府提出的大学联校制法案。这项法案给各个教会学院创造了有利的合并条件，保证了它们合并以后的平等地位。由于各种原因，该法案于1889年才正式生效。三年后，由卫理公会、长老会、天主教和圣公会等教会主办的学院相继并入多伦多大学（RU14）。在联校制实行的20多年间，多伦多大学各方面都出现了空前蓬勃的发展，新增了许多重要的教学研究单位，如医学院、法学院、商科等（OC10）。

在推动多伦多大学建立发展的力量中，校友（A5）的作用不得不提。因为正是校友这一群体，成为后来多伦多大学度过财政危机的最重要力量（OC11）。多伦多大学校友会的雏形出现在1856年，成立之初组织松散，无固定目标，仅仅是一种联谊会，成立10年即默默告终。此后30年间，也有数次类似的组织相继成立，但一直缺乏有能力而又热心的校友去推动和领导它。到19世纪末，数十年前英国政府拨给大学作为基金的22万余英亩王室领地几乎全部零售殆尽，大部分销售款虽然投资在各种债券、股票、抵押借款与地产上，但利息根本不足以应付学校因扩建而增加的开支。政府虽然实际上控制着大学的管理权，但在经济上却一毛不拔，没有负担起1867年大学法案中所承诺的经济资助责任。在这种捉襟见肘的困境中，时任校长詹姆斯·劳顿（James Lawton）看到了校友的潜力，希望通过校友的力量替学校筹募大量扩校基金。在他的推动下，1900年，多伦多大学校友会复出。校友会成立之后立即发挥了巨大作用，派了一个很有分量的代表团去晋见安大略省省长，指责政府多年来千方百计地推卸对大学教育的经济支援，并向政府提出一系列具体要求。政府被迫认识到事态的严重性和所受到的指责，及时采取措施，通过立法程序同意每年从政府经费中拨出 2.5 万元作为维持大学化学、物理、矿冶、地质各系的经费（RS6），此外还在当年政府的预算中特别挪出一笔专款作为建造矿冶大楼的费用。尽管政府的这次拨款与校友会要求的目标相距甚远，但在安大略省的大学教育史上，这已是具有历史意义的创举，开了政府通过立法程序拨款资助大学经费的先河（OC12）。直到今日，安大略省十几所大学的财政来源大部分来自省政府拨款。之后，校友会又在 1905 年向政府呼吁申请专款建造物理大楼，并得到了批准。校友会本身又多次组织私人募款运动，仅 1904 年就募得 52 万元，用作建造学校大礼堂。此后，历届校友会都不间断地在人力、物力上对母校建设作出贡献，成为多伦多大学长期发展中一股强有力的推动力量。

1906 年的大学法案是从成立之日起，针对大学面临的管理混乱而进行的第一次治理结构的变革，是大学发展的一个转折点。1950 年，安大略省政府首次通过大学法案，这意味着教会对英皇学院的控制从此结束，多伦多大学被委托给省政府管理。从大学出现的合法性上来说，此后的数十年间，受政府委托的大学行政人员理论上有权对日常事务作出决定。但实际上，校长及其以下的行政人员常常要受到来自政府的牵制（OC13），尤其在教员与工作人员的聘任和解职方面，几乎每一任校长都遭遇到政府不征得校长同意而自行解聘或聘任教员的境遇，甚至有时政府官员还凭借政治或裙带关系迫使学校聘请资望与学识都不够格的人员来校授课，这引起学校教员与学生的强烈不满，极端的时候还引起 1894 年学生的罢课风潮（OC14）。不仅如此，在政府要员及大学校长换届之后，大学的人事、治校方针及实施细则都要相应地作出某些调整与改变。这种政治上的束缚和政策上的动荡，使得大学无法长期维持其办学所必需的持续性和一致性，也严重窒息着大学校园里创造的生机（OC15）。迫切需要变革现状的呼声到 20 世纪初已欲罢不能。

变革的时机在 1905 年终于到来了。当时正值省议会大选，自由党落选，新组阁的保守党领袖詹姆士·惠特尼（James Whitney）多年来一直主张政府应当尽量减少对大学的干预，而增加对大学的经济资助（AC7）。他上任后的当年，随即组建了一个“七人大学变革委员会”，旨在针对当时大学教育的弊端与今后长期发展的需要，探讨出一条革故鼎新、切实可行的路径。该委员会的成员主要是当时在政府行政与教育工作方面颇有经验和声誉的社会精英。为了执行好这项任务，他们一共组织了大大小小 77 次工作会议，全面仔细地听取社会各界人士的意见与建议，并前往美国各著名大学参观访问。经过 9 个月的积极准备，这个委员会在 1906 年初提出了一份在加拿大彪炳史册的高等教育专题报告（RU15），报告的主要内容有：①大学的一切事务由大学组织单独决定，政府对大学只有经济上援助的职责，而无行政或学术上干涉的权力（GS5）；②重新改组大学的权力机构，按行政事务和教学研究两类工作性质划分评议会的职权范围（GS6）；③政府将每年征得的房产继承税的一半拨给多伦多大学作为办学经费（GS7）；④成立纪律咨询委员会，就全校师生的纪律问题对校长提出建议（GS8）。

这项法案于 1906 年 5 月通过，6 月 15 日正式生效，直到 1971 年才被另一法案所取代。此后按照该法案规定的内容，大学在治理结构上实现了比较明确的决策权、执行权和监督权的独立与制衡，使得多伦多大学经历了空前蓬勃的发展。该法案完善了大学行政工作与教学科研的组织治理系统，确定了大学超越外界控制的学术自治权，明确了大学校长的职责与权限，尤为重要的是使大学经费渠道制度化，保障了大学在日新月异的发展中有充裕和稳定的经济来源。

正在学校蒸蒸日上的时候，1914 年第一次世界大战爆发。战争期间，大学成员中受战争冲击最大的是一些出生在德国，但尚未取得加拿大国籍的教授。由于国内反德情绪高涨，所有过去与德国有关联的人都受到怀疑和歧视，一些大学董事会甚至力主将这些德国籍教授全部解职。但这些做法并不受当时法律的支持，因为大学与教授之间的聘任关系受到法律保障；且开战初期，加拿大政府公开声明德国籍的加拿大居民受法律保护。时任校长罗伯特·福尔康纳（Robert Falconer）面对大学董事会的压力，不愿强行解聘德籍教授（OC16）。他权衡情理，经过磋商，使德国教授接受了一个校方的折中建议——战争期间自愿停职留薪。尽管此举让大学一时被社会上不理解的人士指责为亲德与反战分子的温床（AC8），但这种包容鼓舞的精神（OC17），激励了学校大批教员与学生自动投入到反法西斯战场，社会上的指责也不攻自破。这种在国家与人类危难时刻挺身而出的爱国精神为今天的多伦多大学深深打下了民族与国家的烙印（OC18）。大战结束后，参加服役的教职员与一些因战争原因导致学业中断的学生纷纷回到校园，学生人数从 1918 年的 2799 人一年之间激增至 5737 人。从战后到 1932 年福尔康纳校长卸任期间，多伦多大学最显著的成就之一就是改组与推动研究生教学工作。1922 年，多伦多大学的研究生委员会升格为研究生院，统辖管理全校各院系的研究生事务（GS9）。在 20 世纪 20 年代，加拿大尚无全国性的研究生基金会组织，研究生的学习费用主要靠学生自筹。福尔康纳校长四处奔波宣扬研究生教育的重要性，最终使学校的研究生教育获得外界很大的经济支援（RS7）。

1939 年 9 月，第二次世界大战全面爆发，当年 10 月，加拿大参战，多伦多大学的很多学生和教授投笔从戎。据战后统计，参军学生 10 705 人，为国捐躯者 400 多人，教员直接参军服役的有 200 余人——这是大学爱国主义和人道主义教育的最好证明。第二次世界大战之后，大部分参军学生要求回校继续完成学业，全国退役学生中有 1/4 的人选择进入多伦多大学学习。两年之内，学校学生人数由 1944 年的 7265 人增至 1946 年的 17 007 人（GS10）。20 世纪 50 年代末至 70 年代初是多伦多大学开创以来发展最快、变动最大的一个时期。如何在大学规模扩大的同时继续不断提高教学与研究工作的质量，是多伦多大学面临的又一轮变革所关注的重要问题。在西德尼·史密斯（Sidney Smith）校长的领导下，多伦多大学首先通过大力培养研究生和从外校聘请新教师来扩充教师队伍。为了防止人才外流，多伦多大学提高了教师待遇和改善了科研条件，建立了新的退休金制度，让教师在工作上无后顾之忧。正因为如此，多伦多大学在师资、设备条件和国际上的学术地位都居于领先地位（OC19），加拿大政府和社会都要求它能承担起全国性研究生的培养任务（RU16），多伦多大学的研究生教育因此得到极大发展。多伦多大学还未雨绸缪地考虑到，为应对 20 世纪 60 年代适龄大学生将激增的情况（因为战后“婴儿潮”中出生的孩子届时将达到读大学的年龄），学校计划扩充校舍。但由于大学地处城市中心，地价昂贵（BC2），若往市郊发展，各学院分散四处又不利于教学和科研的合作与管理。1956 年，在大学董事会、校长与社会各界舆论的呼吁下，安大略省政府批准通过了一个法令，给予多伦多大学收购校区以西一片 26 英亩的民房地产优先权，作为 20 世纪 60—70 年代大学发展之用，收购所需费用全都由省政府负责（RU17）。这片土地大约相当于原校区的 1/3，与原校区一路之隔。省政府的这个决定，与 19 世纪英王乔治四世赠地建立英皇学院的敕令有着同等的意义，给多伦多大学此后 20 年的高速发展排除了最大的一道障碍。新法令颁布后，大学董事会与校长立即成立了一个发展计划委员会，全权负责拟订大学长期发展计划。该委员会成员包括大学董事会代表、教职员代表和外界有关的专家。[①]这种高瞻远瞩的发展谋略和全面推动重大计划的制定与执行（OC20），成为多伦多大学以后的行事风格，影响着大学组织的每一轮变革。所以，到 20 世纪 60 年代，当多伦多大学进入充满激变和变动的时代时，另一场更彻底的治理结构变革也随之出现了。

---

① 出自多伦多大学 1956 年发布的《校长报告：1955—1956》（“President’s Report，1955-1956”）。

二、行动者与行动情境相互作用

多伦多大学组织基因中携带了复杂的权力主体特征，在行动者与行动情境的互动中表现为极为复杂波折的博弈过程。这一轮变革的开始源于那个特殊的时代，它点燃了学生参与的热情，也迫使学校对学生采取更严厉的处置，结果是教师群体崛起，管理层的权力在政府的支持和大学董事会的无奈之中更加强化。

1. 相互作用之一：不断变换的议题

20 世纪 60 年代的学生（A2）已经不像 50 年代那样是“沉默的一代”了，他们更愿意畅所欲言，积极地参与各种热点问题的讨论（A2-WA1）。其中的典型代表，如大学治理变革委员会（成立于 1968 年）中的学生领袖鲍勃·雷（Bob Rae，A2-1）——后来的安大略省省长，和学生事务理事会主席斯蒂芬·兰登（Steven Langdon，A2-1）——后来新民主党的国会议员，他们就曾主张多伦多大学进行从细节到整体的变革。另外还有一些，如安德鲁·韦尼克（Andrew Wernick，A2-2）是极左的组织争取民主社会学生会成员，后来成为诺丁汉特伦特大学社会学系教授；还有同样是该组织成员的威廉姆·查瓦斯（William Schabas），后来是爱尔兰国立大学爱尔兰人权研究中心负责人，他们同样希望对多伦多大学和整个社会进行根本的、激烈的变革。克劳德·比塞尔（Claude Bissell）校长和他的管理层采取了同这些组织密切合作，同时避免他们同学生中的极端分子结盟的策略（A3-PA1）。鉴于美国的加利福尼亚大学伯克利分校在 1964 年经历了一场学生骚乱，甚至当时全世界的大学组织都面临同样的形势——大学对学生的管理态度与行动不得不发生转变，1965 年，比塞尔校长在会见了几位学生代表后，在他的日志中写道：“大学内部现在深藏着一股涌动的、充满变数的暗流（A3-VA1）。”

当时，全世界大学校园里的学生变得具有政治积极性的导火索是 20 世纪 60 年代美国的民权运动（AC9），这是一部分原因，另一部分原因，尤其对加拿大来说是裁减核军备运动（AC10），但反对“越战”是最重要的原因（AC11）。后来在雷的自传中，他写道：“大学校园里所有抵制政治事件当中最声势浩大的就是反对‘越战’。”另外，大学里还有一部分学生是因为反对支持“越战”的“军事工业公司”（A2-VA2）。还有一些更激进的学生则干脆想让大学完全“自由”，脱离这些事件的影响（A2-VA3）。那些为了躲避征兵逃到加拿大的年轻人更加剧了校园里紧张的政治氛围（AC12）。

20 世纪 60 年代，多伦多大学的许多学生拒绝家长管束进而反对任何权威

（A2-WA2），大学组织便被他们认为是权威机构而遭到抵制（A2-VA4）。由于校园里避孕药和毒品的肆虐（AC13），他们更加蔑视这种权威（A2-VA5）。20世纪60年代，大学校园内的布鲁亚街（Bloor Street）上出现根据“罗奇代尔合作原则”[①]组成的罗奇代尔学院（Rochdale College）（A2-RA1），这是一个大型的、发展迅速的学生自治组织，尽管校内的很多学生和职员是该组织的成员，但它与多伦多大学没有官方联系。罗奇代尔学院试图变革教师授课和学生学习的形式，后来大学变革的一些观点便出自这个学院。到60年代末，一些关于生活方式的大讨论，如性取向等，成为校园里激进组织新的活动主题（A2-WA3）。后来还有一些学生希望缩小学生和教师之间的距离（A2-VA6），并付出巨大的努力希望实现这一目标（A2-PA2）。为此，他们得到大学校园里具有决策权的最高管理层的大力声援（A3-PA3），帮助他们实现了课程和教学效果评估方面的变革，还改变了对学生的惩戒方式。他们使学生事务理事会摆脱治理大学董事会的监督，在他们的努力下，学生和职员分开使用洗手间的规定甚至被取消了。多伦多大学最早的学生骚乱直到1967年才真正发生，原因是学生抗议美国陶氏化学公司在校园里的招聘，这是一家生产汽油弹供越南战场使用的制造商（A2-PA4）。1967年11月20日早上，一些学生和教师打着“不要陶氏、不要残杀婴儿的汽油弹”标语进行游行示威，他们试图封锁大学招聘中心的入口——这种非暴力的策略曾在美国民权运动中成功运用。陶氏化学公司被迫推迟了校园招聘，尽管大学管理人员和多伦多市警察就在一旁严阵以待，但并没有采取任何实际行动（A3-PA5）。

在学生和教师将注意力集中到“越战”和其他一些革命运动的两年前，他们主要在进行一系列名为“革命与回应”（revolution and response）的宣讲活动（A1A2-PA6）。该活动由哲学系教授查尔斯·汉利（Charles Hanly）领导的一个团体组织实施。这个团体中有很多后来声名显赫的人物，如加拿大知名文学家麦特·肯恩（Matt Cohen）和自由党党魁、著名历史学家叶礼庭（Michael Ignatieff），还有历史学家欧文·阿贝拉（Irving Abella）和罗莎莉·西尔贝曼（Rosalie Silberman）。该活动吸引了校园里太多的人参与，以至于活动地点从费耶韦瑟大厅迁到校队的运动场里。有5000多人参加了一系列专题讨论会，其中规模最大的是反对“越战”的专题会议。其中的一位参与者，即后来的美国新

---

① 罗奇代尔合作原则来自1844年成立的世界上第一个现代合作社组织，该组织因发源于英国的罗奇代尔镇而以“罗奇代尔公平先锋社”命名。它的创立在合作运动史上具有划时代意义，后来对中国合作社的影响也十分巨大。罗奇代尔公平先锋社的办社准则有入社自由、民主管理、收益分享、重视教育、保持中立等，后来这五大原则便被合称为著名的“罗奇代尔合作原则”。

闻记者马克斯·弗里德曼（Max Freedman）事后写道："这是一场严肃的、充满正义感的大讨论，它与这所大学的公平和学识是相匹配的……没有任何一所美国的大学能够和多伦多大学的公平相媲美，因为在讨论中每一方都被赋予真正平等的地位（AC14）。"

大学治理结构成为20世纪60年代多伦多大学校园里最主要的议题之一，它催生了一个关于治理变革的专门推进机构，为学生运动后学校的治理变革立下了汗马功劳。1963年，加拿大大学教师联盟（Canadian Association of University Teachers）和加拿大高等院校联盟（Association of Universities and Colleges in Canada）共同成立了一个专门委员会负责审查加拿大大学的治理结构（RU18）。该委员会以两位主席的名字命名为杜夫-伯达尔委员会（Duff-Berdahl Commission），他们是英国杜伦大学（Durham University）前任副校长詹姆斯·杜夫（James Duff）和旧金山州立学院（San Francisco State College）政治学家罗伯特·伯达尔（Robert Berdahl）。该委员会直到1966年才提交了一份报告，提议在大学治理机构中应有教师代表，但没有提学生代表。这项提议得到了多伦多大学校长咨询委员会（A3-1-PA7）的赞同——该委员会是校长比塞尔在1965年为自己建立的智囊机构。校长咨询委员会最初由5位选举出来的教授代表、几位高级管理人员和几位大学董事会成员组成，没有学生代表，其职能主要是作为沟通大学董事会和大学参议会之间的桥梁，同时辅助和指导校长作出决策，这在校园即将面临1956年混乱喧嚣的时期显得尤为必要。

比塞尔对杜夫-伯达尔委员会的报告并不是特别满意，他希望大学治理结构的变革走得更远（A3-1-VA7）。他试图将大学董事会和大学参议会合并成一个机构，即建立"一院制"治理结构用以同时处理学术和财务的问题。他认为，现有的治理结构是"两张皮"（A3-1-VA8）——学术问题由大学参议会决策，但他们并不知道财务情况；财务决策由大学董事会决策，但董事们并不明白财务对学术的影响。学生对这个报告更不满意，因为完全忽略了他们的存在。该报告中认为，"委员会调查的大部分年轻人都承认学生进大学董事会不是一个切实可行的方案"。但是现在，多伦多大学的学生却要求"平等"——根据大学成员公认的"一视同仁"原则——教师和学生享有同等的决策权（A2-VA9）。比塞尔希望杜夫-伯达尔委员会能够研究出如何解决这个问题，学校也应有专门研究大学治理变革问题的团队。在校长咨询委员会的建议下，比塞尔提议成立一个专门委员会（A3-1-WA4），该委员会包括2位教师代表、2位学生代表、2位管理人员代表、2位校友代表以及2位大学董事会成员。这项提议得到了大学董事会的支持，但却被学生拒绝了。他们认为鉴于平等原则，教师和学生应该都享有 4 个代表席位，而且校长和大学董事会成员在委员会中应不具备投票资格（A2-VA10）。一些更激进的学生，像韦尼克，则认为学生最好不要参加该委员会，因为担心会在以后新的治理中被列为增补委员。

兰登和雷作为学生代表，在大学教辅人员协会（Association of Teaching Staff，ATS）举行的一次会议上提出了一个观点：专门委员会中教师和学生的席位应该相同。雷后来写道："我们相信教辅人员协会包括大学管理层，是对现有治理结构提出挑战的时候了！（A2-1-VA11）"在这次会议上，基于现有委员会建立一个更广泛的治理变革委员会的想法被提出来（A3-3-VA12），这个想法得到了比塞尔、校长咨询委员会和 ATS 执行主席的支持（A3-VA13）。但是前几年，在温尼伯联合学院担任教师、自称了解学院管理层"惨痛教训"的肯尼斯·麦克诺特（Kenneth McNaught）提出的一个修正案（A1-PA），比兰登和雷的方案更容易让教职员接受。最终这个修正案以 99 票赞成、50 票反对被通过。对于这个结果，比塞尔十分吃惊，并且萌发了辞职的念头，但可以肯定的是，他并没有对教职员失去信心，包括对起草修正案的麦克诺特本人（A3-1-1-VA13）。最终这个委员会的构成被大学董事会勉强通过，大学治理变革委员会（Commission on University Government，CUG）总算成立了。其成员构成中如愿地包括了 4 位教师代表、4 位学生代表（3 个本科生和 1 个研究生）。其中的研究生代表加里·韦伯斯特（Gary Webster）（A2-2）在后来的学生运动等诸多事件中担任了重要角色。他在多伦多大学读书以前曾在尼日利亚教书两年，据比塞尔的描述"他对非洲殖民主义的亲身体验，使他具备了无比坚定的信念"。

大学治理变革委员会很快行动起来，成立的两年内就组织了 145 场大大小小的会议，讨论关于学校治理结构变革的问题（A3-4-PA9）。教师代表拉里·林奇（Larry Lynch）和学生代表雷就讨论结果提交了一份报告，并于 1970 年公开发表。该委员会的各成员相处愉快，但是偶尔也会出现各自代表他们小团体利益的分歧。但不管怎么样，将学校现有的"两院制"变革为"一院制"的想法（VA14）已经成功地替代了之前由大学董事会、大学参议会和校长咨询委员会各自为政的想法与认知（OC21）。后来在大学治理变革委员会的推动下，学校成立了大学理事会（Governing Council），将大学董事会和大学参议会合二为一，之后还确立了"一院制"的治理模式。这个委员会面对学生参与治理的高涨热情，在推动治理结构改革的路途上还任重道远。

教学和课程同样是学生关注的问题，其中关注的焦点又集中在大课堂和那些几乎没有授课经验的新晋教授方面（A1A2-WA5）。许多本科生觉得旨在强调研究生教育和科学研究的新方案让他们觉得自己像"二等公民"（second class citizens）。甚至那些选修文理通识课程的学生觉得教授只把注意力放在那些“荣誉课程”（honors course）上，这让他们觉得自己连二等公民都不如（A2-VA15）。比塞尔认为“在现在的‘反精英氛围’（anti-elitist atmosphere）中，在我们这所庞大的校园里，我们不能再继续实行忽视半数以上学生的政策了”（A3-VA16）。1966 年春天，他成立了一个校长委员会（A3-PA10），由政治学家布拉夫·麦克森（Brough Macpherson）担任主席，评估本科生通识教育情况。这个八人委员会中只有一名学生成员——经济学专业的研究生弗兰克·布克（Frank Buck）。尽管如此，学生的观点还是很受重视（A3-PA11），该委员会专门搜集了一份 400 多名学生参与的意见书。八人委员会一致认同对当前情况的担忧（A3-VA17）。在后来 1967 年夏天提交的报告中，该委员会写道：“我们觉得很焦虑，调查显示，我们提供给本科生的讲座是如此糟糕，不仅仅是因为演讲者微如蚊蚋或者不够清晰的几难可辨的声音，还包括明显的无精打采和对自己错误毫无觉察的工作态度。”随后，一些解决方案被提出来了（A3-PA12），诸如将减少对讲座的依赖，使学生有更多的时间用以阅读和反思；教学应该在教师的任命和晋升中占有更重的分量；最近由学生发起的教学绩效评估应该被大力推广……有的建议已经被采纳并开始实施，如政治经济学系在 1965—1966 年度开始对教师进行评估；学生事务委员会也在 1966—1977 年度对文理教育学院的所有老师进行了评估。教师联合会声称会配合这些变革前的准备，如所有的课堂上都专门留了时间给学生填写问卷，一些评估标准正被推广到全校。

但是，八人委员会提出取消荣誉课程和普通课程之间的区别，却因太激进而引起很大争议（A3-WA6）。在差不多一个世纪里，大学里四年荣誉课程和三年普通课程都壁垒分明，它们的不同之处在于选修学生的准入和考核标准不同，大部分情况下，两种课程彼此分离独立。差不多有一半多的文理学生第一年需要学习 30 多门荣誉课程，但是能通过这些课程的人数还不到一半，没有通过的学生在第一年以后转入普通课程的学习。许多教师因此不愿意取消荣誉课程，因为这是多伦多大学的知名之处。一般而言，荣誉课程的结业者经过特别训练后都能成为优等生，他们往往成为雇主和学校的骄傲。

并不是荣誉课程的质量，而是不能选修该课程的学生质量问题困扰着八人委员会。该委员会的报告中指出：“任何学科没有专家的指导就没有一流的工作。每一个系都应该有自己的‘专才’；但是‘通才’是二等公民的原因并不是他们能力差一些，而是他们还没有让自己成为高层次的‘专才’。”解决的办法就是对荣誉课程和普通课程一视同仁（A3-PA13），不再对选修不同课程的学生区别对待。如果学生想成为“专才”，他就选择四年制课程，但是他仍然有权选择三年制的通识课程。这一提议来自学生的意见书，他们认为自己应该有更多的课程选择权，并且抱怨学科之间的界限太僵化。取消了荣誉课程和普通课程之间的区别之后，学生很快进入了自己想去的学院，有的甚至是法律系和工程系。文理学院的老师经过广泛的讨论后，也接受了取消荣誉课程后的课程体系（A1-PA14）。这意味着文理学院性质的改变，后面的变革将针对这一点重组学院。

2. 相互作用之二：真正的骚乱

诸如提高本科生讲座的质量、取消荣誉课程和普通课程之间的区别等议题已经不可避免地把学生的情绪调动起来，他们在校园里更加躁动了。在 1969 年 1 月初，比塞尔的执行助理、政治学家唐纳德·福斯特（Donald Foster）在给学校一位研究人员的信中说："当然，目前我们应该设法避免直接面对我们那些激进的学生'同事'，以摆脱现在正困扰许多大学的问题（A3-VA18）。"就在那一周内，校园里便发生"克拉克·克尔事件"（A2-PA15）。据负责学生工作的副校长罗宾·罗斯（Robin Ross）描述："这是我们第一次直接面对'革命'（A3-VA19）。"事件的起因是多伦多大学的美国研究会（University American Studies Committee）邀请克拉克·克尔（Clark Kerr）在学校博物馆进行一次公开的学术报告。克尔在 1964 年是美国加利福尼亚大学校长，后来被州长唐纳德·里根（Ronald Reagan）解雇——据克尔自己的申诉，是因为他处理学生事件不力和反对越南战争。在学术上，克尔是建立综合性大学的支持者，认为大学应该与商业、政府和军队有联系，并因此成为极左分子的攻击目标。果然，他在多伦多大学也出了事。在他的讲座还没开始之前，校园里四处可见学生散发的小册子，声称"比塞尔邀请的克拉克·克尔是从美帝国大都市来的，他试图在校园里宣扬他的殖民政策以镇压学生"，号召学生在演讲当天到安大略皇家博物馆"直接面对克尔，并反复攻击直到他离开这所'加拿大人的'大学"。册子最后呼吁："让马里奥·萨维奥①的精神在校园回荡吧！"

演讲这天，当比塞尔介绍克尔时，两名学生冲上讲台，送给克尔一束人造玫瑰，还给比塞尔脖子上挂了一串棉花糖制的项链。克尔在演讲的过程中，不断被

① 马里奥·萨维奥（Mario Savio，1942—1996），美国著名政治活动家，是美国加利福尼亚大学伯克利分校"言论自由协会"领袖，以其激情的演说而著名。1964 年 9 月 24 日，他和阿特·戈登堡（Art Goldenberg）等发起并领导了校园"言论自由"运动（Free Speech Movement），抗议学校当局禁止在校园内谈论民权运动和发表反"越战"言论。10 月 1—2 日，加州政府出动国民警卫队前来制止，学生与警察对峙长达 32 小时，一些学生运动领袖被逮捕，反文化运动的序幕由此而拉开，以后逐渐蔓延到美国其他所院校及学校以外的地方，比邻的加拿大受到很大波及，许多高校卷入这场学生运动。1968 年，该运动因马丁·路德·金和罗伯特·肯尼迪遇刺、"越战"的不断升级而达到高潮。

学生的“喝倒彩、欢呼声、嘲笑声”打断。后来据比塞尔描述，“学生代表韦尼克甚至直接走上讲台，对克尔进行面对面的嘲弄和讽刺”。比塞尔轻轻地将韦尼克向后推了一下，立即就有五六个拥护韦尼克的学生涌上讲台，现场一片混乱。比塞尔试图维持秩序，大声说：“难道我们今晚奉行法西斯主义吗？”他的话激起了学生更大的愤怒。这时，大学治理变革委员会的两名学生代表雷和达西·马丁（D’Arcy Martin）登上讲台，建议比塞尔给韦尼克一个“均等时间”（equal time）①，比塞尔同意了。于是韦尼克走到讲台前发表了“情绪激昂的一堆废话”，然后才允许克尔完成他的演讲。比塞尔后来在日记中写道：“这些极端分子的言行毫不掩饰地向我们展现了他们的幼稚和歇斯底里。”但事后并没有任何人受到处罚（A3-PA16）。

其时，在加拿大的其他大学还有一些更严重的事件，尤其是在蒙特利尔的威廉姆斯爵士大学，学校的大型计算机都被学生运动破坏了。美国的哈佛大学和康奈尔大学也发生了类似暴力事件（AC15）。但多伦多大学可能会处于更麻烦的境地。兰登曾预言在1969—1970学年，还将有诸如此类的静坐示威。安大略省大学委员会（Committee of Ontario Universities）主席发文，建议采取强硬措施应对学生的抗议（A6-2-WA6）。多伦多大学主要负责学生惩戒的纪律委员会负责人也提出了类似的建议（A3-WA7）。学生事务委员会却认同学生的这些激进行为，要求比塞尔进行自我检讨（A2-WA8）。鉴于当前的形势，他们要求比塞尔同前面那些观点划清界限。比塞尔拒绝了，并安排由经济学家拉尔夫·坎贝尔（Ralph Campbell）领导的一个委员会将最近新发布的关于纪律惩戒的报告付诸实施（A3-WA9）。学生事务委员会给比塞尔下了最后通牒，要求他在一周以内明确表示不会采取强硬措施，并且要求他在1969年10月1日中午在评议会大厅召开一次群众性集会（A2-WA10）。言下之意，如果比塞尔的回应不能被接受，这一组织将占领学校的西姆科行政大楼。在这个最后期限的当天早上，学生刊物《校队》（*Varsity*）促成了一场静坐运动（A2-PA17）。

10月1日中午，最早到场的是工程和医学专业的学生，他们占领了评议会大厅的前排，并推举工程协会主席阿尔特·麦基尔威恩（Art McIlwain）担任大会主席（A3-PA18）。教师欧内斯特·塞卢卡（Ernest Sirluck）后来在自传中写道：“我给教师打电话，其中包括两名工程系的教授，建议他们以及他们的学生去参

① 均等时间指分配给对立的政党候选人或不同政见者相等时间在电台或电视台上发表、阐明各自的观点和意见。

加这个群众性集会，以支持麦基尔威恩主席。”比塞尔终于出现在人满为患的评议会大厅，台下一片欢呼。属于温和派的法律系学生格斯·埃布尔斯（Gus Abols）是学生事务委员会的主席，他悄声对比塞尔说：“现在台下所有人的立场都很坚定。”马歇尔·麦卢汉（Marshall McLuhan）蹲在比塞尔站的演讲台下面，就像一个宫廷小丑，以表示他的支持。比塞尔对学生事务委员会要求的回应得到了台下人充分的支持。他离开的时候，学生们高呼：“他是一个棒极了的家伙！”这场突发危机暂时停息，比塞尔舒了一口气（A3-PA19）。

1970 年 3 月，又爆发了一场由大学日托所陈旧设备引起的危机（A1-PA20）。多年以来，学校一直帮助妇女社团寻找建立日托所的地方。最后一些女性成员占领了一间危房，这间危房原计划用来建因尼斯学院（Innis College）。她们要求学校提供 2000 美元的修缮费，但是西姆科行政大楼并没有任何正面的回应。即将成为学校副校长的历史学家吉尔·康薇（Jill Conway）后来在她的自传中写道：“对于那些毫无理性、反复无常的男性教师、管理人员和董事们来说，他们对在大学校园里建立一个日托所并没有什么兴趣。”由哲学教授罗伦妮·史密斯（Lorenne Smith）领导的日托所支持者在办公楼外面示威宣讲，并要求比塞尔和他们对话。由于比塞尔拒绝，他付出的代价是支持者占领了西姆科行政大楼里大学参议会的议事厅。很多人还带来了自己的孩子，并在窗外悬挂标语，其中有一条写着：“全世界的婴幼儿联合起来，除了尿布，你们没有什么可失去的！”

后来有更多的人加入到示威者队伍中，当天晚上，有将近 200 人在大学参议会的议事厅度过了“志趣相投”的一晚。福斯特从西姆科行政大楼向比塞尔报告，学生会通过投票决定，为占领者提供价值 500 美元的食物（A2-PA21），并且会议厅现在已经充满了油烟味。比塞尔在第二天召集他的校长咨询委员会讨论解决方案，罗伦妮·史密斯与历史学家纳塔利·戴维斯（Natalie Davis）认为，学校应该保证足够的日托设施。在一个晚上的占领之后，比塞尔保证提供 2000 美元，于是人群退去，这次危机就这么过去了（A3-PA22）。到目前为止，多伦多市警方还没有被要求介入，但学校已经获得禁止非法占领会议厅的法院禁令（A3-WA11、RU19）。不过事实是，没有人知道如果大家都不遵守这个禁令，校方是否会要求警方介入。在日托所事件中，儿童卷入其中让事情变得更加棘手。就像福斯特后来在写给他朋友的一封信中说的：“我们的很多警官，现在肯定都还对当时一群三四岁的孩子冲锋陷阵的场面记忆犹新。”

1972 年，校方终于还是要求多伦多市警方介入，来平息办公楼的另一静坐运动（A3-PA23）。起因是学生要求进入现在已经没有再开放的罗伯茨图书馆（Robarts Library），因为这座图书馆当初在建立时，就规定是面向教师、研究生和四年制本科生，而不是面向所有学生。然而所有学生都想得到相同的待遇，学生会主席鲍勃·斯宾塞（Bob Spencer）给杰克·世奥德（Jack Sword）写信，后者在1971年7月1日比塞尔辞职之后，接任比塞尔出任代理校长，信中指出学生会和研究生会对于图书馆借阅政策的一致反对。学生向图书馆委员会（Library Council）提交了一份包括4500名学生签名的请愿书；林达·麦凯格（Linda McQuaig），《校队》的副主编，后来的著名作家，在《校队》上发行了2500张供学生签名的附页。学生对图书馆借阅政策的反对态度，是和其他一系列要求平等待遇的事件联系在一起的，如之前提出的对选修荣誉课程和普通课程的学生一视同仁的事情。图书馆委员会召开了一次会议，由英语教授皮特·海沃斯（Peter Heyworth）主持，建议继续限制图书开放；1972年3月，大学参议会在医学大楼召开的一次会议上，以67票支持、28票反对通过这一决定。

投票之后，有75人中途离会，直奔西姆科行政大楼大学参议会议事厅，他们要求重新召开会议，并声称，除非向所有本科生开放图书资源，否则他们不会离开议事厅。星期天早上，25名仍在待在议事厅的反对者在多伦多市警察的协助下被驱逐。当时学生死守会议室，警察只能破门而入。后来学生中有14人被控非法入侵，包括学生会主席斯宾塞以及《校队》的副主编托马斯·瓦尔卡姆（Thomas Walkom），他后来是《多伦多星报》（*Toronto Star*）的撰稿人；还有4人被控以除非法入侵之外其他的罪名，如袭警等（RU20）。星期一下午，学生先是占领大学评议会大厅，然后又占领大学参议会议事厅。这次参加的学生超过500人，这个人数增加了暴力可能逐步升级的风险。第二天，在长时间的协商以及代理校长世奥德承诺：他将召开另一场大学参议会会议，并表示他个人支持图书资源的平等借阅，不过要遵守图书管理人员规定的每日借阅限额，随后学生撤出议事厅。学校还同意转告总检察长在大学的代理人，表示大学不会继续追究此事（A3-PA24）。

代理校长给大学全体人员写了一封很详细的信，解释学校管理层现在面临的问题。他特别说明："让警察介入，把600—800个学生从学校建筑物中驱逐出来，将会涉及大量的警力和严重的暴力性破坏的可能，并且我们还要承担对自己的学生采用压倒性优势镇压的责任（A3-VA21）。"但不管怎么样，教师联盟理事会（Council of the Faculty Association）认可了管理层的行动，以14∶3投票通过（A1-PA25）。比塞尔校长的助手福斯特承认保守派教师反对管理层的行为太过激烈，留下了需要很长时间愈合的“伤口”。之后，总检察长的代理人同意放弃之前“非法入侵”的指控，但却提出了更加严重的指控，其中包括三项定罪（A3-PA26）。一周之后召开的大学参议会上，与会人重提图书馆委员会决定的“借书应基于学术需求，以及最大限度、最大效率地利用图书馆资源与设施的原则”，这条修订后的图书馆委员会的条款最终被大学参议会通过。副校长罗斯在他的回忆录中写道：“这些事件是我在 25 年的职业生涯所见过的学生示威中，对大学来说最危险的事情。”1973 年图书馆开放的时候，所有学生都可以通过申请获得借阅权限。罗斯在 12 年之后总结道：“这个制度运行良好，也没有出现那些专业图书管理员所遇见的可怕后果。”一位退休的大学图书馆管理员罗伯特·布莱克本（Robert Blackburn）在他 20 世纪 90 年代早期出版的回忆录中写道：“从长远来看，对研究类书籍书架的平等开放，其代价是很高的，因为可能会面临图书的残缺或丢失。而且图书馆也不能再像以前那样，提供那么好的学术服务。”

还有一些更“左”的事件出现在多伦多大学校园里。事件是由 1974 年 3 月美国政治学家爱德华·班菲尔德（Edward Banfield）进行的一系列讲座引起的。班菲尔德主要研究解决城市贫困问题，一些激进的学生认为他是一个种族主义者。在班菲尔德将要开设讲座的前一周，学生在校园里举行了“种族歧视宣讲会”以批判班菲尔德的观点。在班菲尔德的第一次讲座上，他受到听众的诘问和攻击；在大学西边大厅进行第二次讲座时，听众不允许他讲下去（A2-PA27）。两名争取民主社会学生会的学生领导人—— 一位是在之前图书馆借阅事件中被控非法入侵的社会学系研究生利亚（Anthony Leah）；另一位是与之前参与日托所设施静坐事件的历史学系博士生沙巴斯（William Schabas），两人后来被控违反校纪——伙同其他学生占领了讲台，并阻止班菲尔德讲话。负责主持讲座的政治经济学系主任杜普瑞（Stefan Dupré）听到有人说“班菲尔德，你不能站在台上……你会受伤”（后来被证实当时的确如此）后，杜普瑞迅速终止了讲座。

许多教师对班菲尔德的讲座没有如期进行非常愤怒（A1-VA21），大学也被警告可能会有更多麻烦。教师联合会主席比尔·尼尔森（Bill Nelson）尤其对学校管理层不满。他在《公报》（*Bulletin*）上发表言论：“我只是觉得愤怒（A1-VA22），大学管理层没有履行他们的主要职责，即保障校园内言论自由和基于学术目的的集会。”教师联合会一致赞成要求两年前上任的校长约翰·伊文思（John Evans）“针对言论自由发表一份特别声明”，表明校长“将运用一切合法权利来履行保护言论自由的职责”。福斯特，一个时刻小心警惕的人，劝诫尹文思说："尼尔森和教师联合会里的许多好战分子正保持警醒、好战的情绪，大多数教师与尼尔森的观点保持一致，尽管有时候不一定是他们自己的意见。"主管校内事务的副校长康薇是分管这类事务的主要负责人，后来她在自传中承认她或许错估了形势，"我在决定使用警察解决校内问题时的确犯了错误，仅仅因为觉得相对于那些破坏分子来说，学校寡不敌众并已经居于下风"。若做事后诸葛式的分析，现在当然可以轻易地说多伦多市警察和校内警察当时应该在场，但那时伊文思还没有肯定这一点，即"当大学强烈感到存在生命和财产的威胁时，应当向多伦多市警察求助，允许他们介入校园事件。"随后，西姆科行政大楼出台文件，制定了对未来骚乱事件的处理程序（A3-PA28）。文件中指出："中断的会议通常最多可以推迟 24 小时，以给校方提供足够的时间和机会，为会议提供合适的地点，这个地点可能是允许警察介入的。"

大学治理变革委员会决定由校长征求学校纪律委员会的意见处理骚乱，以及指控在骚乱中违反校纪的利亚和沙巴斯两名学生。但没有想到的是，在大学治理变革委员会作出决定前，顽固不化的沙巴斯仍坚持认为他不应受到指控，而是那些邀请班菲尔德的人才应该受到指控，甚至班菲尔德的所有著作都应该从书架上清理掉——这种愚蠢的做法大大激怒了纪律委员会。因为当时制定大学所有惩戒规则的纪律委员会是学校里唯一能够处理违纪事件的机构，新提议的治理结构此时还没出现。法律系教授阿尔伯特·艾贝尔（Albert Abel）长期担任纪律委员会主席，他主持了这次审讯。这场为期 19 天的审讯后来变成众人皆知的"艾贝尔现场秀"，被一家地方电视台全程转播，引起了校内外很多人的密切关注。加拿大法官从来不用小木槌，但艾贝尔是一个美国人，曾在战争期间担任美国海军法官，习惯使用小木槌，因此，现场转播的审讯过程中充满了他不断敲击小木槌以维持秩序的声音，尤其是利亚试图抢夺他手中的小木槌那一幕更让人印象深刻。

利亚和沙巴斯接受民权法律师查尔斯·洛奇（Charles Roach）的建议，为他们自己辩护。两人都希望审讯能在 1974 年 9 月进行，这样学生返校后他们能得到更多的支持，但艾贝尔决定在 5 月进行。纪律委员会的几位成员根据"除非全程参与每一次审讯，否则不能出席最终审讯"的法定原则，逐渐减少了最终的到场人数，最终审讯时只有 7 人留在法庭上，有 29 位纪律委员会成员缺席。利亚和沙巴斯被判有罪，而且分别停学三年和四年。两位被告求助于大学治理变革委员会，认为判决太严厉，包括沙巴斯的父母——分别是学校音乐系和图书馆学系教授——都认为"太严厉了，将完全毁掉两个学生的学术生涯！"事实上，沙巴斯是德国左翼教授巴克·费尔利（Barker

Fairley）的外孙，这位声名显赫的老教授研究刑法，并已经出版了几本很有名的关于死刑和其他人权问题的著作。大学治理变革委员会对纪律委员会处理的这件事很为难，最终减轻了对两人的处罚，改为停学两年（A3-PA29）。同样的事情也发生在耶鲁大学和芝加哥大学，芝加哥大学的事件就发生在多伦多大学事件出现的一周后，后来那位阻止班菲尔德讲座的学生也被处以停学的惩罚（AC16）。

班菲尔德事件或多或少地终结了十几年的学生激进运动。许多卷入其中的学生依然迫切要求社会变革。1980 年激进的流行歌曲创作者鲍勃·博新（Bob Bossin）说："我所认识的每一个激进分子现在仍然很激进。"多伦多大学的这一系列激进运动促成了大学治理结构一些明显的变革，如在课程、惩戒程序上的变革等。但在这一过程中，在公众心中，多伦多大学的形象因此蒙尘，它破坏了公众对这所大学的支持（OC22）。大学谨小慎微的反应也酿成了校园内的不安，甚至出现了一些教师对管理层的敌视（OC23）。现在管理层的表现让人如此失望，是教师要开始大展拳脚的时候了（OC24）。多伦多大学即将上演各派人马关于实现"一院制"治理结构的一场角逐。

3. 行动者特征分析

由于多伦多大学中进入行动情境参与变革的行动者众多，权力分散而又均衡，行动者在行动情境中十分活跃，行动者本身的特征对行动情境的运作显得尤为重要。表 5-2 按照行动者对行动情境和行为的价值判断（VA），获取、处理、保留、使用临时信息的方式（WA），选择特定行为方式的过程（PA）三个方面予以分析。

如表 5-2 所示，学生的行动在行动情境中是核心力量之一。在 20 世纪 60 年代特殊的形势下，他们被贴上时代的标签：反战、独立、注重公平、渴望自由、积极参与甚至具有暴力倾向。于是在价值判断上，他们因为对政治事件的反感而抵触自己身处的大学，甚至蔑视大学校园里那些与政治挂钩的"不正之风"。这种情绪带来的是他们希望大学改革，更重要的是希望自己能参与这一变革，于是，不断争取与教师平等的决策权是他们在整个 20 世纪 60 年代活动的重心。他们对外界信息的处理方式就是大胆参与、积极讨论，勇敢地提出自己的要求，希望得到校方的重视和满足。同样，他们具备那个时代行动者的共性——集会、示威，乃至暴力破坏。他们的思想和行为左右着校方的行动特征。

表 5-2　多伦多大学行动情境中的行动者特征

行动者	对行动情境和行为的价值判断（VA）	获取、处理、保留、使用临时信息的方式（WA）	选择特定行为方式的过程（PA）	
管理层（A3）	VA1：觉察到校园里 A2 的躁动	WA4：A3-1 建立大学治理变革委员会 A3-4	PA1：采取同 A2 密切合作的策略	PA3：帮助实现 A2-VA6 取得较大成效
	VA7：A3-1 不满意 A6-1 的报告，希望建立“一院制”	WA6：提出取消荣誉课程和普通课程引起争议	PA5：A3 与警察对 A2 行动袖手旁观	PA9：A3-4 组织讨论治理结构变革
	VA8：A3-1 认为现行治理结构是“两张皮”	WA7：惩戒委员会同意 A6-2-WA6	PA7：A3-1 校长咨询委员会沟通董事会与参议会	
	VA12：A3-3 提议建立更广泛的治理变革委员会	WA9：打算对学生的激进行为实施惩戒	PA10：评估本科生通识教育状况	PA11：重视学生教学改革意见
	VA13：对 PA8 吃惊，想退休，但未失去信心	WA11：获得禁止非法占领会议厅的法院禁令	PA12：实施改进本科生教学质量方案	PA19：暂时平息学生的过激行动
	VA14：全校认同建立“一院制”的想法		PA13：取消荣誉课程和普通课程的区别	PA22：满足 A1 在 PA20 中的要求
	VA16：认识到不能忽视大多数学生的利益		PA16：没有惩罚“克拉克・克尔事件”的参与者	
	VA17：担忧本科生教学质量问题		PA23：要求警方介入 A2 的行动，并逮捕学生	
	VA18：小心应付想与 A1 平起平坐的 A2		PA24：满足 A2 借阅要求并不予追究	PA26：学校检察长代理人给 A2 定罪
	VA19：认为 A2 的“克拉克・克尔事件”是革命		PA28：确定大学在必要的时候由警察介入的政策	
	VA20：认为警察介入过于激进且责任大		PA29：对 A2 激进分子施以停学惩罚，并由于背景而减轻处罚	
学生（A2）	VA2：一部分 A2 反对军事工业公司	WA1：畅所欲言，积极参与热点问题讨论	PA2：付出巨大努力实现 VA6 取得很大成效	
	VA3：一部分 A2 希望大学摆脱政治事件的影响	WA2：拒绝家长管束和反对任何权威	PA4：反对军事工业公司在学校的招聘	
	VA4：认为大学是权威机构而抵制它	WA3：在校组织关于性取向的讨论	PA6：与 A1 一起组织“革命与回应”宣讲活动	
	VA5：因为 AC1 而蔑视大学这种权威机构	WA5：关注教学和课程	PA15：发起“克拉克・克尔事件”	

续表

行动者	对行动情境和行为的价值判断（VA）	获取、处理、保留、使用临时信息的方式（WA）	选择特定行为方式的过程（PA）
学生（A2）	VA6：希望缩小 A2 与 A1 之间的距离 VA9：认为应该与 A1 具有同样的决策权 VA10：不同意在 A3-4 中的席位 VA12：A2-1 认为 A3-3 应该挑战学校治理结构 VA14：全校认同建立“一院制”的想法	WA8：要求 A3 支持 A2 的激进行为 WA10：要求 A3 召开群众集会满足 A2 要求	PA17：进行静坐要求 A3-1 支持 A2 行动 PA21：支持 A1-P20 提供食物 PA27：破坏、攻击班菲尔德讲座
教师（A1）	VA15：本科生觉得在学校是二等公民 VA21：对 A2 破坏班菲尔德讲座十分愤怒 VA22：对 A3 没有维护言论自由十分不满	WA5：关注教学和课程	PA6：组织“革命与回应”宣讲活动 PA8：提出 VA12 修正　PA14：接受 PA13 案被通过 PA18：参加支持 A2 的行动 PA25：支持 A3 请警察介入 A2 运动 PA20：妇女社团举行要求 A3 建日托所的示威
政府（A6-2）		WA6：建议采取强硬措施应对 A2 的抗议	

大学管理层在这个时期体现出两大特色：一是自身的波动，为实现"一院制"治理结构的变革而不懈奔走；二是应对学生层出不穷的要求和行为。后者使他们意识到治理结构中也必须倾听人数比例最大的学生群体的声音，赋予校园内各方平等的权利。同时面对学生的激进行为，在政府的大力支持下，他们对内积极调整协调，对外也借助法律、警察等更加严厉的管理手段。在管理层的这些思想和行为之下，在多伦多大学的学生运动之后，学生参与决策的诉求得以满足，但也没有如他们自己所设想的那样一直活跃。事实上，是学生使得在学校后来的发展中警察和法院的介入变得合理和被希望——这一点恐怕学生们也始料未及。

教师是一支中坚力量，他们不认同学生的破坏行为，转而寻求管理层的支持，但他们又愿意和学生一起争取在新的治理结构中有更多的发言权。不管怎么说，学生运动之后，教师成为最大的赢家，从默默无闻、被忽略的群体，成为可以大展拳脚、具备发言权的重要力量。之后的变革成果也显示，过程是围绕教师的学术决策权与政府、学校之间进行的博弈，结果是教师学术决策权得到制度上的保障和实现。政府在这一时期因为学校的强硬态度而得以暂时置身事外，他们只表明了支持校方管理层的态度。这种立场对后来变革的推动和进展至关重要。

总的来说，从多伦多大学行动情境中众多的参与者来看，几乎所有利益相关者都参与到了学校决策和执行过程中。不论这些行动者对最终结果的出现有多大的影响力，但至少肯定了一个共同认知，那就是：多伦多大学是我们共同拥有的，办好它我们都有义务，办坏了大家都有责任。正是行动者具有的这种参与意识，使得多伦多大学的行动情境运作呈现出无比复杂、反复博弈的状态。对变革结果来说，这个过程显得曲折、纠结了很多；但对变革过程来说，这何尝不是"主动参与、共同治理"鲜活的反映。

第二节　多伦多大学行动情境的运作

由于参与者众多，行动情境的运作表现为多回合的博弈过程，其间，外生变量规则体系与行动情境的互动显得分外复杂。下面将首先梳理发生作用的外生变量（表 5-3），然后在历史档案的深描中展示各种规则通过行动情境中的行动者发挥作用的过程。

表 5-3 多伦多大学外生变量特征

规则体系（RU）	文化环境（AC）	自然环境（BC）
RU1：安大略省重视教育的风气	AC1：受过高等教育的移民对安大略省教育的影响	BC1：加拿大地广人稀，政府公地不易卖出，大学建校受阻
RU2：加拿大多元文化冲突	AC2：省督热衷教育	BC2：多伦多大学地处多伦多市中心，不易拓展校区建设
RU3：宗教势力对大学领导权的争执	AC3：省督意识到宗教纷争只会扩大社会分裂	
RU4：安大略省的宗教纷争使大学修建搁置	AC4：保守党 A6-2 支持国教势力在董事会占主导	
RU5：A6-5 修正特许状，董事会由政府指派	AC5：民众抨击政府与圣公会的勾结	
RU6：自由党 A6-2 使学校脱离宗教控制	AC6：自由党 A6-2 把教会排斥在大学大门之外	
RU7：政府在大学评议会中吸收教会学院代表	AC7：保守党 A6-2 主张政府尽量减少对大学的干预	
RU8：政府希望教会学院能并入大学	AC8：多伦多大学因 OC16 受到社会谴责	
RU9：政府规定学院代表不得是教会中的神职人员	AC9：美国民权运动对多伦多大学 A2 运动的影响	
RU10：19 世纪，基督教与安大略省密切关系	AC10：加拿大裁减核军备运动对 A2 的影响	
RU11：欧美新教育风潮迫使安大略省内大学求合作	AC11：反“越战”风潮对 A2 的影响	
RU12：加拿大国家意识鼓励大学合并培养更多人才	AC12：躲避征兵的年轻人加重校园紧张气氛	
RU13：兴办教育是各省职权的一部分	AC13：校园避孕药、毒品肆虐	
RU14：省政府通过联校制法案，教会学校并入大学	AC14：美国新闻记者认为多伦多大学校园里每一方都被赋予真正平等的地位	
RU15：1906 年 A6-5 出台高等教育专题报告	AC15：加拿大大学在 20 世纪 60 年代面临 A2 暴力事件	
RU16：A6-1 和社会要求多伦多大学承担研究生教育	AC16：其他大学也因为 A2 的背景减轻对其的处罚	
RU17：A6-2 通过法令给予大学收购地产优先权		
RU18：A6-1 成立专门委员会审查大学治理结构		
RU19：法院下达多伦多大学校内禁止非法占领的禁令		
RU20：警察被要求介入 A2 行动并实施逮捕和起诉		

一、外生变量的挖掘

从表5-3来看，作用于行动情境的外生变量主要是加拿大省政府对大学在起作用。其中规则体系主要是安大略省政府担负兴办高等教育的职责，使大学摆脱宗教势力，独立自主地办学，同时通过法令和建议从外部治理大学。文化环境则表现在党派之间的争斗对大学内部治理环境的影响上，也包括社会环境对大学的关注和肯定。自然环境本来是劣势，即多伦多大学处在多伦多市中心，不便于拓展校区，但在政府的支持下，反而取得优先发展的资格，并获得更大的财政支持。当然，随着社会政治、经济等环境的变化，这些外生变量也在很大程度上发生了改变，尤其是在对大学经费的支撑上。实际上，后来大学的财政困境除了大学内部对政府措施的抵制之外，大部分原因在于政府财政拨款与预算政策的改变，这使得大学变革的过程显得更加曲折和多变。下面将在校史的深描中展现这个过程。

二、行动者在行动情境运作中的行为描述

1968年成立的大学治理变革委员会经历了学生运动的考验，现在总算可以一门心思地实行关于“一院制”治理结构的变革了。比塞尔及其后来的继任者伊文思，再直到乔治·康内尔（George Connell）三任校长前赴后继地共同实现了这场伟大的变革，不仅成立了大学理事会这个拥有最高决策权的实体机构，还通过不断完善形成了一个良好运转的大学治理系统，并获得了实效。当然，在多伦多大学这样一个参与者众多、各方力量均衡的行动情境中，能实现这样的结果是多么来之不易。

1.“一院制”的实现：大学理事会的建立和运转

早在1969年初，极力主张“一院制”治理结构变革的比塞尔校长就表示想退休，但随着大学治理变革委员会工作的推进，他改变了想法，决定留下来直到变革成功（A3-1-1-IR1）。在这期间，他受到来自大学董事会成员的很大压力（A4-CR1），亨利·波登（Henry Borden）主席就是其一。比塞尔在1969年10月的日记中写道：“如果大学董事会能够让我待到年底，就可能会达成一些妥协，这些妥协不会剥夺大学理事会的权力（A3-1-1-SR1）。”1970年，他又写道：“将在学校治理结构变革有了一定的基础之后离任（A3-1-1-IR2）。”1968年建立的大学治理变革委员会只是比塞尔迈出的第一步，该委员会在成立后组织的第一场关于治理结构变革的大讨论中发布的一份报告中指出了下一步行动。

这份报告中包含一个多达107条的建议（A3-4-AR1），正式提出大学需要成立一个“单独的治理机构，负责对所有财政与学术事务的最高决策”，并能够协调和沟通学校内各方利益的大学理事会。这个理事会将作为常设机构，替代大学董事会、大学参议会与校长咨询委员会，成为学校唯一的最高决策机构。它将由66人组成，其中有教师代表20位、学生代表20位、校外代表20位、学校高级行政管理人员6位，其中教师代表和学生代表由选举产生。这份报告中明显对大学董事会的治理能力和水平表示质疑，因此遭到大学董事会大部分成员的强烈抵触（A4-OR1）。据波登后来回忆，他认为根本没有必要作根本性的改变，因为自1906年皇家委员提议的“两院制”治理结构实施以来，多伦多大学一直运转得很成功，根本不用变革现行的治理体系。尤其是在大学理事会的筹备委员会——大学治理变革委员会中，大学董事会的成员中仅有2位是以观察员的身份加入的，这一安排极其荒谬且不具备合法性。不过，大学董事会内部的思想和政策理念也十分混乱（A4-AR2）。大学董事会内部的一些少壮派，如哈里斯（Harris）与约翰·托里（John Tory），肯定了这份报告的基本原则；另外一些人，如新任主席沃恩（Oliver Vaughan）则反对变革，但波登并不认为沃恩是一个称职的主席，即使通过换主席的方式也未必能将学校从“一院制”的道路上拉回来。

但比塞尔和大学治理变革委员会相信，只有大学理事会能够把各方力量聚在一起，并作为最终的、没有争议的权威机构（A3-IR3）。在双方僵持不下的时候，比塞尔提议成立一个专门委员会，针对此事组织一场全校范围内的大讨论，摸清民意对治理结构变革的态度（A3-AR3）。专门委员会包括教师联合会主席、学生事务管理委员会主席、研究生联合主席。他们通过积极组织校友讨论会、教师讨论会等专题讨论会，以及为民众设置公开发表评论场地、在社区发放征询意见表等形式，广泛征集校内外对大学现行治理模式改革（诸如建立“一院制”）等基本问题的意见。但由于意见纷呈，专门委员会成员很难得到针对治理模式变革这一根本性问题的一致性的、有说服力的意见，比塞尔也认为专门委员会提供的解决方案过于简单粗糙。最后他们决定召开一个具有广泛代表性的大学制宪会议，即通过学校所有人员的代表聚集在一起讨论和表决的方式来解决问题（A3-AR4）。召开制宪会议的决定为大学董事会所接受（A4-CR2），并成为后来的大学代表大会（University-Wide Committee，UWC）。这个在1969年底召开的制宪会议基本上得到了全校的支持，专门委员会的努力也因此获得校长认可。尽管教师联合会并不想参与其中，但仍派出代表在大会上通过投票的方式参与决策（A1-AR5）。大学代表大会副主席罗斯认为“大学制宪会议是多伦多大学有史以来规模最大、最英勇、最有雄心的‘大型校长咨询委员会’”。

1970 年，制宪会议如愿在安大略省政府麦克唐纳黑大楼（Macdonald Black）的一个会议室里正式揭幕。大会为期 3 天，原定 160 人出席的会议（主要有 40 位教师代表、40 位学生代表、40 位学术与非学术管理人员、10 位大学董事会代表和 30 位以校友为主的其他代表），实际上有 146 位正式代表出席此次多伦多大学史无前例、意义重大的制宪会议，文理学院副院长阿奇·哈利特（Archie Hallett）成功地主持了会议。会上讨论了 11 种治理模式，通过投票淘汰了 10 种。其间各派代表都发表了自己的意见：政治学家布拉夫·麦克弗森（Brough Macpherson）提出教师要占一半；教师联合会没有提出这种要求，但提出一个由教师 20 人、校外人员 20 人、行政人员 10 人、学生 10 人组成的治理模式；学生则要求与教师平等；还有许多成员要求增加校外人员的数量……最终大会代表以 111 票赞成、15 票反对通过了“一院制”治理结构的大学变革方案（A3-AR6）。新成立的大学理事会成员共设置 72 人，其中教师代表 21 人，学生代表 14 人，校外代表 24 人，学术管理人员与教学教辅人员代表 13 人。鉴于各方代表的坚持，大会对新的治理结构中各个利益团体的席位比例未能达成一致。尤其是学生对未能获得与教师相同的决策权尤为不满，实际上只获得相当于 2/3 教师的代表权，使这个治理结构后面的大部分修改都围绕这一冲突进行（A2-SR2），直到 1988 年学术委员会（Academic Board）出现。此次大会只达成一项基本规则，保证让教师与学生组织能够参与新的治理过程，即不管教师还是学生任何一方，都可以通过多数人投票表决的方式发起重新讨论顶层治理结构的会议，如果这次会议再次确认了之前的决策，结果就将被呈送给校长。教师对大会的“妥协结果”是满意的，但有的学生仍然不满意，只能留待后面再解决。

此次大会还有一个最高要求，即通过“省一级的立法”赋予治理结构合法性，校长咨询委员会甚至倾向于建立校长咨询委员会与大学董事会的联席会议制（A3-OR2）。因为在这个重大的会议上，大学董事会实际上被边缘化，所以他们中的大多数人拒绝参加此次会议，只有很少几位大学董事会成员作为观察员出席了会议（A4-OR3）。而校友则乐于参加，正如他们积极参与大学理事会事务以及后来的讨论一样（A5-OR4）。但这并不意味着大学董事会会善罢甘休。1970 年 6 月末，大学董事会执行委员会向省长提交了关于这次大会的官方总结，声明“附有大学董事会的评论”（A4-AR7）。10 月的一次董事会上，一个由大学学院院长哈利特、文理学院院长艾伦（Alfred Allen）、工程系主任詹姆斯·汉姆（James Ham）组成的代表团表达了他们对“多伦多大学法案修订工作进展缓慢”的关心（A3-2-SR3）。1970 年 11 月，大学董事会发表了正式声明，明确反对大学代表会通过的新方案（A4-CR3）。他们在公布的文件中指出“大学董事会大多数成员都认为‘两院制’比‘一院制’更可取。一院制体系下的委员会规模将变得更小，这与大学代表大会提出的‘至少35人’的要求不相符合”。此外，大学董事会还建议，大学理事会应当“主要由政府任命的人组成”，建议由内阁指派一名全职薪酬且非学术的人来负责大学的所有事务，并担任最高治理委员会的主席（A4-OR5）。比塞尔对此的态度十分强硬，坚决不让步，学校高级管理人员也对大学董事会的声明感到不满（A3-CR4）。副教务长福斯特后来在给他朋友的信中抱怨：“大学董事会并没有从学生动乱中学到任何东西。”为此，安大略省政府（A6-2）开始介入大学变革。

1971年春，威廉姆·戴维斯（William Davis）执政的安大略省政府作出决定，支持大学代表大会提出的变革方案（A6-2-CR5），推动多伦多大学新法案的出台，但同时应大学董事会的要求对变革方案进行调整（A6-2-OR6）。调整的内容主要有两方面：一是由政府任命的人员与选举产生的校友代表等大学外部成员组成大学理事会成员中的大多数；二是缩减大学理事会规模，由原来的72人编制减少到42人（后来这个规模又由省立法委员会修改为50人）。实际上，省政府非常巧妙地在大学董事会与各个利益团体之间维持着一种平衡。但这样做又回到之前遗留的问题——教师与学生在大学理事会中的构成比例之争。省政府只好提交一份法案，保留大学代表大会的建议，即学生人数为教师人数的2/3，并在1971年7月将法案送到人力资源立法委员会审查（A6-2-AR8）。在8天的听证过程中，学生仍然坚持要求平等，教师继续坚持反对。比塞尔虽然当时已不再是校长，但仍出席了听证会，鼓励大家接受大学代表大会提出的比例。省政府的大学事务大臣约翰·怀特（John White）对此很关心，因为一场选举马上就要开始了，这是安大略省第一次实行年满18岁者均可投票的选举，大学生的意见显然很重要。他提出了一个折中的法案（A6-2-OR7）：10名教师、6名学生以及4名由教师和学生共同选举的人。教师联合会对此强烈反对（A1-CR6），其主席詹姆斯·科纳彻（James Conacher）说：“这只是一种过程上的平等，而结果是不平等的。因为在另外4个名额的投票中，学生无疑将会获胜——学生与教师的人数比为15：1。”怀特只好收回建议，将这个问题转交给立法委员会。立法委员会莫衷一是，最后全体一致决定还是采取怀特的建议。这意味着立法委员会基于过程和结果都“平等”的努力宣告失败，法案的隐患继续存在。1971年7月23日，法案由立法委员会正式通过（A6-2-CR7）。作为补充，他们将大学理事会成员构成权移交给大学校长，他有权建议政府任命特定人群进入大学理事会，而对具体的成员安排只做原则上的确定。这表明，尽管没有联席会议制，但省立法委员会仍确保了大学理事会的最高决策权和合法性，这正是比塞尔之前所设想的最好结果。

比塞尔在这个结果还没有最终出现的时候，即1970年6月就宣布退休，因为他觉得大学代表大会所进行的努力极有可能保证治理问题得到解决（A3-1-OR8）。大学董事会也继续给他施压（A4-CR8）。1972年7月1日，伊文思上任。之前代行校长职务的副校长、教务长福斯特说："我并不羡慕伊文思的这份工作，因为未来几年内学校的财政状况堪忧，学校的士气也在下降。"此外，伊文思基本上是一个外来者，他自己也说："除了医学院，我对大学的其他部门基本没有任何了解，不了解权力的构成、运行、制约等。"他在麦克马斯特医学院（McMaster Medical College）的经历，使他比以往任何一位多伦多大学的管理者都更加关注和尊重安大略省在其他大学的一些项目。在上任前，他与福斯特、爱德华·萨法良（Edward Safarian）一同访问了安大略省的几所大学，以此让多伦多大学更加清楚现在正在发生的是什么，以及其他大学眼中的多伦多大学是什么样的。他们发现，"这些学校不仅妒忌我们一些课程项目的高质量，同时也害怕我们的规模与影响力，并且还怀疑我们在管理与办学目标方面最近取得的成绩"。看来，不管是新鲜出炉的"一院制"，还是兄弟院校的虎视眈眈，伊文思肩上的担子都不轻（A3-1-2-IR4）。

1972年9月底，伊文思校长宣布了他未来6年的工作计划（A3-1-2-IR5），提出"重建大学角色"使命，并极力推崇新的治理框架，认为这个使命在传统框架下是无法完成的。他明确地将非全日制学生等具体问题作为关注的重点，同时阐明学校需要更实际的远期规划，需要明确治理目标及其相应的制度安排与执行程序。这些都需要通过对新的治理结构继续进行变革来实现，以完善这个"代表所有利益的机构"，最终实现"各利益群体的发言人也须听取其他群体的声音，而不仅仅是他们自己的，各方通过理性的论证而不是政治妥协来得出真实的结论"。在伊文思上任之前，大学理事会的结构问题进展缓慢，他认为自己有必要促进这项工作。虽然新法案通过了对大学理事会的一些规定，但伊文思认为"新法案只是建构了一个没有传统、没有发言人、没有规则的'合议性机构'。它有时甚至只是一个不讲规则的、充满争议的地方"。于是，他提出"如果大学理事会想要持续50年，那么它应该有自己的传统，并且需要变得更易于管理（A3-1-SR4）"。出于希望大学理事会能具有广泛的代表性，伊文思还积极建议政府向大学理事会派人（A3-1-OR9）。他的建议得到了政府的采纳（A6-2-CR9），如后来劳工组织与意大利社区的代表进入大学理事会任职。1972年7月4日，新成立的大学理事会召开了第一次会议，主要讨论"一院制"治理模式如何有效运转，遵循哪些议事程序（A3-6-AR9）。会上首先讨论通过了马林·哈丁（Malin

Harding）任大学理事会首任主席、哈利斯任副主席的任命，然后经讨论决定在大学理事会中设立一些具体的执行岗位，对大学理事会中的主要成员进行分工。这些执行岗位主要是任命 5 位分管不同部门的副校长，并相应成立 5 个专门委员会，具体如下。

1）大学内部事务专门委员会：学生运动后，在大学与其更加关注学生需求的期望之间存在的裂隙正在不断增大，这个委员会的成立显得很有必要。历史学家康薇因曾卷入 1968 年日托所示威事件，她成为第一位负责内务的副校长，也是该校历史上第一位女性副校长。她在回忆录中写道："伊文思正在建立自己的管理团队，让我感到诧异的是，他居然征询我的意见。"

2）大学校外事务专门委员会：作为大学常设机构，该委员会主管外务，但几年的运行结果表明，这一委员会如果与其他委员会合并可能会更加有效。

3）大学商务委员会：主管大学对外商业活动，艾利克斯·兰金（Alex Rankin）继续担任商务部副校长，戈登·费希尔（Gordon Fisher）则成为该委员会的首任主席。

4）大学资源与战略规划专门委员会：该委员会是由杰克·斯沃德（Jack Sword）建立的一个新部门，大学理事会选举副校长康内尔分管该部门，企业家泰茨（Waire Twaits）任该委员会主席。

5）大学学术事务专门委员会：该委员会的分管副校长是罗恩·谢泼德（Ron Shepherd），教务长唐纳德·福斯特（Donald Forster）兼任该委员会的副主席。

第 5 个委员会后来成为最有争议的一个，它取代了由教师成员掌控的大学参议会，使教师的影响力大大减小。因为有两个规定限制了教师在大学学术事务专门委员会中的比例：一是省立法机构规定"大学的任何重大决策都必须经过大学理事会大多数成员同意"；二是大学理事会规定"大学的任何团体都不能在大学理事会的专门委员会中占多数"（A1-SR5）。后一条是教师强烈反对的，但却得到大学理事会中学生成员的大力支持。结果是教师（包括学术行政人员）在由 25 人构成的大学学术事务专门委员会中仅占 12 个席位。这也引起了以院长为代表的学术、行政人员的不满（A3-2-OR10），他们同样失去了在过去大学参议会中具备的成员资格。这意味着在新的大学学术事务专门委员会中，他们的话语权有了本质性的改变。尽管他们可以通过竞争获得大学理事会中的教师席位，主席也可以通过指派 2 人参与大学理事会，但在学术行政人员眼中，这是不够的，他们认为作为各个学院的院长、系主任等院系负责人，他们对所要讨论的问题是最了解的人，实际上却被排除在决策过程之外，这是说不通的。后来，大学理事会对学术行政人员作出一些让步，由学术副校长兼教务长福斯特牵头成立一个"学术人员协调会”的机构（A3-1-AR10）。该机构由各院院长、各附属学校校长等学术行政人员组成，教务长负责组织他们每周召开一次协调会，以保证他们的观点与想法能够受到关注，并且保证他们能够知晓西姆科行政大楼、大学理事会及其常设委员会现在所关心和讨论的都是什么，校长也可以参与讨论，但这样一来，结果却变成了学术、行政人员通过影响校长的决策来增强他们在学术事务中的决策权力。这当然会让被忽视的教师群体感到不满意，因为这在无形中加强了西姆科行政大楼的影响力（A1-OR11）。但不管是否仍然存在分歧，伊文思已经成功地将之前基于理念层面的机构具化为操作程序，使大学理事会成为具有决策权和执行权的实体机构，获得程序上的合法性。

两年之后，按照多伦多大学法案的规定，应对 1971 年法案的实施情况进行一次评估。由哈利特牵头的评审委员会从 1973 年晚期开始进行此项工作，并重新开启了教师和学生关于大学理事会组成问题的讨论。该委员会经过全面调查后认为政府对大学理事会的控制过多，由此向政府建议改变大学理事会的组成，把学生的席位增加到 12 个，即与教师所占的席位一样（A3-OR12）。福斯特在日记中写道：“这是最拙劣的政治讨价还价，这样会使大学治理过程完全政治化。如果政府采纳这一建议，教师们只会不高兴，并使得他们的工会主义更加强化。”（A1-OR13）罗斯也评论说：“这是大学理事会最糟糕的时候之一。”教师联合会主席尼尔森提出再次对方案进行全面而充分的评估，力劝负责高等学校的省政府大臣詹姆斯·奥德（James Auld）推迟采取行动或者扩大立法评审范围（A1-AR11）。尼尔森认为，“不仅需要全面地讨论大学的一院制结构，也需要加强校外人士对它的监督和审核”。评审委员会的提议没有得到政府的批准，最终政府终止了对大学理事会成员构成的进一步变革，但允许大学理事会缩小学生席位与教师席位之间的差距（A6-2-CR10）。这果然引起教师联合会的不满，现在轮到教师给大学理事会施压了（A1-IR6）。1975 年，教师联合会给大学理事会主席哈丁写信，建议“大学理事会的资源与战略规划专门委员会的多数成员由教师组成，还要求学术事务专门委员会的 2/3 成员从学术人员中产生”。大学理事会核查了这一意见，但当时并没有作出大的改变。直到 1977 年，教师在大学理事会中的席位问题才得到比较妥善的解决。

这一年，校长伊文思迫于教师联合会对“一院制”治理结构的诸多意见，决定对新的治理结构运作的有效性进行一次五年的考核（A3-1-IR7）。此时，英属哥伦比亚大学（University of British Columbia，UBC）前任校长、安大略省高等学校委员会主席约翰·麦克罗德（John Macdonald）发表了一篇反映他个人重要见解的报告《论大学理事会体系的效能》（A6-2-IR8）。他认为多伦多大学理事会中的积极分子太多，致使成员过于行动主义，使得决策权与执行权不分，卷入大量与决策无关的琐碎事务中。大学理事会应该只行使决策权，主要负责审议行政人员提出的政策建议，而不必参与具体行动，后者则由各个具体的执行主管部门或院系负责。大学是一个权力中心应该下移的组织，教学和科研都集中于基层，因此更多的权力应被赋予基层学术部门。关于教师参与学术决策的席位问题，他认为大学最好不要又一次卷入大学理事会构成的讨论之中，重启对席位的讨论，这只会让大学又一次陷入没有意义却有破坏性的冲突之中。他还提出一个解决方案，即大学理事会下属的资源与战略规划专门委员会和学术事务专门委员会可以合并成一个机构，以便让更多的教师进入扩大的机构。大学理事会采纳了他的建议。新的委员会由 61 人组成，教师占 33 个席位，其中 7 位学术行政人员自动成为委员会成员，但不具备投票权。尽管这个提议实际上违背了大学理事会制定的关于“任何团体不能在各种专门委员会中占多数席位”的规定，但最终还是执行下去，在整个 20 世纪 80 年代都没有什么大的变化（A3-6-AR12）。此项举措表面上使大学内部的决策权和执行权有所分散，实际上政府让出的部分权力都集中到少数学校内部行政人员手中（主要是校长和学术行政人员的权力增大）（A3-OR14）。

事实上，在实施“一院制”治理结构的整个 20 世纪 70 年代，大学内部行政人员的权力都在持续扩大。校长通常单独会见高级管理人员，而不是聚众合议；副校长和副教务长在西姆科行政大楼内组成了一个权力圈，被戏称为“西姆科圈子”。据参与每周大学理事会常务会议的人员记录，“每周会议最吸引人的部分就是聆听校长最后的总结，听取他就会议中有争议的内容采取下一步行动的指示”。校长也只有和他的那些高级管理人员单独相处时才是最自在的，因为这些人都是他亲自精挑细选出来的。关于权力逐渐集中的一些重大变化在伊文思校长在任时开始显露出来。一位学者颇具讽刺意味地指出，伊文思声称自己对更具咨询风格的决策制度以及权威、职责更为分散的民主作风具有浓厚的哲学偏爱，可是他对管理制度采取的各项措施，却不可避免地将权力集中到西姆科行政大楼手握重权的少数人当中。伊文思基本上没有保持比塞尔曾经与学术行政人员之间的亲密关系，前任校长主张的分权和协商性决策的民主逐渐受到威胁。

此时，一个重要的原则——哈斯特规则（Haist rules）确立（A1-CR11），该规则是以它的提出者生理学家雷吉诺德·哈斯特（Reginald Haist）来命名的，这一规则的实施对大学内部集权化的趋势有所遏制。该规则限定了学校高级行政人员的职责，重新以大学董事会的力量来制衡，具体表现在任命学院院长等学术行政人员不再是校长的特权，必须由大学董事会通过决定，而且院长、系主任是有固定任期的，任期结束后他们仍然恢复普通教师身份。当然，这样做会对校长任命委员会的成员产生很大的影响，而且校长挑的人选还有可能被校长任命委员会拒绝，但是这些毕竟都是特例。不过在伊文思校长看来，哈斯特原则将使学术行政人员不再像过去那样效忠于校长，也会严重削弱校长与院系负责人之间的联系，并成为影响学校变革的重要因素（A3-1-OR15）。哈斯特规则成为推动大学继续变革的最重要因素，因为在这一规则之下，校长需要学会利用一切手段来确保未来的系主任认同校长的计划与抱负，从而使他的观点和计划得以推行。这就是伊文思试图发起变革、处理财政困难和教师群体中日渐增强的疏远感等问题时所面对的治理结构。

2. "一院制"中的博弈：教师权益还是财政危机

"一院制"治理结构中隐藏了很多关于教师权益的隐患，在面对财政危机的时候，它们被强化了。由于通货膨胀使教师工资实质下降，教师变得更加不安分。1975 年，多伦多大学教师工资权益委员会（The Salary and Benefits of University of Toronto Faculty Association，UTFA）向大学理事会提出教师工资上调 25%的要求。提出这一要求的直接原因有两个（A1-OR16）：一是在"一院制"治理结构的调整过程中，他们看到了学生在激进运动中获得的成效；二是在之前的治理结构变革中，教师明显感到被强制性不公平地排除在大学学术事务专门委员会的决策体制之外。多伦多大学教师工资权益委员会主席尼尔森（1973—1976 年任职，也是教师联合会的主席），强调了该委员会的宗旨：成为教师联盟有影响力的智囊团和教师群体对外的唯一喉舌。也就是在当时，越来越多的教师表达了希望多伦多大学的教师联盟能够成为维护劳工关系法案中为保障教师权益与学校交涉的谈判机构——就像加拿大其他许多高校中的教师联合会一样。这个委员会可以说是恰逢其时。尼尔森抓住一切机会促成了这个委员会在教师联合会内部产生（A1-SR6）。正如他本人后来所说："在处理一个名叫班菲尔德的教师事件中，这个委员会有全体教师全心全意的支持，给予西姆科行政大楼里的权力机关重重一击。我们有能力打破很多保守的教师和管理人员之间过去那种习以为常的信任。"

但是外界的财政紧缩使大学理事会并不能化解这些矛盾。最终，学校的管理层也没能满足多伦多大学教师工资权益委员会对工资上调 25%的要求，仅上调了 9 个百分点（A3-OR17）。导致财政困难的原因有很多：在比塞尔校长任期内，过去获得的政府拨款已经取消了；安大略省每年给大学的拨款也远远不能抵消通货膨胀率的增长；联邦政府拨给各省的转移支付也不再用于教育方面的支出……不仅如此，由于多年来安大略省政府一直试图控制辖区内大学的预算开支，政府的大学财政预算在 1965—1969 年从 1%上升到 10%。"我们已经'山穷水尽'了"，省政府教育部长如是说，"未来几年我们已经不可能按照这个增长速度直接给大学拨钱（A6-2-CR12）。”更不幸的是，此时社会上对大学的运转发出质疑。加拿大公众认为花费在大学身上的直接拨款太多，后来的教育部长怀特在他的备忘录上有这样的句子：“我希望我们花的钱学术含金量能更高（A6-2-OR18）。”伊文思校长办公室早在 6 个月前就收到确切的消息，政府强制性冻结了学校所有新的开支预算（A3-CR13），包括翻新旧建筑物。教务长福斯特在他的工作笔记中写道：“问题的关键只是一个浅显的事实，那就是政府对公众舆论的解读显示出，迄今为止通过进一步压缩大学财政来影响民意已经变得不太可能了。”

20 世纪 70 年代中期，安大略省政府已经远没有其他省那么慷慨，省政府的生均支出排名几乎年年垫底，多伦多大学更是排在省内各大学之后。再加上多伦多大学没有像其他大学那样响应政府的号召，而是有意拒绝了 20 世纪 70 年代的扩招，在政府公式拨款中也毫无意外地处于劣势（A3-SR7）。甚至在多伦多大学有明显优势的领域——研究生教育也被削减了生均资助，新的预算被冻结了。研究生教育在学校治理中没有了优先权，在全国聘用学术人员的数量也有所减少，由此对新教授的培训需求也减少了（A3-SR8）。1974 年，伊文思校长针对当时的形势作了一次题为“滑下巅峰”（Sliding down Parnassus）的演讲，他用医学术语自嘲道，“正在进行的财政紧缩将我们步步紧逼：1971—1972 年需要我们减肥；1973—1974 年需要我们勒紧裤带；到 1974—1975 年，我们已经营养不良了”。大学内部管理人员大量精简，教师的退休和辞职也屡见不鲜。现存的教师教着比过去十几年多出 20%的学生。康薇副校长十分沮丧，因为她刚来学校时曾经对未来充满希望，而现在大学内部这种颠覆性的变化让她想要重新规划人生。她在日记中写道：“每天的日常会议充斥着痛苦的讨论，满脑子都是精简员工、削减工时、精简设施……除了精简就无事可干，这真不是一份令人愉快的工作！”尽管不断裁员，多伦多大学还是不停赤字。西姆科行政大楼的管理人员甚至在酝酿是否要宣布大学破产。伊文思当然明白政府是肯定不会允许这种事情发生的，但长此以往公众可能会推测“大学是否已经面临无法想象的财政赤字或严重的内部员工动乱”，那么政府接管或者直接控制大学或许就有可能了（A3-IR9）。

包括多伦多大学在内的加拿大高等学校还遭遇联邦政府授权机构对大学研究经费的削减。幸运的是，20 世纪 70 年代，早期多伦多大学的研究经费中就有来自与加拿大发展公司旗下的康诺特实验室（Connaught Laboratories）生意往来的一部分收入。因为在 1972 年的时候还没有禁令不允许向康诺特实验室提供商业服务，当时大学董事会正在担忧实验室未来需要更多的资金购买新的原材料，这对于实验室来说是一个很好的时机。由于实验室长期以来生产的胰岛素和其他药品能让民众享有公道的价格，且实验室的存在有助于多伦多大学维持自身的研究水平，加拿大发展公司原本打算以 2500 万美元的价格变卖康诺特实验室，但鉴于其可能的收益最终还是将它留了下来。1989 年时，这一情况显得更为必要，当时加拿大发展公司试图将康诺特实验室卖给法国一家公司的研究所，尽管没有人反对将实验室卖给外国公司，但校长康内尔还是就其在未来十年内对大学研究的重要支持在校内进行了讨论，实验室才得以幸存下来。更重要的是，实验室存续的重要决定让大学组织对产学研合作的重要作用有了更深刻的认识（A3-OR19）。

20 世纪 70 年代中期，捐赠基金已经缩减到每年大约只有 200 万美元。而捐赠资金曾经是且现在仍然是学校科研所能获得的最主要的经费来源渠道。它担负并将一直担负着提升大学科研水平的重要职责。这些钱中的一部分拨给需要自由开销的资深教授，以帮助他们实施研究计划；另一部分拨给那些需要自由支配时间的学者，以使他们能集中全部精力投入到主要的研究工作中；还有一部分拨给那些进行创新项目的学者，尤其是帮助他们完成那些跨学科性的研究项目。为了解除财政危机，一项涉及 2500 万美元的筹集捐赠基金运动，或者说是更新换代的运动在 1976 年开始进行（A3-SR9）。伊文思校长后来回忆说："我当时面临的最大问题就是敦促大学理事会掀起这场运动……那时候，那个保守的委员会里真的没有任何人愿意走出去揭开这场运动的帷幕。"当时很多人并不看好这场对捐赠基金的变革，如大学理事会主席哈丁，一位受人尊敬的商人，对这场运动的成功并不乐观；大学董事会里几位哈丁曾经的同事，也对这场运动持消极态度；甚至加拿大其他兄弟院校也认为要实现这一运动的目标困难重重。这场运动于 1976 年秋季由当时是喜剧演员的两位男校友开始启动。截至 1978 年伊文思校长任期结束时，多伦多大学已经筹到 2100 万美元。筹来的大部分资金都用来对学校进行翻新，包括对大学学院的全面修缮。剩余的钱用来修建新的运动中心和地球科学大楼。在汉姆校长上任的头三年，筹集资金增加到 3600 万美元。在当时反大学风气（anti-university climate）盛行的时代，这场运动可算是成功的。但这并没有解决大学运行经费的所有问题，如教师的问题。

教师联合会中的教师工资权益委员会不仅希望涨工资，还要求就薪水和权益问题同大学管理人员谈判。西姆科行政大楼的管理人员答应谈判，但却没有实现教师工资权益委员会希望的那种谈判。包括教师联合会主席尼尔森在内的很多人都以为在安大略省《劳工关系法》的保障下进行集体谈判是最好的方式，但教师联合会对于是否支持建立工会并不确定。多伦多大学教师工资权益委员会在 1976 年发表的一份报告显示，教师联合会支持大多数"面对面"的"更加正式的集体谈判过程"，反对小部分的居中协调（A1-AR13），但对凌驾于安大略省《劳工关系法》之上的自愿协议有更多的支持。1976 年，政治学家珍·史密斯（Jean

Smith）出任多伦多大学教师工资权益委员会主席后，开始不屈不挠地寻求学校的自愿协议。多伦多大学教师工资权益委员会工作了整个夏天，起草了一份协议，得到了教师联合会70%教师的投票支持。该协议涉及教师权益方方面面的问题，诸如建立正式的有约束力的申诉程序、制定休假政策、给予获取个人人事档案的权力、保障产假权益，以及建立一套正式的工资协商程序，必要的话需要具备一个有约束力的仲裁机构等。特别需要指出的是，它还包含了关于任命和确认终身教职的哈斯特规则，这项规则现在正由福斯特教务长担任主席的大学学术事务专门委员会予以完善，用于强化其程序性和完善申诉程序（A3-SR10）。

1967年，大学董事会接受了哈斯特规则关于终身教职的建议（A4-CR14）。这是多伦多大学历史上第一次正式确认终身教职。它被定义为“对全职教师的持续聘用”，这意味着“在一般情况下，学校放弃了在退休年纪之前终止教师聘用的自由，并要遵循一系列聘用程序”。终身教职得到教师联合会的承认。但在整个20世纪70年代，许多教师联合会的成员都担心实施终身教职的可能性有多大，尤其是大家都觉得它可能会被取消或者更有可能被解释为大量教师出于财政原因而被解聘的理由。福斯特领导的大学学术事务专门委员会修改的哈斯特规则已经将因经济原因而出现的裁员包含其中，但真要这样做也是困难重重，因为像这样的裁员迄今为止还未出现过。

后来，大学理事会授权一些高级管理人员同珍·史密斯及其团队谈判。多伦多大学教师工资权益委员会同西姆科行政大楼代表的谈判持续了整个冬季，其间共召开了21次会议（A3-AR14）。1977年3月，负责谈判的管理人员起草了一个替代之前协议的草案，该草案中把在大学理事会管辖范围内的有争议的问题都搁置了，因此，多伦多大学教师工资权益委员会通过公投，以87%的支持率力挺珍·史密斯中断谈判。珍·史密斯在新闻报上评论：“我们觉得大学理事会一直在欺骗我们，同我们虚与委蛇。”而大学理事会的主席玛尼·裴金（Marnie Paikin）却认为，“大学理事会负有监督审查学校一切事物的责任，如制定政策、确定目标，甚至决定各类事情的轻重缓急……而他们（教师联合会）的协议却让我们自动放弃我们职责的重要部分以支持集体谈判”，这当然是行不通的。

经过一系列谈判，教师代表与学校达成一些共识，并得到多伦多大学教师工资权益委员会和大学理事会的同意。这些共识改变了很多领域的现有政策。但大学理事会并没有接受多伦多大学教师工资权益委员会关于建立仲裁制度的建议。这或许要择日再议，或许意味着任何关于薪资调整和奖金发放的要求仍然会被大学理事会否决。伊文思坚决反对建立这种仲裁制度，他认为，“只要担负着整个大学财政事务的职责，就不可能只涉及那些对个人影响至深的薪资要求，因为这只是大学发展的一个小的方面”。这一协议还包括许多其他方面的政策，如关于利益冲突和终身教职的程序等都没有什么变化。这些都成为“冻结政策”，意即除非教师联合会同意，否则不能修改。当然，协议也限制了大学理事会单方面的修改，但它的确也遏止了一些寻求保障的活动。任何一方在协议实施三年之后可以推翻它，但这还没发生。当它最初的生效期过了以后，校长并没有终止它。因为西姆科行政大楼的人们都知道，终止它意味着将导致教师在安大略省《劳工关系法》中寻求保障，所以这一协议到今天仍然奏效，它对治理结构中教师的角色也一直起着约束和保障的作用。

财政紧缩还带来另一个需要在治理体系中加以重视的问题——处理大学和它各个学院之间关系的变化（A3-AR15）。多伦多大学的三所联合学院——圣迈克尔学院（Saint Michael's College）、三一学院（Trinity College）和维多利亚学院（Victoria College）都身陷债务之中。糟糕的是，它们所收取的学费仅够平衡开支，不可能用于偿还债务。而且由于它们是教会学校，安大略省政府只拨给它们少部分绩效资金。圣迈克尔学院的情况更不容乐观：它已经不能再像过去那样指望大量聘用低廉的教士或者宗教姐妹来担任教师了。除此之外，文理学院在学术事务中的重要作用明显不足，因为它只承担低年级学生的学习，所以很多学生现在几乎都不和该学院联系。大学和各学院之间的关系亟须改善。1974 年，联和学院的圣迈克尔学院和大学达成了一个共识，大学和联和学院的关系在转变。学院的专业将成为大学的系，由大学负担费用。系里的员工也不再由学院雇用；作为交换，学院则帮助他们完成在全校范围内所教授的课程和项目，并使大部分文理学院的学生在入学前几年能尽可能多地学习。理论上这是一个很好的方案，但最初未能实施，因为大学的财政状况不允许系里雇用新的员工，甚至现在的钱已经不足以翻新学院以外的设施以提供给过去在学院办公室办公的教师到新系里上班。同时，学院的一些资深教师因长年累月在学院辛勤耕耘，却感受到学院对他们贡献的认同度逐渐降低。这种对认同感的缺失，加之办公地点问题的困扰，使得教师们普遍感到失望和焦虑，教师士气因此受到严重影响。

但无论如何，所有的学院都开始开设新的课程项目，将文理课程散入各系，其中很多课程今天还在继续开设，还有大量的课程涉及一些新的领域。不仅如此，学院开始增设供全校学生选修文理课程的大课，而不仅仅是提供给学院里的学生。就当时的情况看，在学院上课的学生没有占到主要部分。三一学院的教务长乔治·伊格纳蒂夫（George Lgnatieff）指出，1977 年，不足 20%的学生在学院里接受教育。持续分散还增加了其他问题，最终促成学校与学院在 1984 年达成一个协议——是协议而不是共识——让学院承担更多的学术聘任责任。随着各系的聘任工作展开，学院能够用自己的经费聘用学术人员，文理学院的教师和其他教师的关系也更加密切。学院的角色还在向前发展。另一项协议，与 1984 年的协议本质上一致，也于 1990 年签订。还有一项在差不多十年后达成的协议，赋予了各个学院不断强化的学术责任。由学院创设新课程项目的程序也已经形成，新课程不再局限于文理学院，而是可以同大学的其他院系一起开设。这项协议还承诺给学院夭折于定期内部评估的新课程以“平衡补偿”，这迫使学院不断尝试重组的可能性，如西班牙语、葡萄牙语系现在已经在维多利亚学院“安家”，法语、意大利语和斯拉夫语研究则“嫁入”圣迈克尔学院。20 世纪 80 年代，文理课程的另外一个重要变化是给予学生更多可供选择的课程。另外一些大学，如哈佛大学、加利福尼亚大学、加利福尼亚大学伯克利分校等学校也正引入更多的结构化课程。赋予学生更多的选择，让他们自由地上想上的课，意味着要实行“自助餐式”的课程结构以供学生选择，这可能会导致学生缺少对同学、系和学院的认同感，也会造成一些学生在选课时过分关注自己专业领域的学习。但不管怎么说，即使是文理学院的学生，不管是三年制的还是四年制的学生，都已经既开始关注课程的广度，也开始关注课程的深度了。

1977 年 9 月，伊文思宣布他将于 1978 年 6 月结束校长的任期并离开多伦多大学。他的 6 年任期里充满了艰辛，如要应付财政危机，应对教师联合会的要求，妥善处理学生的激进行为，落实新建立的“一院制”治理结构，协商学院和一些部门的重组……还要回应增加加拿大雇员的要求，因为在 20 世纪 60 年代，非加拿大裔雇员充斥着校园。多伦多大学甚至遭遇到百年一遇的祝融之灾，工程系的桑福德弗雷明大楼（Sandford Fleming Building）在大火中付之一炬。新治理结构的持续变革给伊文思增加了很大的工作量。伊文思离开以后，多伦多大学的财政紧缩仍在持续，甚至更加困难了。联邦政府给各省的支付转移依法也不必非要拨给高等学校。安大略省政府在全国生均教育经费上的排名继续垫底，到 1980 年，其生均教育经费已经低于各省平均水平。

新校长汉姆耗费五年多的时间来削减预算。大的削减主要是减少图书馆预算、合并几个秘书处以及减少行政人员的设施耗费。由于这样的削减，许多优秀教师离开了多伦多大学。他对终身教授的任命也很少，汉姆回忆他上任的 5 年之内仅仅任命了 100 位终身教授。还有许多教师的职位因自然损耗而减少。这一时期的拨款如此之少，以至于省政府代理教育部长哈里·费希尔（Harry Fisher）建议关闭安大略省内的一些大学。这当然不可能发生，安大略省内的各个大学依然在同财政困境作斗争。多伦多大学又是其中财政状况最为糟糕的一所学校。不仅钱没有增长，多伦多大学还准备减少注册学生人数，低注册率减少了政府生均拨款。汉姆校长希望在接下来的 15 年里，即到 1980 年，注册学生人数至少减少 1/6。用他的话说，变成“一所更精简、更坚韧的大学”。因此，他也希望生均拨款能够暂缓执行。1979 年，汉姆告诉大学理事会，“学校正在衰退的边缘”。

应该说，尽管伊文思对大学理事会的实际运作作了很大贡献，使之发生从概念到实体的转变，但总的来看，他是保守的，他使这个新的治理结构变得有集权倾向——尽管院系的重组对其有所制衡，但也没有进行得太彻底。新的治理结构中，关于教师问题的解决只是表面的，这是长久以来，或者说从“一院制”出现以来就存在的，而他花了太多心思在上面。当然，因为财政问题，他又不能真正满足教师的要求，也不可能得到他们的感谢。事实上，财政困难才是新的治理结构中大学需要面对的本质问题，新校长康内尔意识到了。

3.“一院制”最后的抉择：新的学术委员会

1984 年 10 月，新校长康内尔接管了这所士气低迷的大学。资金仍旧是个问题，因为省政府并不打算放弃以学生数量为依据的拨款方式——这种方式是奖励扩招的，与多伦多大学当下的现实不符。但不管怎样，西姆科行政大楼还是为新上任的校长准备了一份关于提升学生质量的“消极报告”来欢迎康内尔的到来。报告中说，学生抱怨教室拥挤，校园伙食太差，感到“没面子、疏离和寂寞”。康内尔在他的就职演说中承认大学面临的这些问题，他说：“多伦多大学和加拿大其他大学一样，从大西洋到太平洋无一例外，都处于一种不确定甚至冒险的状态中。”尽管如此，他还是表达了对“变革”的希望（A3-1-3-IR10）。他告诉现场所有听众：“机遇无处不在，它离我们并不遥远。”

刚一上任，康内尔就对他不满意的行政管理结构进行了变革。他认为现有的行政结构不足以忍受财政削减的冲击（A3-1-3-OR20）。他希望行政部门能确保从这一任校长到下一任校长工作的连续性。尽管财政困难，前任校长汉姆也没有着手筹款运动。为了和副校长及其他人的工作更亲近，他还将自己的办公室从西姆科行政大楼的二楼搬到了一楼。这与康内尔一贯的低调、谦逊的作风是相符的。但与他后来的继任者，罗伯特·普理查德（Robert Prichard）的作风截然相反，普理查德后来又把办公室搬回原来的楼层，还说搬办公室是康内尔犯的错误之一。

一系列复杂的问题摆在新校长面前，其中一个是处理学术单位重组的问题。前任校长伊文思已经发现这并非易事。在新近选举的自由党代表大卫·彼得森（David Peterson）的积极推动下，1985 年省政府提议安大略教育研究院（Ontario Institute for Studies in Education，OISE）和多伦多大学教师学院合并（A6-2-CR15）。OISE 的院长伯纳德·夏皮罗（Bernard Shapiro）和多伦多大学现任校长康内尔正试图加强 OISE 与多伦多大学教师学院的密切联系，因为夏皮罗曾担任西安大略大学[①]的教务长，当时康内尔是该校校长，两人合作非常愉快。但 1985 年 10 月，让夏皮罗和康内尔意想不到的是，安大略省政府财政部长罗伯特·尼克松（Robert Nixon）在他的预算报告中宣布，作为消除公共部门重复设置的第一步，政府决定将 OISE 并入多伦多大学。康内尔随即写信给夏皮罗："政府的行为尽管出其不意，但却为我们的学院提供了未来的绝佳发展机遇。"（A3-AR16）不过，没想到此举遭到 OISE 教师的强烈反对，他们还到立法部门举行游行示威。其他的教师组织也加入到这场抗议之中，他们认为这是政府对大学的不恰当干预（A1-AR17）。多伦多市和其他城市也反对这一合并。最终这次合并被搁置，可能要再花 10 年时间才能有所进展。

更进一步的学术纷争来自 1986 年初西姆科行政大楼提议的解散建筑学院的教师（A3-CR16）。该学院的教师认为，他们受到深刻的、刻薄的分割，此举不仅会让他们缺少足够的办公场所，还会让他们的学术生涯蒙羞。尽管建筑学院的教师、学生和教授都强烈反对这个提议，但大学现有的资源已经不足以改变这种情形。建筑师埃伯哈德·蔡德勒（Eberhard Zeidler）说道："如果有人能把分开的部门整合起来，并给它指明方向，它就得救了。"政客、教师联盟和其他很多人都加入到反对的行列中。最终，西姆科行政大楼作出让步，采取了一个挽回面子的策略，将教师并入一个系——似乎这样做就改变了形势（A1-SR11）。在对师资、场地和设备进行一系列评估之后，这个新的系已不具备招收研究生的资格。大家仍在不懈努力，新任系主任安东尼·埃德利（Anthony Eardley）说："如果早知道问题的症结在此，那就别让我这匹脱缰的野马担任这个职位。"在担任系主任的 7 年时间里，他帮助很多教师恢复了内心的平静。1997 年滑铁卢大学的建筑系主任劳瑞·理查德（Larry Richard）继任系主任职位，他通过一系列措施，如改善设备、雇用新员工、继续研究生教育、停止本科生教育等让这个研究机构获得新生。1998 年，该系重新成为一个学院。

总的来说，康内尔在任职的头几年，和汉姆执政时经历的痛苦有太多相似之处——同样的内部分歧，同样的资源不足。事实上，只有当大学的治理体系变革集中到解决财政问题的时候，才找准了方向。康内尔对治理机构变革的最大贡献便在于此。康内尔希望了解治理体系中引人不满的争议，文理学院院长、研究生院院长、医学院院长和工程学院院长都要求康内尔将变革大学治理结构列为复兴大学的首要议程（A3-CR17）。文理学院院长甚至直言不讳："除非首先对治理结构做点什

① 现更名为韦仕敦大学。

么，否则我相信其余的工作会变得更加艰难。”同时，一堆堆意见书被呈送到大学治理变革委员会的案牍上，一场场专题讨论会在校园里如火如荼地进行。

迫于各方压力，大学理事会的执行部门决定通过修改大学章程而不是由立法机构来变革“一院制”治理结构（A3-OR21），后者是由政府主导的根本性变革，而不是对“一院制”的完善。但教师联盟并不乐意这样做。新上任的联盟主席弗莱德·威尔森（Fred Wilson）希望回到之前由大学参议会和大学董事会共同治理的“两院制”治理结构（A1-AR18），还有很多学术行政人员亦如是想。调查显示，有 52%的学术、行政人员倾向于“两院制”，仅有 12%的人员支持之前改革形成的“一院制”治理结构（A3-2-AR19）。1987 年 12 月 3 日的大学理事会会议上，大学理事会副主席琼·兰德尔（Joan Randall）和工程系教授迈克尔·尤兹梅里（Michael Uzumeri）提交了一份包含 9 条建议的治理改革计划书。也正是在这个会议上，筹款运动得到 1 亿美元的捐赠。

在这次会议的前几天，《环球邮报》（*Globe and Mail*）头版头条报道了多伦多大学教师联盟谴责其校长康内尔和教务长弗利（Foley）的消息（A1-OR22）。这条新闻很快就被呈递到影响力更大的《环球》（*Globe*）杂志上。事件的直接导火索是多伦多大学对学术人员任命政策进行了一点儿细微调整——终身教职评估的申诉程序。本来学术人员、行政人员和教师联盟在之前的学术评审年已达成共识，但教务长弗利中途变卦，对来自学术人员、行政人员的申诉态度消极。她决定不在学术委员会决议之前采取行动，不论其他部门是否达成了一致。教师联盟认为学术委员会的决议已经包含在之前的共识中，若不履行就是单方面背信。这一举动也被认为是对协议正式条文的违背，是来自管理层的抵制。

教师联盟的谴责也包括对校长康内尔缺少领导力的批评，包括他对迫在眉睫的筹款运动的处理。这让西姆科行政大楼一片震惊和慌乱，因为当时正值筹款运动发起的前夕。《环球》杂志社论说：“无论教师联盟的感受多么强烈，一向以其温润有礼闻名的教师也不会去敲校长的门，而是偏好引燃公众的愤怒实现出奇制胜。”在 11 月 3 日大学理事会的会议上，康内尔得到了经久不息的掌声和喝彩，管理层的成员开始声讨之前教师联盟对他们的谴责（A3-AR20）。人文学院院长罗格·贝克（Roger Beck）将谴责定义为“一次奇怪的作战行动”；民用工程系主任迈克·伍兹梅尔（Mike Uzumeri）——之前曾是教师联盟的积极拥护者——指责这份谴责“令人费解、出乎意料且荒谬刺耳”。

很难解释教师联盟如此极端行动背后的隐因。它可能源于对康内尔执政方式的不满，包括他对南非证券撤资的决定——教师联盟认为这至关重要，以及他没有要求管理人员和教师联盟在达成共识的协议上注重男女平等。教师联盟也担心，如果大学理事会重组，让教师在决策中有更多的话语权，那么他们可能会失去以前规定的一些既有权力。尤其担心康内尔改变协议中的第二条——关于冻结政策的内容——非经教师联盟同意，否则不能对那些政策做任何修改。的确如此，康内尔正打算做如此修改，他认为协议中的第二条规定了多伦多大学法案中对大学理事会成员任命的权限。教师联盟甚至对他们没有更多地参与到大学理事会的重组过程中感到恼怒，他们感到自己被边缘化。因此，那份谴责选择了很极端的方式来表明教师们绝不会善罢甘休。

大学理事会采纳了将学术事务专门委员会和资源与战略规划专门委员会合并成更大的学术委员会（A3-6-CR18）的建议，以确保有更多的学术人员和行政人员能参与到该委员会中。不像之前关于治理结构的辩论，大部分学生团体并没有参与到这次协议的讨论中来。一个工作组正在制定具体方案以执行通过的协议。关于“在没有很多大学理事会成员参与的情况下建立委员会”的一些立法规则可能会被巧妙地避开，因为大学董事会支持大学理事会执行委员会的决定（A4-CR19），即如果必要的话，可以对大学理事会搁置不理。甚至 20 世纪 70 年代建立的这项规则“大学理事会不能篡改管理人员达成的协议，他们能做的只是或接受，或拒绝，或驳回再议”，都有可能被大学理事会及其执行部门修改（A3-AR21）。1988 年 5 月 19 日，“一院制”的大学理事会通过了一个由新的 114 人组成的学术委员会，其中有学术行政人员 28 位、选举出来的教师代表 49 位，以及其他人员 37 位（包括 16 位学生代表）；同时还成立了一个由 25 人组成的商业委员会（Commerce Board）和一个由 20 人组成的大学事务委员会（University Affairs Board），其中包含大学理事会的大部分成员。实际上，这些机构都是对已有的“一院制”治理结构很好的补充，从比塞尔开创、伊文思运作到康内尔修补，这个治理体系已经变得更加完善而有力量。关注大学治理的管理层、大学董事会、教师、学生，还有省政府的官员和校友都在其中找到了自己的声音。治理体系不断完善的过程，是他们共同努力的结果。当然，三任校长可不会这样认为，他们宁愿说是这些“刺头”让他们不断去发现“一院制”的不足，然后迫不得已甚至纠结痛苦地去面对并费尽心力地改变它。

现在，多伦多大学有了一个可靠的治理结构，且运转良好，那些想要回到之前的“两院制”的想法也已消散，旧有的“两院制”对学校方方面面的影响已经融入新的治理结构中。在 1990—1996 年担任学术委员会主席的迈克尔·马尤斯（Michael Marrus）特别看重程序的正式和规范。后来，他在接受采访时说道：“我所面临的绝大部分挑战都是针对这个大学学术事务最高决策机构的合法性问题。”学术委员会的成员通常站在同样的立场讲话，认同自己的身份。因此，每一次会议都要在结束前才能达成共识。马尤斯觉得这是他最大的骄傲，因为他们几乎都是踩着时间点完成会议任务的。他认为学术委员会的存在至高无上，而且将一直如此。他的继任者贝克也持同样的观点，且毫不隐讳地说："我对改革后的治理委员会和学术委员会迷信不已，我坚信它们是最好的。"

"一院制"治理结构的变革是在学术问题的解决中暂时画上完美句号的，当然也用学术上一个漂亮的结果来作结局（A3-OR23）。事实证明，学术问题解决了大学的许多困境，包括财政问题等都可以迎刃而解。多伦多大学困境的出头日在 1986 年 10 月 15 日这一天到来了。这一天，57 岁的约翰·波兰尼（John Polanyi）接到通知，鉴于他在多伦多大学 30 年的研究，他获得了瑞典皇家科学院授予的诺贝尔化学奖。后来的校史上是这样书写这一天的：这天早上，他（波兰尼）早早地被一阵电话铃声吵醒，告诉了他一个意想不到的好消息……随后校长康内尔在西姆科行政大楼里也接到了同样的电话。当时他没有找到波兰尼的电话，决定亲自到波兰尼位于玫瑰谷的住宅去跟他分享这个消息。波兰尼告诉康内尔："作为一件拆分的工作，我们发现了分子振动激发产生的化学反应；然后当你把这些分子放进一支试管的时候，高密度的红外线就产生了。这就是所说的化学激光器。"在交谈中，他发现波兰尼常常不厌其烦地向他解释团队的研究是赢得奖项的关键。康内尔的笔记中还记录了波兰尼领奖的现场："波兰尼走进大厅得到了大约两分钟的掌声，随后他为自己的学术事业发表了简洁而有力的感言。"康内尔写道："这次集会真是令人振奋和记忆深刻！"

这一事件对公众和政客的影响将是巨大的。果然那天下午，康内尔就听说安大略省内阁会议将给大学拨款 5000 万美元。不仅如此，一周后联邦政府开发了一个新项目——为私人部门提供研究经费。1986 年 10 月 18 日，多伦多大学举行一年一度的校庆典礼。康内尔写道：那一天几千位来访者云集校园，处处洋溢着欢呼和幸福。这是多伦多大学历史上最辉煌的一个周末！这个振奋人心的事件来得正逢其时。在过去几个月，康内尔正在撰写一部题为"变革 1987"的专著，探索使多伦多大学走出财政和士气困境的各种可能的方式。现在他将重燃斗志完成这部专著。下文的评估正是运用了他在《变革 1987》（*Renewal 1987*）的著作中对学校治理结构等方面进行的综合评价。在这之前，我们先对行动者在行动情境中的行为模式予以小结。

三、行动者行为模式分析

表 5-4 比较全面地展示了从多伦多大学变革史中抽取出的规则与行动者之间的互动体系，从中可以看到，聚合规则、偿付规则、选择规则、信息规则等各自势均力

表 5-4　多伦多大学规则与行动者互动体系

行动者（A）	聚合规则（AR）	偿付规则（OR）	选择规则（CR）	信息规则（IR）	范围规则（SR）
管理层（A3） 比塞尔（A3-1）；伊文思（A3-1-2）；康内尔（A3-1-3）；学术行政人员（A3-2）；大学治理变革委员会（A3-4）；大学理事会（A3-6）	AR1：A3-4 提交报告建议成立 A3-6 AR3：成立专门委员会调查全校对 A3-6 的态度 AR4：召开大学代表大会投票决定关于 A3-6 建立 AR6：各方发表意见，通过投票淘汰 A3-6 的方案 AR9：A3-6 开会讨论运转问题，设立执行委员会 AR10：A3-1 成立学术人员协调会，重视 A3-2 意见 AR12：A3-6 采纳 IR8，打破关于席位的规定 AR14：A3-1 与 A1-2 谈判达成保障 A1 权益的共识 AR15：财政紧缩加强了大学与它各个学院的联系，使很多学院重组 AR16：支持 A6-2-CR15 AR19：支持“一院制”的 A3-2 占少数 AR20：A3 声讨 A1 的 OR22 AR21：A3-6 改革，甚至修改管理人员达成的协议	OR2：大学代表大会希望由省一级立法机关赋予 A3-6 合法性 OR8：A3-1-1 认为 A3-6 已能顺利进行，退休 OR9：为使 A3-6 更具广泛代表性，建议 A6-2 指派些人选 OR10：A3-2 失去学术委员会话语权而不满 OR12：A3 不希望政府控制太多，建议增加 A2 席位 OR14：AR12 使校长和 A3-2 权力逐渐加大 OR15：针对哈斯特规则削弱 A3-1 与 A3-2 的联系，继续变革 OR17：由于财政危机不能完全满足 A1-OR16 的要求 OR19：在解决财政问题中认识到产学研合作的重要性 OR20：改革管理结构，应对财政危机 OR21：A3-6 通过修改大学章程而不由立法部门变革“一院制” OR23：A3-6 变革完成后，学术上取得重大成果	CR4：坚决反对 A4-OR5，决不让步 CR13：A6-2 强制性冻结学校所有新开支预算 CR18：A3-6 成立学术委员会 CR16：A3-1 决定解散建筑学院的教师 CR17：A3-1 与 A3-2 决定继续支持变革大学治理结构的首要议程		SR1：A3-1-1 鉴于 A3-4 工作的推进决定留任到变革成功 SR2：A3-1-1 在变革有了一定基础后离任 SR3：坚持只有 A3-6 才能作为最终的，没有争议的权威机构 SR4：A-3-1-2：推动“一院制”运转任务很重 SR5：A3-1-2 宣布他的工作计划，推动 A3-6 结构完善 SR7：A3-1-2 迫于 A1 压力，审核 A3-6 有效性 SR9：担心长期赤字可能导致 A6-2 接管或直接控制大学
教师（A1） 多伦多大学教师工资权益委员会（A1-2）	AR5：不想参加但仍派代表参与 AR4 投票 AR11：建议加强对“一院制”的校外监督与审核 AR13：A1-2 关于 A1 权益与 A3 谈判，完善哈斯特规则 AR17：反对 A6-2-CR15，到立法部门示威，得到周边城市的支持 AR18：想回到“两院制”，因为学术决策权被削弱	OR11：AR10 加强 A3-1 影响力引起 A1 不满 OR13：A6-2 若采纳 OR12，会加强 A1 的工会主义 OR16：向 A3-6 提出上涨工资的要求，提升决策权 OR22：因为 A3 擅自修改终身教职评估申诉程序，A1 借助媒体谴责 A3	CR6：强烈反对 OR7 CR11：哈斯特规则对学校 A3 集权趋势的遏制	IR6：对 CR10 不满，给 A3-6 施压	SR5：有两条规则限定 A1 在学术事务委员会中占多数 SR6：成立教师联合会与 A3 谈判维护 A1 权益 SR11：反对 A3-CR16，得到政客等支持，使 A3 让步

续表

行动者（A）	聚合规则（AR）	偿付规则（OR）	选择规则（CR）	信息规则（IR）	范围规则（SR）
省政府（A6-2）	AR8：将 A3-6 法案送至省立法机关审查	OR6：应 A4 要求，调整 A3-6 方案，维持各团体利益平衡 OR7：A6-2 大学事务大臣考虑到 A2 投票权，提出 A3-6 折中方案 OR18：基于社会问责，A6-2 拨款更谨慎	CR5：A6-2 支持 A3-6 方案 CR7：立法委员会通过 A3-6 方案，采取 OR7 折中方案 CR9：采纳 A3-1-2 建议，向 A3-6 派代表 CR10：终止对 A3-6 构成的变革，但允许缩小 A2 与 A1 席位差距 CR12：大学财政预算过去增幅太大，已无法为继 CR15：A6-2 决定将多伦多大学与 OISE 合并	IR8：A6-2 发表关于 A3-6 有效性报告，建议解决 A3-6 存在的问题	
大学董事会（A4）	AR2：对“一院制”分歧很大 AR7：向 A6-2 汇报 AR4，寻求支持	OR1：强烈抵制 A3-6 OR3：被边缘化，拒绝参加 AR4 OR5：建议 A3-6 成员由政府任命	CR1：给 A3-1-1 施加压力，阻止其“一院制”改革 CR2：同意召开大学代表大会 CR3：发表声明公开反对 A3-6 CR8：迫使 A3-1-1 退休 CR14：接受哈斯特规则，建立终身教职 CR19：支持 A3-6 变革，成立学术委员会		
校友（A5）		OR4：积极参与 AR4			
学生（A2）					SR2：不满 A3-6 中的席位，推动学术委员会成立

敌地在对行动情境发生作用，其中侧重博弈和联盟的聚合规则，与侧重收支平衡的偿付规则在起着根本作用，而强调服从、自主选择和对结果施加影响的选择规则、信息规则、范围规则在起辅助作用。身份规则与边界规则作为大学组织一般的准入和退出机制，在同时发挥效用。在这个规则互动体系之中，我们根据参与的管理层、教师、省政府、大学董事会、校友和学生分别归纳其行为模式。

管理层是发起变革行动的主动方，他们充分利用聚合规则，搜集、处理来自各方行动者的观点、态度和要求。而在偿付规则中出于利益权衡，他们更多与教师（包括学术行政人员）讨价还价。在这个博弈的过程中，省政府通过选择规则给了他们很多支持。不仅如此，省政府还坚定地支持管理层发挥自主办学的力量，帮助管理层协调与大学董事会、教师、社会各界之间的矛盾与冲突，甚至在必要的时候可以凭借立法规则和法律程序实施最终的裁量权，从而平衡各方势力并终止博弈——这是早在大学创建之初省政府就继承下来的职责。除此之外，管理层还运用信息规则了解教师和社会各界对他们的要求，并随时调整自己的方案政策，尤其是完善“一院制”的运作机构和程序，然后运用范围规则大大加强自己对变革结果的影响力。

教师则基本上处在管理层的对立方参与变革。他们通过遵循各种规则，积极主动地推动、监督“一院制”的形成和运行，并在这一过程中极力遏制管理层试图剥夺教师学术决策权的任何念头。在这个过程中，他们证明了教师群体的重要性，使得变革过程需要充分尊重聚合规则，考虑各方利益，将“共同治理”理念深入组织结构之中。

省政府在大学变革过程中的作用，如“平衡”“裁量”等是很重要的。但在偿付规则和聚合规则的作用下，如果对大学的干预过多，他们也无法发挥这些作用。尤其是聚合规则，当教师或管理层的行为得到社会支持时，他们也是爱莫能助的——政府主导的多伦多大学与 OISE 合并的失败便是最好的证明。

大学董事会在大学的变革中是很无奈的一方。从被迫卷入由“两院制”到“一院制”的变革开始，他们所掌控的权力逐渐被转移至以校长为代表的管理层、教师、职员、校友乃至学生手中。他们利用聚合规则向省政府求助，同时因偿付规则而坚决反对变革，甚至运用选择规则向管理层等行动方施压，但这些举措均无法阻挡“共同治理”思想的萌芽与发展。最终的“一院制”中，他们只是成为众多的参与治理的一方，而绝不是居于主导地位的一方。

校友和学生是多伦多大学变革中分享了少部分权力的一方，却并不是独立发挥重大作用的一方，只是通过与校内各方利益群体联合，或多或少影响了变革的走向。尽管多伦多大学的杰出校友数量众多，但与哥伦比亚大学的校友不同，他们并未参与到大学组织变革的内部，而是基于偿付规则发挥了两方面作用。一方面，他们运用自身的社会影响，形塑了大学组织的外部环境，使大学获得了来自政府和社会的更多资源和支持；另一方面，他们在关键时刻凭借拥有的财力和对大学的忠诚，积极帮助大学组织缓解了财政危机。由于范围规则的限制，学生在变革中的作用极为有限，但他们发出自己的声音，在大学理事会中争取到应有的席位，最终助力于学术委员会的成立。

可见，在多伦多大学的行动情境中，各方行动者都被赋予了较为平等的地位，对最终的治理结构也施以各自的影响。从某种意义来说，这种分权式的行为模式是最能彻底地实现时代赋予的“共同治理”理念的。所以直到今天，多伦多大学还是为数不多的维持“一院制”治理模式的名牌大学之一。“分权”蕴含的“平等”“自由”确实具有无比的魅力，时代元素对制度环境的影响超越时空镌刻留存。

第三节　评估“一院制”变革结果及其出现的过程

多伦多大学这场变革尽管充满了曲折，但最终的成果是丰硕的，从“两院制”到“一院制”再到“一院制”的完善。能用于评估这个结果及其出现过程的标准主要包括财政标准、社会问责、持续性等，这些评估标准大多出自康内尔的《变革1987》一书中，既可用于对之前已有成绩的评价，也可用于对后来改进方向的明确。

一、财政标准

从多伦多大学为解决财政危机采取的变革活动来看，其外界的力量主要来自两方面：一方面是外部专业顾问的帮助；另一方面是潜在的捐赠者对大学的问责。前者是指大学在解决危机过程中借助外部专业技术的帮助变革学校，后者是指大学要解决财政危机必须变革自身的治理体系才能获得捐赠，从而渡过难关。但无论是自愿寻求外界帮助，还是被迫变革应对问责，大学组织都在应对危机的过程中对组织系统实施了一系列变革，其结果指向是最佳的。顺利地渡过难关之后，这些变革的活动和构想便更有利于治理结构的制度化和常态化。

1986 年，来自美国咨询公司的一份可行性报告分析显示，许多潜在的捐赠者正在关注大学的治理能力，并将左右大学筹款运动的成败。很显然，捐赠者不会把钱捐给治理混乱的大学，即便它急需资金；甚至他们还会确认大学负责管理捐赠款的人和物是否妥当。为此，该咨询公司指出大学需要增加 10 名专业筹款人员。实际上，多伦多大学早就出现了这种正面的迹象。校长普理查德在筹款活动中已经成功地为宝莱·拉斯金法律图书馆（Bora Laskin Law Library）筹集了 1 亿美元，而捐赠者原本已经打算将钱捐给一个精心设计好的项目了。目前只有 15% 的多伦多大学校友每年向“大学基金”捐款，基金负责人马利姆·哈丁（Malim Harding）相信数倍的增长是完全有可能的。

大学筹款运动的突破性进展发生在 1987 年底，在玛丽·爱丽丝·斯图尔特（Mary Alice Stuart）的带领下，捐赠基金会拿到了 1000 万美元的捐款。斯图尔特是多伦多大学 1949 年的毕业生，是当地一家电台的负责人，也是一位积极的社区工作者——她是大学应咨询公司的评估建议聘请的 10 名专业人士之一。她在一大堆银行行长直接拒绝担任基金主席之际临危上任。事后康内尔也说，在他 6 年的任期里，他几乎把 1/3 的时间耗费在筹款上。结果，皇天不负有心人，学校面貌在获得捐赠后大有改观。多伦多大学出版社的编辑和管理办公室总算搬出国王学院，有了独立的办公大楼，为后来扩充队伍奠定了基础。整个筹款运动获得了 13 500 万美元——这当然要归功于波兰尼的名字。甚至在官方还未正式发起筹款运动之前，杰克曼基金会（Jackman Foundation）就保证向波兰尼和未来其他科学家捐赠 100 万美元用于科学研究，而以波兰尼命名的基金会本身成为这项运动最大的特色。不过这样做的结果是人文学科相对穷很多。

地球科学中心大楼长达 10 年之久的修建过程更是见证了捐赠资金左右大学发展规划的魅力和魄力。该大楼的修建经历了从戴维斯执政时期修建到吉姆·汉姆（Jim Ham）时期取消再到彼得森（Peterson）时期重新接手，直到后来很晚才划归到大学资金拨款预算中。但是，即使不考虑通货膨胀的因素，后来该大楼的修建经费也远远超过了预算。康内尔回忆道：“这项工程比其他任何项目都让我彻夜难眠……大楼建造费如火箭般地飙升，不断超出最初的预算，这对当时的财政简直是一场巨大的灾难！”转折来自筹款运动突破性地拿到 1200 万美元的捐赠，正是这笔钱使几近成为“烂尾楼”的地球科学中心大楼的修建最终完成。康内尔给时任发展规划处副处长戈登·克雷西（Gordon Cressy）示意：“除非我们能为大楼的建造付清尾款，否则它就像勒住我们脖子的黑手，钳制住学校的变革，抵消迄今为止来自筹款运动的一切积极影响。”于是，根据捐赠款数调整大楼修建计划势在必行。1989 年，一幢缩小版的学科大楼拔地而起。大楼内容纳了植物学、林学、地质学和环境研究所等学科部门；之前在复合大楼中占有一席之位的自然地理学系，则搬到位于圣乔治街的林学系旧楼里。这幢缩小版大楼的尾款也在普理查德校长的任期里付清。

捐赠资金对大学变革治理结构的影响更是不容小觑。多伦多大学里的许多人都有一个共同的担忧，即捐赠者对大学现有治理方式是否认同。1986 年 11 月，大学理事会邀请麦吉尔大学规划处前任副处长爱德华·斯坦思贝里（Edward Stansbury）——一个从多伦多大学拿到了物理学三个学位的毕业生——对多伦多大学“一院制”治理结构的有效性作出综合评估。结果他的报告列出了一堆令人沮丧的抱怨。教师联盟同意斯坦思贝里的观点，认为应该对“一院制”治理结构采取一些变革措施了。这正是借助外部力量引发大学内部诉求的典型代表。教师联盟主席迈克尔·费莱逊（Michael Finlayson）致函大学理事会主席圣克莱尔·巴尔弗（St Clair Balfour），“我想这对你们来说并不意外，教师联盟的成员一致赞同斯坦思贝里的观点，认为我们的治理体系需要一些实质性的变化……因为多伦多大学的治理体系中已经有一些不能容忍的制度缺陷了”。校长康内尔虽然不像斯坦思贝里那样对治理体系持悲观态度，但他也认为变革的时候到了。当时他正被西安大略大学的治理结构深深吸引。康内尔在他与斯坦思贝里的报告同时问世的《变革 1987》中提到，“在（西安大略）大学里，大学参议会的职能就好比下议院，他们有效地处理大学治理中的所有主要事务，包括财政预算”。其实，他的这本书正是为敦促多伦多大学治理体系继续改革而写的。

二、社会问责

《变革 1987》认为，大学的本科教育必须进一步得到改善，这是应对社会问责必须要做的工作。当时多伦多大学已经有很多优秀的本科学生流向其他大学，如麦吉尔大学（McGill University）、皇后大学（Queen’s University）和滑铁卢大学（Waterloo University）等，而且本科生的住宿条件较差，提供的学生服务已经严重不足，为低年级学生开设的文理课程也不够，已有 70%的学生在修文理基础课，由此教室拥挤不堪。康内尔在该书中写道：“我们因在改善本科生教育上付出的努力所取得的成功越大，我们就能得到越多公众的经费支持。”为此，康内尔在该书中建议停招三年制的文理专业，同时增加多伦多地区以外的全日制学生。为了增加本科生数量，提升本科生学术质量，他还建议多伦多大学发起国家奖学金计划，当年即授予 6 位本科生获得该奖项，现在已经扩大到每年授予 20

位本科生。教学质量是大学普遍关注的问题，该书中描绘了关于师资队伍建设的内容，如新聘的众多职员和终身教职以及大量的人事晋升决议，为教师和教学助理开设的教学质量提升计划也开始实施，还有意尝试了教学与科研相结合。1994年，一系列名为诺思洛普·弗莱（Northrop Frye）的奖项被颁发给那些成功将教学与科研相结合的教师。不仅如此，为了提升教学质量，康内尔还在该书中建议对低年级的文理科学生实行不超过20人的小课堂教学，同时保持授课成功的大课堂。对于后者，该书中的解释是，依据心理学相关理论，低年级学生在课堂上对适当咆哮式的当众批评更刻骨铭心。

研究生教育在《变革1987》一书中更是被着重强调。康内尔认为，多伦多大学最大的荣誉就是研究生教育的强劲实力和多元化。学校所拥有的硕士生数量几乎是加拿大英语区其他大学的两倍。截至1986年，多伦多大学拥有66个博士授权点，其中有将近20个博士授权点在安大略省的大学中是独一无二的，另有几个博士授权点甚至在加拿大都绝无仅有。多伦多大学拥有3000位博士生，差不多占了安大略省博士生的1/3。康内尔在该书中写道："若能得到大量财政支持，大学则有能力资助更多的研究生，尤其是那些可能扩大招生规模的硕士点和博士点。"研究生教育最重要的就是资助。许多研究生需要经费支持，奖学金那点儿钱对他们来说根本不够，尤其对于留学生，这种需求更为迫切。康内尔在该书中写道："他们必须每年支付6000美元的学费，而加拿大籍学生只需支付1300美元。"尽管学校设置了奖励性研究基金，但康内尔指出，由于没有足够的拨款，"我们已经无以为继了"。解决办法之一就是增加捐赠基金，但这是一项长期战略；或者政府拨给学校足够的经常性开支，这一项已经在向政府提议。

联邦政府和省政府都收到建议，增加基于卓越研究计划的研究经费。新近上任的自由党代表戴维斯·彼得森（David Peterson）已经承诺在1986年向卓越研究计划拨适当的经费。渥太华的保守党代表布莱恩·麦隆尼（Brain Mulroney）也作出了每年给辖区内的中学后教育拨给同样经费的保证。随后，渥太华政府宣布在接下来的5年里，将为新的科学研究提供10亿美元经费；安大略省政府还建立了"卓越中心"（Centers of Excellence），为此，辖区内的大学将在5年之内享有2亿美元的科研经费。很多新增的科研经费都与校企合作密切相关。加拿大高级研究所主席埃德蒙·博维（Edmund Bovey）早在1984年就指出，安大略省高等教育系统的使命是为政府建立校企联合的科研机制。为此，多伦多大学在联邦政府和安大略省的各个项目中都表现力十足。1987年，在省政府成立的7个卓越研究中心里，多伦多大学作为主要参与者涉足了5个项目，包括信息技术、集成制造、材料研究、空间和地面研究、激光和光波研究等，其中最后一项是多伦多大学独自运作的。在安大略省政府的项目中，每年有超过 1 亿美元用作多伦多大学的科研经费，其中很大一部分用于大学日常经费开支。电气工程系主任阿德尔·珊德拉（Adel Sedra）在谈到工程专业在多伦多大学的研究中心五年的发展中起到很大作用时说，这“得益于本系大量的专业精英人员，大学加入安大略省卓越研究计划项目已经大大改善了大学的整个科研环境，而且还促使本系成功地拥有全世界最棒的师资队伍”。尽管有上述成绩，但多伦多大学仍然存在从大学向企业转化技术的问题，学校认为这也是科研的重要组成部分。于是，1988 年，西姆科行政大楼里成立了专门的技术转化办公室，用于促进转化研究。此外，多伦多大学在各个院系和部门之间既重视独立的科学研究，也强调团队合作，尤其是跨学科、跨院系之间的合作。这种合作极大地促成了一个事实：资助机构愿意投入更多的额外资金以鼓励院校内部和跨学科的合作。

三、持续性

1987 年 3 月，康内尔这本名为《变革 1987》的学校变革讨论稿公开出版，并很快成为大学里各个部门争相打听的对象。康内尔在用 10 个月完成这部著作的过程中坚定了一个信念：有足够的证据显示，受财政紧缩和士气低迷影响的多伦多大学的潜力还远没有全数发挥。他原本决定成立一个由校内外知名人士组成的委员会来撰写这本书，后来接受了大家的建议，他亲自操刀完成了这个任务。他在书中写道：“多伦多大学存在的合法性受到极大的鼓舞。”但是多伦多大学现在必须要就学校的办学目标以及适宜于实现这一目标的运行模式达成共识。从 1970 年以来的十几年，已经没有这种共识很久了。这意味着没有形成连续的治理结构共同应对 20 世纪 60 年代以来急剧变化的时代特征，变革的持续性受到质疑。

这本书描绘了多伦多大学面临的严峻挑战和全面应对取得的成效，以佐证变革持续性的存在。其中最显著的成效得益于大学在科学研究上取得的两项重大成果。其一是诺贝尔奖的获得。该奖项的获得者约翰·查尔斯·波兰尼（John Charles Polanyi）被公认是最具天赋的科学家，他拒绝了美国邀请的诱惑，一直留在多伦多大学，并在 1986 年因对化学动力学的研究获得诺贝尔化学奖。其二是多伦多大学位于智利的天文台发现的一颗超新星——“谢尔顿超新星”。这颗超新星以多伦多大学一位年轻科学家的名字伊恩·谢尔顿（Ian Shelton）命名，并被《时代》杂志报道。这两项成果的取得，使得学校的财政情况慢慢改善，一种积极的情绪氛围正在多伦多大学中持续增长。

不仅如此，变革的持续性还表现在对优秀师资的培育和引进上，也表现在对长远财政预算的乐观上。20 世纪 80 年代，多伦多大学的财政实施了变革的持续性策略——引入长期预算制度以实现财政平衡。之前的大部分预算都是一年一结，这意味着各个部门很难制定长期预算计划，因为每个部门每年的预算变化都很大。20 世纪 70 年代，在西姆科行政大楼工作的规划处副处长助理丹尼尔·朗（Daniel Lang）说："各个部门进行财政预算最大的动机是保持确定性和稳定性。"他说："这是一个为未来提供保障的程序，即使未来是危险和不乐观的，都可以通过计划和制定计划来保障。"制定计划必须是一个可以预见的、持续的过程，而不能是互不关联的、突击报告式的，它必须结合特定的时间和环境。为此，多伦多大学基于现实情况制定了一个 5 年预算，在这 5 年内给予各部门一定程度的支持。1990 年 6 月 29 日，这一天是康内尔校长离职的日子，他在留给继任者罗伯特·普里查德（Robert Prichard）的备忘录里写有最新的长期预算计划。他说："我很满意我们正在实现预算目标，如果说环境有一点点改善，那就是某种程度上累计财政赤字已经达到峰值——1900 万美元。你可以回想到我们之前的预算计划，赤字将达到 3000 万美元。"

到 1987 年夏，也就是在《变革 1987》出版之后，康内尔宣布他将不再寻求下一任期。他觉得此时自己已经成功地为下一任校长奠定了基础。他也很满意由普理查德继任校长职位，因为他曾经在西安大略大学和普理查德共事并听取过他的很多建议。但是两人的风格是截然不同的：普理查德有活力、乐于助人，而康内尔谨慎、低调。1989 年 3 月，普理查德在写给康内尔的一封信中指出，康内尔在草拟计划时显得很现实但有点消极，这精妙地揭示了两人在行事方式上的差异。普理查德写道："我们应该建立一种'好日子总会来'的乐观情绪，因为通常这种情绪会成为目标自我实现的预言。"普理查德上任以后，他和副校长已经能熟练地运作大学"一院制"治理结构。多伦多大学正在走向一个新的未来。

第四节　多伦多大学组织的分权式变革结果

本章运用组织行为 IAD 框架对多伦多大学变革的过程予以分析，较好地展示了参与者在变革过程中的行动过程。联邦政府、省政府、以校长为代表的大学管理层、教师、大学董事会、职员、学生和校友共同构成了一种分权式的行为模式，即各方行动者都以一种“主人公”的心态，极富责任感地推动大学变革。

从 IAD 框架所展示的变革过程来说，多伦多大学所处的加拿大对外生变量起了很大作用，可以说这些外生变量的核心根源于加拿大分权与集权统一的政治体制。加拿大的历史和地理环境导致了一种极为分权化（decentralized）的教育体制，在这种体制下，中央政府的作用非常有限。但这种分权化在精神上与美国自由至上的分权有很大区别。在加拿大，政府历史上就被看作实现社会目的的一种积极和重要的手段。这大大迥异于美国那种强烈指向个人权利的社会传统，加拿大人不像美国人那样把个人权利看得至高无上，他们更崇尚法律、秩序和民族群体权利。因此，分权与集权相统一的后果就是加拿大在保护个人权利的同时更重视群体权利。在这种外生变量的复杂性和权威性根源之下，多伦多大学的变革充满了多元文化的冲突与争端，但其指向是以群体为上又各自为政的包容并蓄。多伦多大学当局在不违背群体利益的前提下，大部分时候对教师和学生是宽容的。所以，在美国以自由为前提的学生运动中，调动警察成为备受指责的原罪，而多伦多大学却因此获得了动用警力保护大学生命和财产的合法性。可以说，多伦多大学的分权式变革扎根于整个国家分权与集权统一的背景之中，分权式变革也因此表现为自上而下和自下而上两种路径相结合的变革类型。

对于分权式变革中的行动者来说，因为要实现自己的利益诉求，所以各种规则都被他们尽情利用，使变革过程曲折不断，一波未平一波又起；但集体的利益是最高的，况且还有一个将教育视为“投资”而不是“支出”的政府悬在头上①，他们保护的是整个高等教育，而不是校长、教师，也不是大学董事会、学生。也正因如此，为了大学长远发展，各方行动者的要求都要顾及，他们的地位至少在形式上是平等的。当然，根据不同的行动情境结构特征，规则对不同大学的变革结果起作用的方式和过程会有不同，但同样在这个时代，“平等参与”成为大学组织分权式变革的核心内容。

从变革结果来看，“分权”也意味着治理机构的变化比较彻底和具有颠覆性。因为这是反复博弈、各方参与的结果，当然也能最好地反映“共同治理”的要求。制度变迁原本就是一种有目的的制度设计，当这个目的是实现“共同治理”、各方利益都被充分考虑到时，最终的制度安排应该也是大家都能够接受的最好结果。当然，不是没有集体非理性的隐忧，但政府的“明镜高悬”有效地避

① 姜芃. 2001. 加拿大文明. 北京：中国社会科学出版社，12.

免了这一点。分权式变革也得以继续完成其伟大目标。

总的来说，根据评估结果和过程来看，多伦多大学在实现“一院制”治理结构之后，学校的发展是迅速的，不仅规模巨大，运转高效顺畅，而且学术成就显著。迄今为止，多伦多大学在世界大学排名中始终保持在20名左右——这与其治理结构的成功变革不无关系。

本章小结

本章是运用组织行为IAD框架对个案进行分析的第二个案例，按照框架的分析步骤，搭建了多伦多大学的行动舞台，具体描述了行动情境的结构特征，主要包括三个制度元素和众多的行动者特征，并在具体的大学变革史深描中展现了行动情境与外生变量互动的运作过程。在这个过程中，多伦多大学形成了行动者分权式的行为模式，从而推动大学组织实现了分权式的变革，成功地将“两院制”治理模式变革为“一院制”，并得到了良好运转和收到了实效。本章还用财政标准、社会问责和持续性三个标准对变革结果进行了评估，不仅证实了变革结果对“平等参与”“共同治理”等时代理念的贯彻和实现的彻底性，也验证了IAD框架对多伦多大学组织变革的解释力。下面将用中国本土的一个案例，继续探究时代理念和制度环境影响下的大学组织变革。

第六章

华中理工大学的集权式变革

与哥伦比亚大学和多伦多大学不同，在利用组织行为 IAD 框架分析华中理工大学[①]个案时，需要进行适当的修正。因为处于华工行动舞台的行动者多了一个在前两个案例中作为外生变量的关键因素——中央政府（A6），这源于华工部属院校的性质和 20 世纪 60 年代中国高度集中的政治体制。华工的变革与 IAD 框架具有三方面的适切性：一是华工创建于新中国成立之初，它是国家高等教育发展的一个鲜明缩影，其组织变革频率、力度及成效均远超众多历史悠久的大学；二是当中央政府直接作为行动者进入行动情境时，外部治理和内部治理结构整合，中央政府与学校管理层在办学问题上共同努力，是“共同治理”思想的萌芽；三是华工在变革中不仅构建了新的制度安排，更实现了从工学院到理工综合院校的跨越式转变。为了适应这种改变，大学的治理体系形成了一定的个体特征，这一特征与行动者的行为模式有关，也由内外作用形成的行动情境所决定。[②]

---

① 2000 年，华中理工大学更名为“华中科技大学”。本书关注的是自 1953 年创办至 1988 年定名为“华中理工大学”的校史阶段。为了便于叙述，本章在案例中将这一时期的学校统一简称为“华工”，其中，1988 年之前特指“华中工学院”，1988 年之后则代表“华中理工大学”。

② 除特殊说明外，本章内容主要参照如下文献：王炯华. 2011. 朱九思评传. 武汉：华中科技大学出版社；华中理工大学校史编写组. 1993. 华中理工大学的四十年缩影. 武汉：华中理工大学出版社；华中科技大学校史馆官网上的“校史研究”板块，网址为 https://xsyj.hust.edu.cn/xsyj.htm。

第一节 搭建华中理工大学行动舞台

经过对组织行为 IAD 框架的修正，在华工变革的行动舞台上，行动情境呈现出“共同治理”理念的雏形，这一行动情境中的行动者包括以朱九思（A3-2）为代表的管理层、中央政府（A6）、教师（A1）、学生（A2）。他们在互动中共同构建了独特的行动情境结构特征。

一、行动情境结构特征

行动情境结构特征包括组织文化（OC）、治理体系（GS）、资源系统（RS）三个制度维度，以及关键行动者（A）的特征。下文先提炼行动情境的总体特征，再结合组织变革史对行动情境进行深描。

1. 三个制度元素的总体特征

本章对华工在 20 世纪 60 年代前所呈现的状态进行了梳理，表 6-1 展现了该时期行动情境的既有结构。

表 6-1 华中理工大学行动情境结构的制度维度特征

制度元素	特征	
组织文化（OC）	OC1：学术人员选址独立僻静之地	OC2：办学目的是为国家经济建设服务
	OC3：创建时大学类型是纯工科院校	OC4：是新中国成立后苏联式的大学
	OC5：与政治局势的变化联系紧密	OC6：首要强调坚定正确的政治方向
	OC7：A3-1 的“实验室作风”	OC8：为中南地区和全国培养专门人才
	OC9：满足当地人才需求	OC10：中央重视高等教育
	OC11：是学习苏联院系调整下的产物	OC12：一部分教师被划成右派
	OC13：响应号召“为政治服务”	OC14：师生进行生产劳动
	OC15：曾拟定发展理科专业的目标	OC16：《三年（1958—1960）工作的初步总结》
	OC17：学校党委办学权集中	OC18：教师中存在重教学轻科研倾向
	OC19：A6-1 带给学校办学自主权	OC20：招收工农兵学员
	OC21：大学内部思想上存在混乱	OC22：大学内部组织不够健全
	OC23：出现天时、地利、人和的局面	
治理体系（GS）	GS1：中南行政委员会文化教育委员会讨论修建方案	
	GS2：由政务院组建领导班子	GS3：A3-2 进入华工筹备委员会
	GS4：建校初只有 8 个工科专业	GS5：A3-1 主持的校务委员会掌权
	GS6：成立党支委员会，A3-2 副校长兼任书记	
	GS7：实行校长为首的校务委员会制	
	GS8：A6-1 促成 A3-2 总领革委会，成为学校最高领导人	
	GS9：A3-2 成立专门的科研管理机构	GS10：学校由政治工作组负责

续表

制度元素	特征	
资源系统（RS）	RS1：选址武汉之利弊	RS2：武汉市重要的工业地位
	RS3：大批部属院校聚集武汉	RS4：成为全国重点大学
	RS5：经济日益紧张	RS6：重视科研带来经费
	RS7：地处高校集中的中部省份，资源获取竞争激烈	

总的来说，华工作为教育部（当时的高等教育部）的一个行政机构，其实行的是由中央与地方双重领导以及党委领导下的校长负责制。其行动情境互动体系融合了政治性、行政化、部省双重领导体制于一身（AC1）的多元特点。

2. 行动情境结构特征描述

新中国成立后的某一天，两位满身书卷气的知识分子（OC1）登上了树木凋敝、一片荒凉的喻家山。从山上望下去，南面地势开阔平坦，东面喻家湖安详静谧（BC1），“就在这里吧！”两个人不约而同地说。于是，新中国的一所新兴高校——华工，在武汉市东北角的这座小山脚下奠基开工了。这两位为大学选址（RS1）的知识分子，一位是建校后的首任校长查谦（A3-1），另一位是享誉国际的发展经济学奠基人张培刚（A1）。喻家山下的“传奇”就此开始。这所学校的诞生，源于新中国建设的迫切需要。1952 年 11 月，中南行政委员会文化教育委员会（GS1）召开高等教育计划会议，全面研究和部署了高等学校的院系调整工作。这次院系调整是自上而下、自外而内的中国高等学校整体大变革（RU1）。此时适逢中央着手实施第一个五年计划，为适应大规模经济建设，特别是工业发展对建设人才的需要（OC2），中央政府决定对全国大学进行重组，通过重组学科专业建立一批工学院（OC3）。这一举措是中国在教育领域全面学习苏联的结果（RU2），把过去国民政府时期的欧美教育体制全盘苏化（OC4）。这意味着新中国成立后的大学组织从一出现就与政治局势的变化紧密相连（OC5）。

1953 年 1 月 17 日，政务院（GS2）批准成立华工筹备委员会（GS3）。查谦任主任委员，刘乾才、朱九思任副主任委员，张培刚、文斗、刘颖等 19 人为委员。自此，朱九思先生全身心投入华工建设。筹备委员会经过精心筹划，全校师生共同努力，于同年 10 月 15 日在武昌（RS1）成功建校，并举行了盛大的开学典礼。政务院正式任命查谦为华工院长，朱九思、刘乾才为副院长。新成立的华工设有机械制造工程、金属切削工艺及其工具、汽车、内燃机、水力动力装置、热能动力装置（热力发电厂设备）、电机与电器、发电厂配电网及电力系统等 8 个本科专业（GS4），拥有教师 314 人，在校学生 2639 人。当时主持全校工作的查谦校长，身为知名的物理学家，以其“实验室作风”（OC7）即谨慎踏实的治校理念，亲自把关学校的各项事务，包括干部提升、人事变动、财政预决算等。他领导的校务委员会（GS5）赢得了全校师生的高度信任，形成了严谨务实的校风，成为华工独特的组织文化。1954 年 5 月，中共中央中南局批准华工成立党组。10 月，中共华工总支委员会（GS6）成立，朱九思担任书记。作为专职副校长兼党组书记，他不仅分管校务行政和党务工作，还分担了查谦校长和刘乾才副校长因教学而不能分身的部分教务工作（A3-2-RA1）。

鉴于武汉在长江中游的显著地理位置和工业枢纽地位（BC2），作为该地区的主要工业城市（RS2），武汉在中南地区具有领导地位，吸引了众多部属院校在此集聚（RS3）。作为钢铁和汽车制造业的集中地，武汉为中南地区乃至全国输送了大量专业人才（OC8），并与河南、湖南、广东、广西等省份的高等教育系统协同，共同满足当地的人才需求（OC9）。[①]因此，1960 年，华工被认定为全国重点高校（RS4）。朱九思先生执掌学校 31 年，他的故事和华工融为一体（A3-2-PA1）。他不仅是华工变革的重要推动者，其个人特质也深深烙印在学校的治理体系中，使华工在全国高校中率先展现出“共同治理”的特色，成为高等教育领域变革的典范。

早在 1952 年 11 月，中央政府就决定成立高等教育部（RU3），任命马叙伦为部长，杨秀峰、黄松龄、曾昭抡、刘凯风等为副部长。足见当时中央政府对高等教育的重视（OC10）。随后，杨秀峰接任高等教育部部长，并全面推动院系调整，原有的综合大学解体、理工文分家。华工便是这次院系调整的产物，也是在新中国对高等教育高度重视的背景下成长起来的（OC11）。1955 年 7 月，华工响应国家号召，开展了肃清反革命分子运动（RU5）。1957 年 6 月，随着“反右”斗争的开展，一些教师被打成右派（OC12）。1958 年，毛泽东在视察天津大学时作出三个重要指示，即高等学校应抓住三个东西：一是党委领导，二是群众路线，三是把教育与生产劳动结合起来，这成为当时我国高等教育革命原则（RU6）。[②]随后华工开始落实“为政治服务”（OC13），以及组织师生进行“生产劳动”（OC14）。1960 年，国民经济面临困境（RU7），包括华工在内的全国高校均面临严峻挑战（RS5）。同年 12 月，彭天琦调任中共武汉市委第二书记，朱九思担任中共华中工学院党委书记（A3-2-RA2）。朱九思临危受命，成为华工实际上的“一把手”，开始全面治理华工（OC17）。

朱九思认真总结了 1958 年教育革命的经验和教训。当时，他怀着摆脱苏联

① 许美德. 2000. 中国大学的 1895—1995：一个文化冲突的世纪. 许洁英，主译. 北京：教育科学出版社，149-150.

② 余立. 中国高等教育史（下册）. 上海：华东师范大学出版社，57.

模式束缚、探索自主发展道路的决心，结合中国科学研究院对基础科学和应用科学的集中发展计划（RU8），为华工制定了发展基础数学、物理学和化学等学科的宏伟目标（OC15）。这些策略在一定程度上推动了学校专业设置、教学科研与生产实践的融合，教学院系、科研项目和学生人数均有所增长。然而，由于"大跃进"时期背景的局限，这些计划大多未能实现（RU9），但其中发展基础与应用科学的理念得到了朱九思等人的认可（A3-2-VA1）。1961 年 3 月，朱九思发起对机械系、电机系和数学、外语等基础课进行为期两个月的调查研究；8 月召开党委扩大会议，形成了《三年（1958—1960）工作的初步总结》（OC16）。这份总结是华工发展史上的一个重要的里程碑。朱九思在报告中着重强调师资培养的重要性，为学校的长远发展奠定了人力资源基础。1961 年 9 月，高等教育部颁布《高教六十条》（RU10）。该条例从领导体制、教育方针、培养目标到教学方针和方法都做了规定，是当时高等教育界拨乱反正的纲领性文件。朱九思领导下的华工党委据此进行了全面的内部调整，特别是重新确立了党委领导下的校长负责制，以校长为首的校务委员会负责学校日常管理（GS7）。

在深入研究《高教六十条》后，朱九思发现条例中强调"高等学校必须以教学为主"，有忽视科学研究的倾向（A3-2-VA2）。当时华工内部也有一些教师和教研室持相同观点，认为既然"以教学为主"，科学研究及学术活动的重要性便相对减弱（OC18）。为了纠正这一认识误区，朱九思授意相关人员在华工院刊上发表两篇社论《论当前提高教学质量从何着手——兼论开展学术活动的重要性》《必须把师资培养进一步全面抓起来——兼论如何正确地对待新生事物、爱护新生力量和积极分子》（A3-2-WA1）。文中提到："经常地注意教学效果，改进与提高各环节的教学工作，这还只是提高教学质量的一个方面，甚至可以说是类似于治标的办法。""从根本上讲，要提高教学质量，还必须提高师资水平和培养学术空气，因此就必须抓紧师资培养工作和开展学术活动。"①

正是由于朱九思高瞻远瞩地重视科研，1962—1966 年，华工的科研工作开始有所起色。到 1966 年，华工的整体实力已有较大提高，拥有 6 个系，20 个本科专业，教师 1097 人，职工 1664 人，在校学生 6087 人，年度科研经费 90 万元（RS6）；组织定性为多科性工科院校，基本上是本科教育，以教学为主。遗憾的是随着政治形势的改变，学校良好的发展局面被迫中断（RU11）。身为华工党委书记兼副院长的朱九思，被划分为"走资本主义道路的当权派"（A3-2-RA3）。庆幸的是，刘崑山（A6-1）的出现为华工争取到了一定的办学自主权（OC19）。他

① 陈运超. 2003. 大学校长治校之道：一个个案的分析. 华中科技大学博士学位论文，61.

是军人出身，在特殊时期被最高中央委以重任，主管华工内部事务。

1970 年 6 月，刘崑山对朱九思予以充分信任，在工作上给予很大的尊重和支持。刘崑山在关于办学的一些会议上公开说："在办学问题上还是多请教朱九思先生（A6-1-VA3）。"朱九思多次强调很多工作不是他一个人的贡献，如果没有刘崑山的支持，什么事都做不成。华工后来的大发展中，刘崑山起了重要的作用。因为他使朱九思得到了宝贵的机会：返校后面对空荡荡杂草丛生的校园，能去思考"如何在废墟上重建一所大学"（A3-2-WA2）。这段时期，华工迎来了办学自主权的扩大，这使得"遇上机遇从不放过，没有机遇也要想办法促成机遇"的朱九思（A3-2-PA2），能够积极推动学校的发展。刘崑山、朱九思等领导对华工的组织文化产生了深远影响（A3-2-VA3）。朱九思担任临时党委书记兼革命委员会主任（GS8），刘崑山任第二书记兼革命委员会副主任，罗明、吴庆存任革命委员会副书记，吴庆存、邱静山、程远、纪增爵、赵旭任革命委员会副主任。这样的领导结构在军事管制的高等学校中尤为罕见，它为华工赋予了独特的办学自主权，使其命运与当时中国大部分大学截然不同。在领导团队的有胆有识和不懈努力下，华工在专业建设、科研发展、师资培养等方面取得了显著成果，为后来的崛起奠定了坚实的基础。

在专业上的扩张充分体现了华工在当时所享有的办学自主权。1971 年初，学校恢复办学。同年 3 月，国务院教科组召开全国教育会议，华工抓住机会获批增设 9 个专业，加上年初与武汉机械学院合并带来的 3 个专业，全校专业总数升至 36 个（RU13）。朱九思等领导率先提出将科研置于重要位置。在军、工宣队支持下，华工在注重教学质量的同时，积极投入科研建设。1972 年，学校正式成立了科研管理机构（GS9、A3-2-WA4），这标志着华工科研工作的系统化、制度化发展，并使其能够有序地承担国家相关部委的重大科研任务。在这一时期，华工的科研项目数量持续上升，从 1971 年的 53 项增至 1972 年的 92 项，再到 1975 年的 110 项。至 1976 年底，完成并应用于生产的科研项目达到 146 项，其中 105 项取得阶段性成果，并有 25 项填补了国家技术空白。这一卓越成就使华工成为当时我国科学技术研究领域的领军力量。在师资队伍建设上，华工也展现了其自主办学的成果。朱九思校长明确指出："教师是大学建设与发展的战略性关键。"基于这一深刻认识，华工积极在全国范围内展开人才搜寻工作（A3-2-PA4）。从 1972 年至 1983 年 10 月，华工成功从全国 20 多个省份的 500 多个单位引进了 625 名优秀的专业教师。这批专业人才的加入，为华工后续的发展提供了强有力的支撑。华工不仅具备当时中国大学普遍的结构特征，更因刘崑山、朱九思等领导者的远见卓识和不懈努力，形成了超越同类大学的发展基础。其正确的办学思想和坚定的信念，使华工在 20 世纪 60 年代的教育舞台上独树一帜，为其迅速崛起奠定了坚实的基础。

二、关键行动者的个体特征对行动情境的影响

1. 朱九思的个体行动者特征

朱九思在成长与历练中铸就了若干鲜明的个性特质，这些特质在他后续的行动中得以体现，并与环境产生深刻互动，对华工的变革及其实现过程产生了决定性的推动作用。他的独特个性源于丰富的人生经历：少年时期在扬州中学求学，青年时期在浙江大学任职，以及掌舵华工期间游历美、日等国的经历。这些特质不仅塑造了他个人，也孕育了华工治理结构中“共同治理”思想的萌芽。

2. 朱九思其人其事

朱九思，1916 年 2 月 20 日生于江苏扬州。直到 1936 年考入武汉大学，他才离开自己的故乡来到湖北。

1）少年时就读扬州中学

1929 年，年仅 13 岁的朱九思考入江苏省立扬州中学，开启了他的求学之路。回首这段经历，朱九思深感自己幸运至极，因为扬州中学不仅为他提供了宝贵的知识，更塑造了他对优秀学生和学校的深刻认知。朱九思总结道，扬州中学对他后来办学产生了深远的影响，主要体现在两个方面：首先，学校拥有高水平的师资队伍，教学质量卓越。这得益于校长周厚枢的远见卓识，他深谙人才的重要性，广纳贤才，为学校注入了强大的师资力量。其次，学校的课程设置注重文理并重，旨在培养学生的全面发展。课程内容丰富多样，采用英文教材，并重视图书资源的利用，这些都为学生的成长奠定了坚实的基础。朱九思在执掌华工期间，深受这段经历的启发，将师资和课程设置作为办学重点，努力推动学校的变革与发展。

2）青年时求职浙江大学

1935 年，19 岁的朱九思因家境不佳，未能继续深造，转而在浙江大学从事行政事务工作。这段看似被环境所迫的经历，却意外地成为他兴办大学思想的基石。当时的国立浙江大学[①]聘请了著名气象学专家竺可桢担任校长。竺可桢坚持学校人事自主、政府不干预，并强调政府应提供充足的经费支持，这种自由、宽松的办学环境深深烙印在朱九思的心中，成为他心中理想的办学模式，也初步萌

① 国立浙江大学于 1950 年 10 月更名为“浙江大学”。

发了他对于“共同治理”理念的思考。在竺可桢校长的领导下，浙江大学在政府财力支持下广纳英才，依据其独特的教育理念和主张，成功将浙江大学建设成一所与清华大学、燕京大学、南开大学齐名的顶尖学府，被誉为“东方的剑桥”。浙江大学的兴衰历程，激发了朱九思对于新中国政府办学方针的深刻思考，为他日后兴办大学提供了宝贵的经验和启示。

3）主掌华工时游历美日

1979 年，在联合国教科文组织的资助下，教育部组织了两个高等教育考察团出国访问，其中朱九思率领的团队访问了美国、加拿大和日本等地，进行为期两个半月的观摩学习。自 3 月 16 日从北京出发，直至 5 月底返回，他们深入体验了这些国家的高等教育体制。访学归来后，朱九思深刻总结了此次考察的收获，其中两件事对他的思想产生了深远影响，并在后来引领了中国高等教育的变革和华工的战略性转型。这两点分别是：大学必须并重教学与科研，以及综合性是大学发展的必然趋势。这次出访增强了他对美国大学从专科向综合转型过程与趋势的认识，坚定了华工也可以走此道路的信念。结合个人的办学理念和国际经验，朱九思为华工制定了一套既符合大学组织发展本质又领先国内的办学理念，为华工在同类高校中脱颖而出奠定了坚实基础。同时，他也认识到紧跟国际大学组织发展潮流的重要性，因此在他的领导下，华工积极开展了多种形式的国际合作，使这所新中国成立初期创办的本土大学开始走向世界舞台。

上述三段经历是朱九思隐约的“综合发展”“自主治理”思想的萌芽。这些思想在他执掌华工期间得到了充分的体现和深化，为华工的变革注入了鲜明的个人特质。他坚持的办学思路，包括优质师资、科研创新、课程设置的丰富性和综合性，以及自主办学的核心理念，都在华工的发展历程中留下了深刻的烙印。朱九思将他的精神态度概括为“敢于竞争、善于转化”，这既是他争取办学自主权的表现，也是他有效运用这一自主权的具体要求。这种思想的萌芽对华工的治理结构产生了深远的影响，使华工从一个教学型的地方学院，在短短三十多年间，迅速崛起为研究型的国家重点大学，成为同类高校中的佼佼者。

第二节　华中理工大学行动情境的运作

华工的“自主治理”行动情境具有显著特色。这一理念并非以整体结构的形式呈现，而是深深根植于关键行动者的个体特征之中，因此初始阶段呈现为一种模糊的理念形态。然而，在特定的历史背景下，这些个体行动者凭借集权的方式，成功地将这一模糊想法由上至下地贯彻实施，从而在治理结构中留下了深刻的印记。这一变革方案的顺利推行，既得益于外部因素对行动情境的决定性影响，也依赖于行动者自身对行动情境的精准把控和有效引导。

一、外生变量的挖掘

在探讨华工行动情境时，其受到的外生变量影响相较于前两个案例显著增多，且这些变量的重要性不容忽视，如表 6-2 所示。这些外生变量主要集中在由政府主导的规则体系上，它们对华工的行动方向产生了深远影响。此外，自然环境也作为一个重要因素，对华工后续的发展产生了影响。由于华工所处的地理位置相对偏僻独立，受到的外部冲击较小，这为学校的后续扩建提供了有利条件。尽管关于文化环境的具体内容列举不多，但其对华工的影响却是深刻而持久的。这一文化环境体现了中国大学组织的核心特征：一个集政治性、行政化、部省双重领导体制于一体的行政机构。这种人文特色不仅深深植根于华工的组织基因中，更是其后来变革方式和路径的基石，甚至可以说是促成集权式变革成功实现的关键因素。正是在这些外生变量的共同作用下，华工的行动情境与具有自主能动性的行动者之间形成了紧密的互动关系，共同决定了华工的变革过程和最终成果。

表 6-2　华中理工大学外生变量表

外生变量	内容	
规则体系（RU）	RU1：中国大学整体大变革院系调整	RU2：苏化的中国教育
	RU3：成立高等教育部，重视政治性	RU4：全国大学的政治运动
	RU5：在大学进行肃清反革命运动	RU6：高等教育革命原则
	RU7：1960 年国民经济困境	
	RU8：中国科学院制定发展基础科学、应用科学计划	
	RU9：20 世纪 60 年代前制定的发展方案终止	RU10：中央颁布《高教六十条》
	RU11：学校发展局面被中断	RU12：由工宣队、军宣队、贫宣队管理大学
	RU13：大学专业设置得到很大发展	RU14：中国大学当时的综合化意识不强
自然环境（BC）	BC1：处在喻家山脚下相对闭塞、受外界冲击相对较小的地方	
	BC2：武汉重要的地理位置和工业地位	
文化环境（AC）	AC1：集政治性、行政化、部省双重领导体制于一身的行政机构	
	AC2：作为行政机构，华工是一所厅局级编制的学校，相当于地市级单位	

二、行动者在行动情境运作中的行为描述

华工的大范围变革始于 1977 年，当时大学组织正面临着重建与振兴的双重任务。正是在朱九思的积极推动和刘崑山的坚定支持下，华工得以迅速恢复并崭

露头角，成为当时基础条件相对较好的一所大学。

1. 政府（A6）主导改组领导班子：朱九思身兼二任

变革的首要任务是改组领导班子，此举旨在厘清大学组织内部权力运行的错综复杂关系（BR1、PR1、CR1），以确保管理的顺畅高效，同时也有助于全校师生员工在办学理念上形成统一的共识（AR1）。自 1972 年学校临时党委成立以来，虽然恢复了各级党组织和行政管理系统，但由于江青反革命集团的破坏，无政府主义思潮盛行（UR20），导致思想混乱（OC21）和组织崩溃（OC22）的问题一直未能得到根本解决。在粉碎“四人帮”后，校党委在上级部门的支持下，积极发动群众深入揭露和批判“四人帮”的罪行，同时在思想和政治上开展拨乱反正的工作，并采取了一系列组织措施来加强领导，调整内部关系（AR2），从而为华工的变革和发展奠定了坚实的基础。

华工作为一所厅局级编制的学校，具有与地市级相当的地位（AC2），其党政工作和师生的党组织建设历来由“政治工作组”统筹管理（GS10），主要负责抓实政治工作（IR1）。在特殊时期，华工的学生主要来源于工农兵选拔的优秀学员（OC20），他们承载着党中央对工人阶级再教育的期望。同时，工人阶级的进驻不仅协助大学进行政宣工作（CR2），还负责执行党中央的政策要求。随着变革的启动，华工在上级管理部门的指导下，撤销了政治工作组，恢复了党委组织部、宣传部、青年工作部等关键党的工作机构（IR2），以加强党的领导。同时，学校重建并完善了各项工作的规章制度，强调组织纪律，确保各项工作都能依规而行（CR3）。此外，学校还恢复了民主党派基层组织的活动（AR3），特别是华工民盟支部和农工民主党支部，这些组织中的成员多为中老年教师，他们在教学和行政领域有着丰富的经验。校党委积极支持（CR4）民主党派的活动，鼓励他们发展新的成员，并恢复和重新任命了一批资深教师的教学行政领导职务（AR4），让他们能够继续发挥余热，主持工作。在党组织的发展工作中（AR5），学校特别注重吸收中、老年教师入党，以增强党组织的活力和凝聚力。在 1977 年至 1979 年的三年间，全校共发展了 251 名新党员，其中教师占 21.1%。

在上级领导部门的坚定支持和明确指示下，华工经历了一系列重要的组织整顿。1979 年，上级部门正式指示（CR5）撤销“华中工学院革命委员会”，并对院领导班子进行了调整和充实。同年 9 月 10 日，教育部党组发布通知（CR6），经中央批准，朱九思担任华工党委书记，王树仁、孙盛海、刘多兴、杨玉来担任副书记；同时，朱九思也被任命为华工院长，王树仁、孙盛海等人出任副院长，刘乾才、张鸿卿则担任华工顾问。随后，在 1981 年 3 月 30 日，教育部通知卢振中出任华工副院长。经过三年多的不懈努力，华工在思想、政治和组织层面基本完成了拨乱反正的任务，明确了新时期学院的奋斗目标和改革开放的方针。同时，学校在教学改革、科学研究、师资队伍建设等方面采取了一系列创新措施，为 20 世纪 80 年代全面开创新局面、走向巅峰奠定了坚实的基础。

自大学内部领导班子的整顿启动以来，至 1976 年底，华工成功构建了一个天时、地利、人和的内部制度环境。天时方面，学校受损较小，能够快速恢复活力，并充分利用 1977 年之后的黄金时期推动学校的发展和提升。地利方面，学校坐落于武汉之郊、东湖之滨，拥有得天独厚的校园环境，校区广阔且具备进一步发展的空间，这一选择展现了学校领导的前瞻性。人和方面，华工自 1953 年建校以来，就汇集了中南地区五校工科方面的精英教师，团队以团结著称。1971 年，华工与武汉机械学院的合并更是增强了这一凝聚力，无派别之分，为学校的和谐稳定奠定了基础。特别值得一提的是，经过整顿后形成的新领导集体，尽管正式任命在 1979 年，但在刘崑山的信任和支持下，朱九思等人早已在实际工作中发挥领导作用，为华工迅速恢复教学和工作秩序作出了巨大贡献，充分展现了行动者的主观能动性。

2. 朱九思（A3-2）的主观能动性：制定发展目标

尽管华工汇聚了天时、地利、人和的优越条件，却仍面临诸多挑战，优势尚未充分显现。至 1976 年，学校仍维持着较为封闭单一的运营模式（OC11），其典型的工科机电类特色（OC3）也并未有显著变化。朱九思校长深信，大学的本质在于综合化发展，这是创建一流大学的必由之路。然而，当时中国多数大学对综合化发展的理念并不认同（RU14）。尽管朱九思基于个人经验和直观感受有着一些初步构想，但他意识到这些想法需要更加科学化的论证和完善（VA4）。在此背景下，营造全校范围内的变革氛围显得尤为关键（PR2），这包括明确目标、凝聚共识、提振士气。同时，为了顺利推进改革，还需与上级主管部门建立有效沟通，获得他们的支持和认可（AR6）。因此，华工选择了借鉴外部经验的变革策略——引入基标（bench-mark）法，为学校的转型与发展奠定坚实基础。

1）向麻省理工学习

1977 年 6 月 28 日至 7 月 5 日，华工召开了全院工业学大庆会议（AR7）。此次会议的宗旨是把全院教师的激昂热情转化为培养更多优秀人才和创造卓越科技成果的实际行动。会上，院党委书记、院革委会副主任邱静山代表学校党委发表了学习大庆的报告，明确了学校未来的奋斗目标：在 20 世纪内将华工建设成社会主义的现代化理工科大学（AR8）。报告中还为学校的发展指明了路径：向美国顶尖理工科大学（SR1）看齐，使学院跻身世界先进行列，为国家作出更大的贡献。

在报告中提出将华工建设成与美国顶尖理工科大学（SR1）相媲美的目标时，现场立即掀起了热烈的讨论（IR3）。部分教师担忧，作为社会主义大学，是否应该追求与资本主义国家大学的对标。同时，也有教师质疑，考虑到华工作为新中国成立后新建的工科大学，在各方面条件与世界名校之间存在显著差距，这一目标是否过于理想化。针对这些疑虑和争议，大会进行了深入的探讨和纠正（AR9），最终达成了共识：尽管社会主义大学有其独特的育人使命，但在提升国家科技水平和人才培养质量上，与资本主义国家大学并无本质区别。而设定赶超世界名校的目标，正是为了激发学校的进取心和活力，推动学校不断超越自我。会议强调，学校要发展，必须首先在观念、目标和方式上勇于创新，用变革的力量推动学校不断前进。这一理念对学校后续的发展产生了深远的影响，成为华工形成一系列先进办学理念的基石。虽然当时并未广泛意识到，但这一“基标法”后来成为全球众多大学组织发展的有效策略。

2）了解榜样

在确立了以世界名校为发展目标后，华工决定深入了解自己的榜样。根据资深教师的建议（IR4），学校于 1977 年 8 月启动了一项为期半年多的广泛而深入的调研项目，旨在全面了解国外著名大学在教学、科研等方面的实际情况。最终，调研团队锁定了美国麻省理工学院、贝克莱加州大学[①]等作为重点研究对象，并查阅了 24 000 余份国内外文献资料和数百种教材，撰写了 104 份调查报告，最终形成了近 60 万字的总结报告。该报告详尽介绍了国外著名大学的历史发展、教学科研现状，并对课程结构（基础理论课程和专业课程）、科技前沿的最新动向、新兴学科专业的设置、实验室和图书资料的情况等方面进行了深入分析。这份调查报告装订成册后，被分发到各个教研室和部分教师手中（IR6），学校还专门将翻译的科技资料编辑成《科技译报》杂志予以刊载。此外，学校还专门组织翻译了《一个实在的轮廓——麻省理工学院》（译者李再光）和《麻省理工学院史话》（译者曹华民）两份资料，并印发全校教职员，人手一册（IR6）。[②]这次调查研究开阔了学校教师和管理人员的眼界，使他们对国外著名大学的教学科研动态和先进科学技术的发展现状有了深刻的认识，进一步坚定了追赶世界名校的决心，并为学校未来的发展方向提供了宝贵的思路和启示。

① 现更名为加利福尼亚大学伯克利分校。

② 陈运超. 2003. 大学校长治校之道：一个个案的分析. 华中科技大学博士学位论文，75.

1977 年 10 月，由朱九思牵头的学院党委在深入学习邓小平《在科学和教育工作座谈会上的讲话》时，结合此次调查研究的成果，给邓小平同志写了一封汇报信（AR10）。信中特别提到调查研究的成果，表达了将麻省理工学院作为学习和赶超的目标。这封信标志着学校管理层确立了向先进大学看齐的基本办学思路。

3）制定计划

在完成详尽的调查研究后，学校开始组织教师和管理团队对校内状况与世界顶尖理工大学进行深入对比分析，旨在识别差距并制定相应的改进策略。1978 年 4 月，一份题为《我院同世界著名理工大学的差距和赶超的主要措施》报告在全校印发（IR7），并上报至教育部（AR11）。该报告详细概述了世界顶级理工科大学的核心特质，如：拥有高学术水平的科学家团队、重视基础理论的教研、配备先进的实验与教学设施、注重科学研究并设立多个研究机构，形成独特的研究领域，既是教育的摇篮，也是科学的殿堂。基于这些洞察，报告提出了明确的赶超策略与具体行动方案：①优化专业结构，促进理工学科的融合；②强化基础理论教学，提升教学质量；③重建并扩充研究机构，加强科研实力；④着力提升师资队伍的整体素质；⑤更新实验设备，构建一流的研究实验平台；⑥加强科技情报的收集与学术交流；⑦组织教师和管理人员学习自然辩证法。这些措施共同绘制了学校变革的基本路径，即“专业—学科—科研—师资”这一主线。

经过深入的调查研究和对比分析，全校教职工达成了共识（AR12）：华工与世界著名理工科大学存在较大差距，且与当代科学技术快速发展的趋势不相适应。当前，以原子能利用、微电子技术和空间科学技术为主要标志的现代科技正经历着革命性变革，这对华工而言既是发展的宝贵机遇，也是亟待变革的严峻挑战。经过全院广泛讨论，学院党委制定了“统筹规划，远近结合，突出重点，全面提高”的指导方针，并出台了《1978—1985 年的规划》（CR7）。该规划旨在通过八年的努力，将与世界先进水平的差距缩短 10—15 年，并在某些领域形成特色，接近世界先进水平。规划分为两步实施：前三年（1978—1980 年）着重于治理和打好基础，迎头赶上；后五年（1981—1985 年）则大胆赶超，全面提高。规划明确了以机械工程、激光技术、材料科学、自动化技术和计算机科学为重点领域，通过创造有利条件，优先发展这些专业，力争在八年内取得几项达到或接近世界先进水平的成果，使这些专业的教学和科研水平达到国内领先水平。在明确目标（AR8）和统一思想（AR9）的基础上，该规划已通过向上级报备（AR10）获得支持，从而启动了全面的变革和发展进程。

3. 大学（A3）与教育部（A6）的博弈：从学科到组织结构

经过教育上的拨乱反正，1979 年 9 月，中共中央批转了教育部党组《关于建议重新颁发〈关于加强高等学校统一领导、分级管理的决定（试行草案）〉》，再次强调了党的统一领导地位，同时肯定了 1963 年实行的“统一领导，两级管理”体制（UR21）。[①]1985 年，《中共中央关于教育体制改革的决定》颁布，正式提出“扩大高等学校办学自主权”[②]（UR22），标志着国家政策层面对高校自主权的认可，随后，教育改革伴随着经济改革的步伐全面推进。在这一改革体制下，政府主管部门扮演着大学办学规划者的角色，大学治理的成效往往取决于其与上级主管部门的协同程度，以及是否坚决执行上级主管部门的政策安排。换言之，中央对大学的“适度放权”使得大学在变革过程中需更加灵活、策略性地运用所赋予的自主权，与上级部门进行有效的博弈，从而设计出符合各自实际情况的治理体系，并在制度安排中巧妙融入上级主管部门的指导精神。朱九思领导下的华工便是这一理念的实践者。

在 20 世纪 70 年代末至 80 年代初，华工凭借其自 60 年代以来的深厚积累，提出了前瞻性的办学思路（IR8），这些思路包括强化科研引领教学、构建以理工为核心的综合大学，以及实施教学、科研重心转变，学科结构从单一工科向理、工、文、管综合发展的战略，同时提升研究生培养的地位。华工的变革目标是在教育部统一政策下，通过巧妙的制度再设计，在同类大学中脱颖而出。尽管当时中国大学缺乏内部自主治理的条件，但华工成功地将外部治理与内部治理相结合，实现了办学目标、组织结构等方面的广义制度设计，进而影响了大学的内外治理结构。华工明确了走大学综合化道路的计划（IR8），并着手通过实际行动来具体化和实施这一计划，以期改变大学治理结构。在 80 年代初，朱九思提出了“发扬优势，防止从优势转化为劣势；敢于竞争，力争把劣势转化为优势”的变革原则，即著名的“敢于竞争、善于转化”八字诀。他选择从学科建设切入，通过增加工科专业、创办理科和文科，为华工构建了一个适应综合化办学的组织结构。这一结构既是内外部治理因素整合的产物，也是华工变革成功的关键所在。

1）抓住契机：变革自学科始

对于有着坚定办学主张和信念的朱九思来说，他从不缺乏主动性，而是等待合适的机会。1977 年，变革的契机终于到来：全国恢复高等学校统一考试招生制

---

① 罗志敏，刘洋. 2021. 以党的领导为核心的高等教育领导体制的百年沿革与发展. 北京教育（高教），(7)：93-96.

② 中国共产党中央委员会. 1985-05-27. 中共中央关于教育体制改革的决定. http://www.jyb.cn/zyk/jyzcfg/200602/t20060219_55336.html.

度，并重启研究生招生（IR9）。朱九思敏锐地捕捉到这一机遇，认为这是推动学校办学宗旨转变的关键时刻。随着国家重启大学研究生教育职能，大学必须进行相应的学科建设、专业发展、组织机构调整等变革，以适应研究生教育的需求。华工早在1961年就开始招收研究生，具备了一定的研究生教育基础，但受限于工科院校的专业面窄，研究生数量较少，高层次人才培养经验不足。随着高考和研究生招生政策的重启，1978年教育部决定恢复少数重点大学的研究生培养工作（PR3）。朱九思迅速行动，指示华工相关部门制定雄心勃勃的招生计划（IR10），全校上下齐心协力，致力于实施研究生教育。他们聚焦三大任务：确保招生质量、选拔和组建优秀的教师队伍、调整课程建设和专业设置。借助国家招生政策的东风，华工当年成功招收研究生181人（PR4），人数远超前五年的总和。随着研究生的入学，课程和专业的改革便成为紧迫的任务。

1978年8月2日，朱九思向教育部递交了《关于专业调整的设想方案（草案）》（AR13）。他提出了华工专业调整的原则（AR13），强调理工结合，增设理科系，增加理论课程，基本按学科设置系和专业，逐步改造按产品、工艺设置的专业，更新专业内容，拓宽专业口径，增设选修课，以及合并重复和相近专业。然而，由于教育部未对此方案及时作出批示，朱九思不得不另辟蹊径（CR10），从转变单纯的教学导向、将科研置于教学之前开始，展现了他卓越的主动性和前瞻性。

1978年，全国科学大会的召开成为突破口。朱九思受邀作书面发言，他聚焦于“科学研究要走在教学的前面”这一核心议题。经过国家科学技术委员会的审核，他的发言稿获得认可。此次大会上，华工凭借其30项获奖成果，荣膺先进单位称号。朱九思在发言中深刻总结了华工的经验，强调科学研究在推动老专业改造、新专业建设以及教学质量提升中的核心作用，将“科研”、“专业”与“教学”三者紧密联结。这份发言和华工的成绩迅速引发了全国范围内关于高等教育发展模式的热烈讨论。1979年1月10日，《光明日报》特别报道了朱九思的发言内容，以“华中工学院”的名义发表了《科学研究要走在教学的前面》一文。文章开篇即提出了将高等学校打造为教学与科研双中心的构想，并深入探讨了科学研究与高等教育，特别是教学之间的紧密联系。文章强调，随着大学研究生招生的增加和学生水平的提升，科学研究将成为培养学生不可或缺的重要手段，甚至可能部分替代传统的专业课程和实践教学。因此，科学研究走在教学的前面，不仅是高等教育发展的必然趋势，更是适应现代化建设的必要选择。这一观点得到了广泛认同，也正是朱九思所期望的社会反响。

朱九思充分利用各种机会，包括在上级主管部门组织的大会上积极发言（IR11）、在具有影响力的报纸期刊上发表文章（IR12、IR14），以及直接向中央相关负责人进言等，最终为华工争取到了一定的自主权和办学自由。在20世纪70年代末和80年代初，华工致力于学科拓展，增设了系统工程、生物工程、建筑学、建筑结构、物资管理、工业管理等工科专业。经过教育部审批后，华工成功建立了建筑学与建筑结构工程系。随后，朱九思进一步将这两个专业分别独立建系，并最终发展成为建筑与城市规划学院和土木工程与力学学院。这一系列的举措虽是对教育部审批制度的一次小尝试，却为华工后续在工科基础上发展理科、理工科基础上发展文科的多元化办学模式奠定了坚实的基础。

2）反复博弈：工科办理科、理工科办文科

在推动工科专业变革的征程中，朱九思等早已认识到专业综合化的重要性和必要性，但他们在向上级部门争取改革许可的过程中遭遇了诸多挑战（CR13、CR14）。特别是工学院增设理科专业的目标，因其更为宏大的视野和深远影响，必然面临更为激烈的讨论。1975年，朱九思代表华工革委会向湖北省和国务院科教组提交了增设理科专业的报告，强调了理工结合的必要性和紧迫性。然而，这份报告并未立即引起广泛关注。朱九思并未气馁，他于1979年通过新华社《国内动态详情》等渠道对外阐述理工分家的弊端，并在学校内部讲话中正式提出了将华工打造成为以理工为基础的综合大学的宏伟目标（IR16）。1980年7月，《光明日报》刊发了朱九思题为《对目前高等教育中的几个问题的我见》的一篇文章（IR17）①，深入探讨了变革学科结构的必要性和策略。然而，清除社会对“综合大学”的疑虑并不足以推动华工的变革，上级主管部门的意见才是关键。1980年，教育部在北京召开的工科院校教学计划座谈会上，华工代表黄泽如（A3）就“系科要改革”的问题发表了讲话（IR18），提出了未来十年将华工建设成理、工、文科和管理学科相结合的综合大学的规划。教育部副部长黄辛白对此表示了肯定，并批示（CR15）部分院校可以增设理科专业或增加理科比重，但对增设文科专业的问题则未置可否。

从1979年起，在大学综合化思想的指导下，学校开始逐步摆脱1952年院系调整时沿用的苏联模式，踏上了探索综合大学发展之路的征程。经过不懈的努力，并得到了教育部的正式批准，华工在综合大学的构建道路上已经确立了明确的方向。在此过程中，学校积极拓展了多个理科专业领域，包括数学系、化学系、物理系和力学系等，致力于构建多元化的学科体系。以朱九思为代表的学校管理层，充分利用国内外学术界的丰富资源，致力于实现工科与理科的融合发展（SR2）。在这一过程中，著名学者钱伟长、徐立治等人都为华工理科的崛起作出

① 朱九思. 1980-07-10. 对目前高等教育中的几个问题的我见. 光明日报，第2版.

了杰出的贡献。特别是在创办前沿专业时，为了确保教学质量，朱九思更是不遗余力地挖掘学术界的资源，寻找一流的教师团队，通过学生推荐、大师引荐等多种方式，克服重重困难，成功引进了众多优秀人才。

在综合大学的建设道路上，工科办理科仅仅是迈向全面融合发展的初步尝试，而最终形成涵盖理、工、文、管理等多学科的组织架构才是长远的愿景。然而，与理工科向文科的转型相比，从工科到理科的过渡确实显得相对容易。华工在综合化转型的进程中之所以能走在前列，主要归功于其率先在全国工学院中掀起文科办学的改革风潮。面对教育部从最初的反对到后来的试点转变（CR16），以朱九思为代表的华工领导团队展现出了卓越的智慧和策略，他们采取了一系列有效方式与教育部沟通协商。这些策略包括：首先设立研究所作为过渡，利用这一不受审批限制的形式，逐步积累师资和设施资源，待条件成熟后再将研究所升级为系（AR14）；同时，他们还积极利用学校的社会资源，特别是人事资源，向教育部争取直接设立系的权利（AR15）。通过这些迂回曲折的努力，华工最终实现了综合化转型的目标。

20 世纪 80 年代初，朱九思以远见卓识和坚定决心，率先在华工布局文科发展，相继成立了哲学研究所、中国语言研究所、经济研究所和社会学研究所（AR14）。这一系列举措标志着华工向综合大学转型的重要步伐，并引领了工科大学向综合化发展的潮流。以 1981 年经济学研究所的成立为例，朱九思特地邀请了被誉为“发展经济学之父”的张培刚老先生担任所长，这不仅彰显了学校的学术追求，也为经济学科的建设奠定了坚实基础。尽管机构调整频繁，但华工在学科建设、科学研究、人才培养等方面均取得了显著成绩。经济学院成立十周年之际，人民网报道了华工在短短 20 多年内培养出众多知名经济学家的“华中科大经济学家现象”，这在以理工科为主的大学中尤为罕见。此外，华工还积极恢复和重建了社会学学科，1980 年成立社会学研究室，1983 年成立社会学研究所。同时，华工还直接建立了外语系、新闻学系等文科系，全面推动了学校的综合化进程。

3）建研究生院：优于同类大学的分水岭

在推动理工文综合化大学建设的道路上，朱九思巧妙地利用研究生教育作为突破口，这得益于当时教育部放宽的研究生招生政策。通过研究生教育的综合化引领，学校成功构建了包含工科、理科和文科的多元化组织架构。这一过程中，研究生教育也取得了显著成果。随着 1980 年国务院颁布的《中华人民共和国学位条例》及 1981 年学位制度的正式实施，研究生培养进入新的发展阶段。1981 年，华工成功获批 27 个硕士学位授权点和 9 个博士学位授权点，并有 12 名教授担任博士生导师。到了1983年，再次经过国务院学位委员会的评议，华工又增加了10个硕士学位授权点、4个博士学位授权点，并新增了4名博士生导师。至此，学校拥有硕士学位授权点37个、博士学位授权点13个，研究生招生人数也呈现出稳步增长的趋势，从1981年的221人增加至1983年的287人。

1984年，教育部报经国务院批准，决定在北京大学、清华大学等22所全国重点大学试办研究生院，华工凭借超过10个博士学位授权点的条件，成功成为首批设立研究生院的22所大学之一（CR17）。在首批经国务院批准的22所试办研究生院大学中，教育部直属的传统四大工学院，即南京工学院（现东南大学）、大连工学院（现大连理工大学）、华南工学院（现华南理工大学）、华工中，只有华工被批准设立研究生院。1986年4月，国务院又批准10所高校试办研究生院。在第二批研究生院中，东南大学、大连理工大学名列其中。2000年6月，教育部又批准了北方交通大学（现北京交通大学）等22所高校试办研究生院，华南理工大学位列其中。这些变化表明，华工通过率先设立研究生院，实现了学科变革、科学研究重视以及研究生教育的快速发展，从而走在了同时期工科大学的前列，成为最早迈向综合性研究型大学的典范。尽管华工在横向比较时仍与其他工科院校并列，但到1988年组建华中理工大学时，学校已不再是单一的理工科大学，而是朝着综合性大学的目标稳步前进。

由此可见，研究生院的建立不仅是华工与同类大学区别的显著标志，更是学校整合内外部治理结构、完善组织结构的一次重要尝试。这一转变使华工从单一的教学机构逐渐发展为集教学科研于一体的双重机构。在推进研究生院建设的同时，朱九思及华工领导层充分整合资源，确保治理体系内部协同一致，与教育部紧密合作，共同决策关乎大学发展的关键事务。虽然教育部的政策对组织行为具有指导作用，但华工所采取的行动也反过来影响教育部对其的决策，双方形成了相辅相成的良性互动。

4）华工与教育部互动的结果：治理结构的改变

在20世纪70年代末至80年代初的关键时刻，华工以学科变革为切入点，实现了学科结构和体系的全面综合化，成功执行了“改造工科、发展理科、创办文科”的方针。1988年，学校更名为“华中理工大学”，为学校的综合化变革之路迈出了实质性的一步。华中理工大学学科专业演变图（1953—1988年）如图6-1所示，从中我们可以清晰见证华工从工科院校到综合性大学的蜕变历程。在1983—1988年的五年间，华工基于多学科融合，培育了众多新颖的理科、文科和管理学科专业。同时，学校的治理体系也经历了深刻变革，师资力量的增强、管理

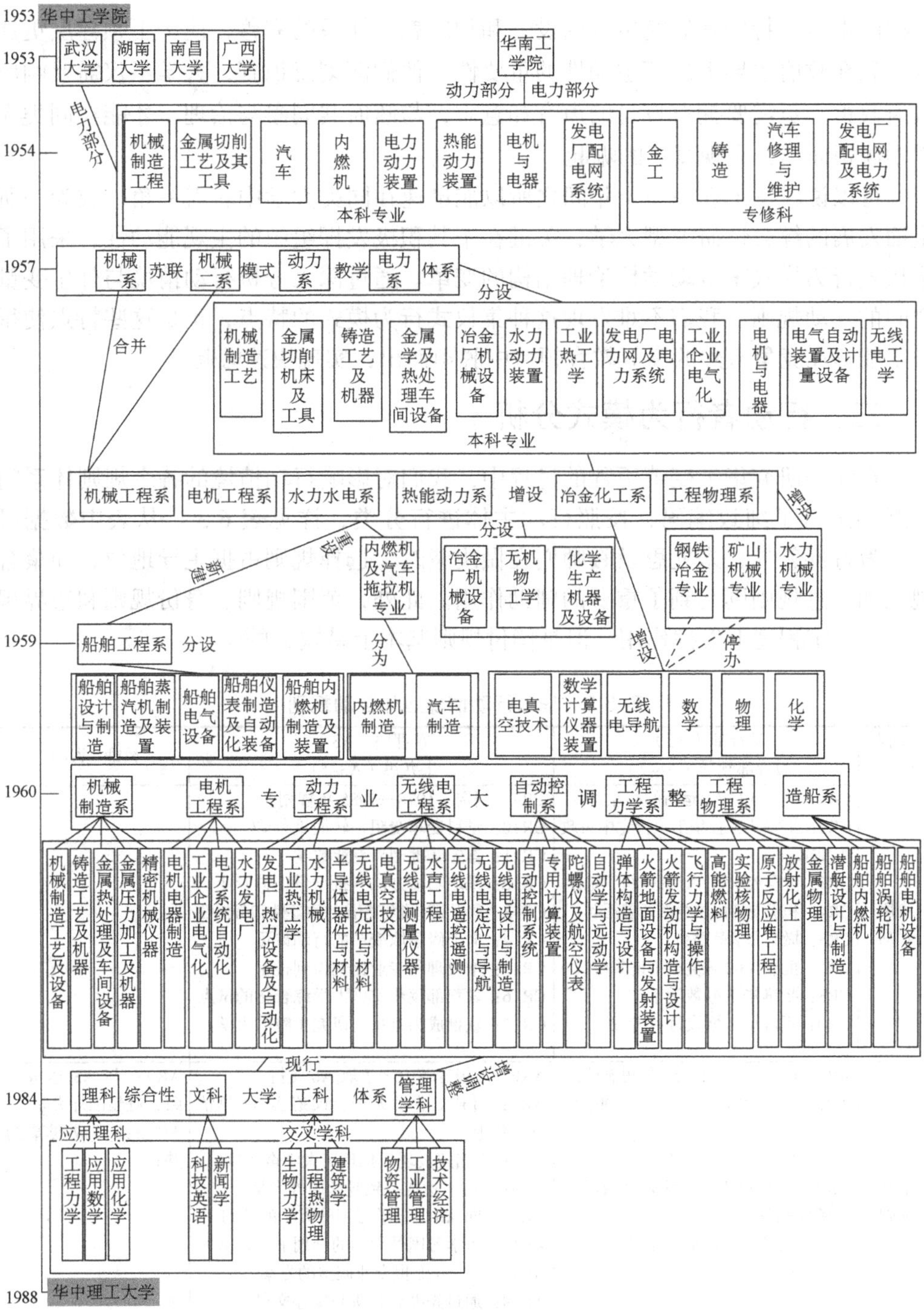

图6-1　华中理工大学学科专业演变图（1953—1988年）

层次的丰富，特别是研究生院的设立和相应教学体系的完善，使华工领导层更加认识到在政府主导下发挥主动性的重要性。他们深刻意识到，大学不仅需要响应政府政策，更需要拥有自身的声音和意志，与政府共同参与治理，才能在同类大学中脱颖而出，实现真正的崛起。

可以说，华工在短短十年间之所以能迅速在同类大学中崭露头角，成为一所全面发展的综合性研究型大学，关键在于其积极发挥组织的主观能动性，采用了集权式行为模式来推动学校治理结构的变革。通过深入分析行动情境与外生变量之间的互动规则，我们不难发现这种集权式行为模式的特点，正是这些特点使得华工能够在竞争激烈的高等教育领域中脱颖而出，实现快速崛起。

三、行动者行为模式分析

在深入研究华工变革历程的过程中，我们对影响行动情境的各个规则体系间的互动进行了细致编码，按照行动主体进行分类，详见表 6-3 。从表中数据可见，教育部领导、朱九思及教师们在做决策时，选择规则占据主导地位，而聚合规则和信息规则则起到了重要的辅助作用。此外，范围规则、身份规则和边界规则也在一定程度上发挥作用，但是偿付规则基本上是缺失的。

表 6-3　华工行动情境运作互动规则

行动者（A）	教育部（A6） 教育部领导（A6-2）	管理层（A3） 朱九思（A3-2）	教师（A1）
选择规则	CR1：理顺 A3 权力运行的相互关系 CR2：工宣队进驻华工执行党中央政策要求 CR3：健全规章制度，加强组织纪律 CR4：积极支持民主党派开展活动 CR5：撤销大学革委会 CR6：批准 A3-2 任党委书记兼校长 CR8：批准华工办数学系 CR9：批准华工增设理科专业	CR7：制定《1978—1985 年规划》 CR10：学科变革受阻，转而重科研 CR11：首先获批理科专业数学 CR12：采取巧妙办法获批增设工科专业 CR13：意识到专业综合化的重要性和必然性 CR14：向上级争取变革的行动许可 CR15：增设理科专业比例得到批示 CR16：教育部逐步实施大学综合化的试点 CR17：获批成为首批建研究生院的大学	
聚合规则	AR1：让全校师生有统一的思想认识 AR2：加强对华工的领导，调整内部关系 AR3：恢复民主党派基层组织 AR4：恢复和任命资深教师教学行政领导职务 AR5：主导华工党组织建设	AR6：汇报变革方案争取 A6 支持 AR7：召开工业学大庆会议落实 A1 热情到工作上 AR8：提出建设现代化理工大学奋斗目标 AR9：与 A1 达成一致赶超国外大学 AR10：向 A6 汇报学习国外大学的计划 AR11：将学习国外大学的计划书上报 A6 AR13：向 A6 汇报专业调整的方案 AR14：通过先办研究所间接办文科 AR15：利用人事资源疏通 A6 办文科	AR9：与 A3 达成一致，赶超国外大学 AR12：形成变革的共识

续表

行动者（A）	教育部（A6） 教育部领导（A6-2）	管理层（A3） 朱九思（A3-2）	教师（A1）
信息规则	IR1：由政治工作组领导大学 IR2：撤销政工部，恢复党委机构设置 IR9：全国恢复高考，放开研究生招生政策 IR13：A6-2 听取 A3-2 关于办理科的意见	IR7：全校印发赶超国外大学计划书 IR8：提出大学综合化办学目标 IR10：A3-2 责令全校拟定研究生教育计划 IR11：科研走在教学之前 IR12：引起全国大学教学和科研双中心讨论 IR14：A3-2 在报纸上力陈理工分家之弊 IR15：A3-2 公开正式提出兴办理工综合大学目标 IR16：A3-2 在报纸上谈学科变革的必要性 IR17：A3 影响 A6“系科改革”的决策	IR3：参与学习国外大学的讨论 IR4：资深教师建议先了解国外大学 IR5：查阅国外大学资料 IR6：将目标大学资料散发全校 IR18：A1 声援 A3 发表高等教育结构变革文章
范围规则		SR1：瞄准美著名理工大学（对变革结果的预测） SR2：借助国内外学术资源办理科	
边界规则	PR1：改组华工领导班子 PR3：恢复少数大学研究生教育	PR2：动员教师参加学校变革 PR4：华工承担研究生教育	
身份规则	BR1：知识分子平反		

教育部主要通过选择规则来指导大学的组织建设，包括领导班子的配置，并基于国家的整体需求来确立大学的外部治理框架。这种选择规则具有显著的强制性，因此教育部对华工的引导和管理往往以行政命令的形式进行。当这些命令体现为国家对高等教育的重视和资金支持时，其对大学发展的推动作用多为正面；然而，一旦涉及具体的办学方式时，大学内部的行动者倾向于通过聚合规则和信息规则等方式与教育部进行互动，以争取更多的自主权和灵活性。此外，鉴于政治思想教育在中国政治建设中的核心地位，教育部积极利用大学作为文化工具的功能，通过信息规则加强对大学内部行动者的思想教育，从而进一步强化大学的政治功能。

在华工变革的历程中，朱九思领导的管理层面对偿付规则的缺失，无法单纯以利益权衡来推动变革，而是巧妙地运用聚合规则，积极争取教育部等上级部门的支持。他们不仅巧妙地利用规则，还善于借助社会资源和人际关系网络，以“曲线救国”的方式，先获得上级部门的批准和支持，再开展变革。朱九思的成功变革，关键在于他充分利用了聚合规则，在教育部选择规则的框架下，找到了聚合规则发挥作用的空间。在此过程中，朱九思的个人行事风格等特征也融入了变革结果之中，形成了独特的治理结构。对于华工内部，朱九思凭借其个人权威，通过信息规则影响和动员了尚未具备治理意识的教师，使他们成为变革的实际执行者。华工的变革成果，既得益于朱九思前瞻性的办学思想，也离不开教师们长期积淀的执行力。这种内部团结的向心力，又增强了朱九思与教育部互动的信心和资本。然而，这种“共同治理”的模式是特定时代的产物，难以复制。随着领导班子的更迭，新的探索和挑战摆在了华工人的面前。

在20世纪60年代，华工所经历的变革深深烙印于时代的大背景下，展现出一种前所未有的大胆、自由和对平等的追求。然而，对于“自主治理”这一理念，当时的华工尚显稚嫩，他们的努力虽无意识中透露出对自治的向往，但个人力量在宏大的社会变革中仍显渺小。审视这一时期的华工变革，无论是由教育部主导，还是朱九思在校内的权威影响，都带有鲜明的“集权”色彩，因此将其定义为“集权式变革”是恰如其分的。这一变革模式是中国本土独有的产物，虽然其成功难以复制，但其中蕴含的“自主治理”理念对后续中国高等教育的发展，乃至整个中国大学体系，都产生了深远的影响。接下来，我们将依据既定标准，对这场变革的成效及其演进过程进行细致的评估。

第三节　评估综合性大学治理结果及其出现的过程

对于评估标准来说，华工作为政府的下属行政机构，共同的价值观、财政标准、持久性标准是其重要的评估依据。

一、共同的价值观

朱九思在多个场合反复强调“敢于竞争，善于转化”的理念，这一思想首次于1980年秋天在干部会议上提出，并随后在多次重要会议和谈话中不断深化。这一观点最终成为华中科技大学的精神风貌，其内涵包括在挑战面前勇敢竞争、在逆境中寻求转化的智慧。它不仅鼓励学校在与条件优越的对手竞争中追求卓越，也倡导将不利因素转化为有利因素，化危为机，变劣为优。这一思想在华工变革的实践中得到体现，其实质是通过发挥主观能动性，积极与上级主管部门互动，实现共同治理，进而达成学校的治理目标。这一“转化”的过程，实质上是将外部治理与内部治理相结合，形成有利于学校发展的治理结构，蕴含着“自主治理”的先进理念。尽管朱九思本人可能并未直接意识到这一点，但这种通过互动、调整、妥协与包容的过程，正是“治理”理念的最初体现。

在朱九思的引领下，工科院校办理科专业、理工科兴办文科的革新思想悄然影响了学校的治理结构，尤其是文科领域的显著变化最为突出。朱九思等先驱者的这一想法不仅影响了教育部，还波及了全国同类大学的办学方向，引领了中国大学走向综合化发展的道路。在这一过程中，学校治理结构也随之调整与变革。1987 年 7 月，学校召开首次文科工作会议，总结了文科建设成就，探讨了其地位和作用，并明确了发展文科的指导思想。经过八年的实践，文科的兴起不仅带来了专业结构的转变，也推动了治理体系的演进。理、工、文科学生间的学术交流营造了浓厚的学术氛围，为承接国家重大综合研究项目创造了有利条件，并推动了大学向更适应综合研究的组织结构转型。会议后，学校积极改善文科办学环境，设立文科发展基金，加大投入，并致力于实现教学和研究手段的现代化。1983 年，华工报请教育部将学院改名为大学，以更准确地反映其办学实力和学术地位，同时也为国际学术交流提供了便利。1988 年 1 月，教育部批准华中工学院改名为“华中理工大学”，这标志着华工治理结构变革取得了重要成果。

二、财政标准

作为政府下属的一个行政机构，总的来说，当时的华工在财政方面原本就拥有相对稳定的资源，主要得益于国家对高等教育的重视和政府的财政支持。然而，在朱九思校长的积极推动下，学校不仅维持了稳定的财政状况，更通过大力发展科研实现了经费的显著增长。从 1980 年至 1983 年，华工的科研项目数量激增，总数跃升至 440 余项，科研经费也实现了 3 倍的增长，总额高达 1100 万元，这一数字在全国高校中名列前茅。这一时期的经费增长不仅体现在数量上，更在质量上有了显著提升，包括国家重点课题的增加以及一系列高水平、高经济效益的科研成果的取得。这些成果不仅推动了科研的深入发展，还促进了产学研的紧密结合，形成了学校独特的产业优势。随着时间的推移，华工在科研和产业化的道路上不断前进。1999 年，学校成立了华工科技产业股份有限公司，并设立了武汉华工大学科技园发展有限公司，进一步推动了科研成果的转化和应用。到了 2000 年，华工科技产业股份有限公司成功在深圳证券交易所上市，成为华中地区首家具有高校背景的高科技上市公司。这一成就不仅为学校带来了丰厚的经济回报，也彰显了朱九思校长所倡导的综合化大学发展道路的正确性和前瞻性。尽管财政增长并非当初变革的主要目标，但其实现却充分证明了朱九思校长所选择的综合化大学发展道路符合大学治理的规律，并成功应对了政府教育财政政策的变化。

三、持久性标准

1984年底，华工领导班子进行了调整。1984年12月26日，教育部副部长黄辛白在校、系两级干部大会上宣布教育部党组《关于华中工学院领导班子成员任免的通知》：李德焕任党委书记，王树仁、张碧晖任副书记；朱九思任名誉院长，黄树槐任院长，姚启和、钟伟芳、孙宝库、李振民任副院长；孙盛海、朱德培任顾问。黄辛白在讲话中高度赞扬了学校过去的工作成绩，并对新领导班子寄予厚望。他提到，华中工学院自创建以来，历经三十余载，成果斐然，不仅拥有一支优秀的教师、干部和职工队伍，还形成了良好的学风和积极向上的氛围，物质条件也相对较好。然而，黄辛白也指出了学校当前面临的挑战，包括高等教育体制和管理方面的不适应，以及物质条件和师资、学术水平的待提升问题。他强调，新领导班子必须团结一心，积极改革，充分调动全院师生的积极性和创造性，共同克服困难，将华中工学院建设得更好。黄辛白还表示，新领导班子成员政治素质过硬，业务能力强，知识结构、年龄结构合理，充满干事创业的激情，教育部对他们充满信心。

尽管学校前期工作为未来的新局面奠定了坚实基础，但全校师生对新领导班子的期待也更为殷切，他们期望在巩固成果的同时，能够实现更大程度的发展和改革。新领导班子的多数成员均来自基层，他们在大学领导和管理方面的经验相对不足。正如新任党委书记李德焕所表达的，他感到责任重大，自己的能力和水平尚需进一步提升以适应当前形势的需求。新领导班子履新后，首要任务是深入开展调查研究，广泛征求师生员工的意见和建议，共同谋划学校的发展大计。黄树槐院长积极行动，先后组织召开了多场座谈会，包括教授座谈会、中青年教师座谈会以及学生干部和学生代表座谈会。在教授座谈会上，教师们对过去几年的工作给予了肯定，同时指出了学校快速发展过程中人力、物力、财力紧张导致的教学质量受影响等问题，并就深化教学改革、管理改革、提高教学质量和学术水平、改善办学条件和后勤工作等方面提出了诸多建设性意见。而在学生座谈会上，学生们普遍认同学校的严格管理和要求，但也提出了过于严格的管理可能会抑制学生个性发展和不利于拔尖人才脱颖而出的观点。

在广泛听取意见的基础上，学校于1985年3月28日和30日分别召开了全校教职工大会和全校学生大会。黄树槐院长在会上作了报告，他指出：学校的目标是秉持“三个面向”的指导思想，致力于提升教学质量、学术水平和管理水平，努力将学校打造成为独具特色、充满活力、生机勃勃的国内一流大学。黄院长强调，学校的大学生和研究生都应拥有扎实的知识基础，具备解决实际问题的能力和创新能力，同时怀揣爱国主义热情，为共产主义理想和社会主义事业奉献青春和力量。为实现这一目标，黄树槐院长提出了“民主治校，立法治校”的治校理念，以期通过民主管理和法治化手段，推动学校的全面发展和进步。

新领导班子坚定采取了巩固与发展并行、改革与创新并重的方针。在工作规划上，他们计划用大约一年的时间来全面整顿党组织、策划改革蓝图，并理顺内部各项关系，进而制定“七五”发展规划，以显著提升学校的整体水平。在具体实施上，学校将组建两个工作小组：以黄树槐校长为核心的团队将专注于教学、科研和行政管理工作的优化，同时策划改革方案；而李德焕书记则领导另一团队，专注于系、处级干部的调整与充实，为全面开展党的整顿工作做好充分准备。

总体而言，在朱九思先生卸任后，新一届领导班子在维护学校稳定发展的基础上，主要致力于巩固并深化之前的教育政策。他们并未追求颠覆性的新办学理念，而是聚焦于教学质量提升、管理体制优化、学风校风建设以及后勤保障完善等方面，为学校变革的持续推进提供了坚实的后续保障。

第四节　华中理工大学组织的集权式变革结果

在运用组织行为IAD框架对华工的变革进行分析之前，我们针对该框架进行了一些修正。因为华工特殊的政治环境，在前两个案例中，一直处于外生变量的大学主管部门——教育部转而进入大学行动情境，变为内生变量。基于此，华工的变革历程实质上是朱九思领导下的大学管理层与教育部之间就如何从单一的工科院校转型为理工文并重的综合性大学治理结构所展开的调整与协作。

华工能够实现从工科单科院校到理工文并重的综合大学的成功调整，主要归功于当时全国上下特定的外生变量。这些外生变量对关键行动者朱九思产生了深远影响。首先，学习苏联的高等学校院系调整让朱九思深刻认识到发展综合大学的必要性和科学性，为他指明了变革的方向。其次，大学围绕政治需求办学的方针使朱九思明白在办学过程中主观能动性的重要性。朱九思在总结办学经验时强调了两个关键方面：一是“争”，即面对政策落实的不确定性，大学领导者需要具备胆识和魄力，积极争取办学自主权；二是充分运用自主权，在遵循规定的同时，创造条件，主动发挥主观能动性办好大学。这两方面共同构成了大学治理过程中的“集权”模式，即大学变革的方式和路径主要由个体或少部分行动者决定。这种模式不仅体现了自主权的实质，也是大学能够按照学校领导者的意愿发展的关键。

在这种个体行动者特征的行为模式之下，华工呈现出一种“集权式”的变革。一是在办学方针上，由上级主管部门决策的外部集权；二是在办学措施的具体执行上，由最高领导者倡导和安排的内部集权。显然，外部集权通过内部集权的实施在校内发挥实质作用。因此，大学变革的结果——治理结构被赋予个体行动者的特征。“自主治理”的理念虽有所萌芽，但受限于个体特征，未能深入治理结构，缺乏制度保障，也未能对大学内部产生深远影响。华工的集权式变革正是基于这种个体行动者的特征而形成，其特点在于强烈的个体色彩和难以持久的稳定性。一旦外部环境或领导层发生变化，这种变革模式便难以复制和维持。

本章小结

本章对组织行为 IAD 框架进行了适当的修正，将外生变量中的政府行动者纳入行动情境，在展示政府与大学领导者之间的互动过程中见证了新的治理结构的实现，并使变革结果成为外部治理与内部治理的一种整合。鉴于华工案例中行动者构成的相对单一性，本章在提炼行动者行为模式时，更侧重于个体层面的特征分析。最终的治理结构相较于前两个案例在管理层的治理方式上呈现出显著的差异，这一变革源于学科发展趋势从单一化向多元化的转变，从而催生了适应学科发展的大学组织（以学校管理者为代表）的参与式自主治理机制。值得注意的是，评估结果揭示了这种集权式变革的不可复制性，且其持久性仍待观察。

第七章

大学组织变革模型

通过运用组织行为 IAD 框架对三所大学变革的案例进行分析，本章形成了如图 7-1 所示的大学组织变革 IAD 模型，同时也对组织行为 IAD 框架和案例学校组织变革之间的适切性进行了验证。一方面，模型是时代价值与变革行为的深度整合，赋予了组织变革在特定时代环境中的战略意义；另一方面，模型又通过对时代环境的细分与操作化，明确了时代元素与组织边界之间互相渗透的事实。于是，模型解释了尽管同处20世纪60年代，同样是时代环境中的元素对大学组织产生影响，但由于大学内部的行动情境结构特征不同，外生变量中对行动情境起主要作用的规则体系及其与行动者之间的互动不同，从而出现行动者不同行为模式的原因。这些行为模式决定了大学组织不同的变革类型，即伦比亚大学的授权式变革、多伦多大学的分权式变革、华中理工大学的集权式变革。

第一节 赋予时代价值的变革模型

三所大学组织的变革过程验证了组织理论中时代环境与组织变革的相互力量。组织为了适应生存，被时代环境赋予了变革的力量。在制度环境的裹挟中，组织寻求适应内外部环境的策略，每一次变革是在大学组织有意无意积极搭建的场域中展开的独特的组织行动。这种行动彰显了组织变革的战略意义，展现了组织环境的多组织行为和制度的可透过性，以及一个鲜活的大学组织应具备的时代适切性的重要价值。这一具体过程如图 7-1 所示。这张模型图整合了组织行为学中“输入→转化→输出”的组织变革流程，融合 IAD 框架制度变迁要素和安排，展现了时代环境与组织变革的相互作用，以及裹挟在这一作用中的大学组织变革的类型与特色。

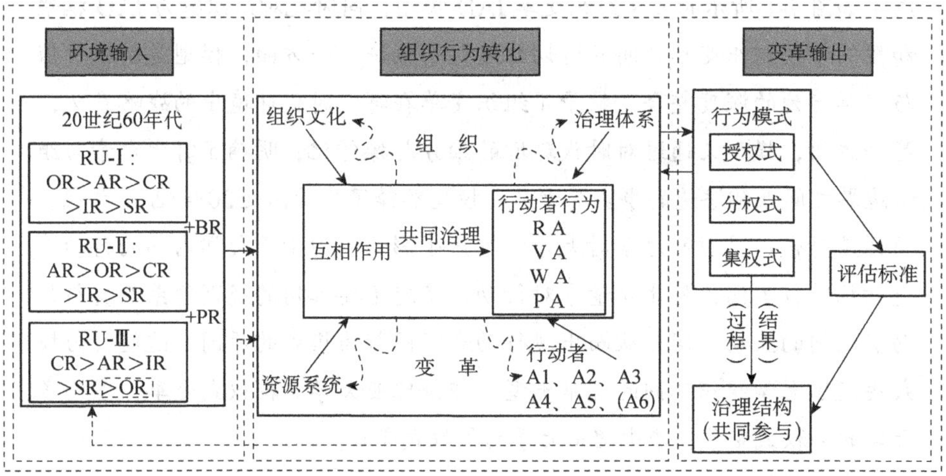

图 7-1 大学组织变革 IAD 模型

注：RU-I：规则体系 I 类型（即授权式变革）；RU-Ⅱ：规则体系 II 类型（即分权式变革）；RU-Ⅲ：规则体系 Ⅲ 类型（即集权式变革）；BR：边界规则；PR：身份规则；AR：聚合规则；CR：选择规则；IR：信息规则；SR：范围规则；OR：偿付规则（在 RU-Ⅲ 集权式类型中缺失）；A6：政府（只有在 RU-Ⅲ 集权式类型中进入行动情境中）；A1：教师；A2：学生；A3：管理层；A4：大学董事会；A5：校友；RA：行动者带入行动情境中的资源；VA：行动者对行动情境和行为的价值判断；WA：行动者获取、处理、保留、使用临时信息的方式；PA：行动者选择特定行为方式的过程

一、组织变革的战略意义

组织行为学认为，组织为了生存和发展不得不进行变革；不变革的组织是没有生命力的，它必然趋于萎缩、消亡。从这个意义上说，组织变革成为一种战略需

要。为了应对发生在社会、经济、政治和技术环境里的更多难以预料的变化，组织需要进行和职能相关的大变革或理性变革。“战略”变革涉及组织变化的规模、广度和深度。这种战略通常需要让组织变得更灵活，更具有适应性、流动性和反应能力。[①]它通过理性的、打破模式的结构重组，使组织快速地应对外部变化。图 7-1 显示出变革过程中组织转化行为获得的各种资源和不同规则的运作，以及组织变革带来的治理结构变化的结果。变革结果造就的组织是兼具灵活性、创造性和参与性的，不论是何种变革模式，其结果都扩大了治理结构的参与面，延伸了参与的规则。因此，组织变革对维系组织生存、促成组织健全发展具有重要的战略意义，是不断完善组织内外部功能的必经之路。这种战略意义体现在两个方面：一方面，变革是完善组织的外部战略，它能协调组织在环境中的生存和发展，优化组织和环境的关系；另一方面，变革是实现组织目标的内部战略，即如何落实外部战略，协调组织内部的个人、集体的目标，使之统一到组织的目标上。归根结底，组织变革的意义可以用一种系统的方法，解决组织与环境、组织与成员之间的相互适应问题，使组织能维系生存，得以战略性长远发展。

二、组织环境的可透过性

组织行为学观点认为，在一个急剧变化的环境里，开放式系统的组织理论越来越适宜和有意义。[②]将组织视为开放系统的关键在于将外部环境视为重要输入来源，如图 7-1 所示，来自组织环境中的输入以各种规则影响和干预组织行为，影响行为方式和结果。可以说，组织的边界对外部（社会的、法律的、技术的、经济的以及政治的）环境而言是具有可透过性的。[③]这种可透过性可以理解为一种渗透的过程，即组织环境从外部环境、内部环境和内外部环境之间三个维度渗透到组织行为和组织结构中。具体来说，外部环境，通常来自社会上的文化、政治、经济、技术等条件，它产生机遇和挑战，正如 20 世纪 60 年代尤为活跃的社会环境那样；内部环境，即作用于组织的结构和问题，它影响行为模式和行动者对变革的态度；内外部环境之间的是组织行为转化过程，包括过去和当前事件以及当前和未来要考虑的经验条件，以及成就各种关键行动者及其偶然或必然的事件。组织的内外部环境和各种重大或琐碎的事件趋势，皆不遗余力地鼓励组织进

---

① 戴维・布坎南，安德杰・郝钦斯盖. 2011. 组织行为学（第 5 版）. 北京：经济管理出版社，615-617.

② Galbraith J R. 2002. Organizing to deliver solutions. Organizational Dynamics, 31(2): 194-207.

③ 弗雷德・鲁森斯. 2009. 组织行为学（第 11 版）. 王垒，姚翔，童佳瑾，等译. 北京：人民邮电出版社，60-61.

行特定的组织变革。据此，时代环境与大学组织的变革是同构的，时代环境透过组织边界使两者融合适应发展。当然，组织，尤其是具备专业力量的组织，如大学组织内的各种运动、思潮，也会反过来透过组织边界对时代环境进行形塑，使两者更好地同向发展。

三、大学组织的时代适切性

依托与 IAD 框架的整合，本书对一个组织身处的时代环境进行了更为详细的分析，从复杂的时代环境中区分出能作用于组织制度安排的环境要素，意即影响到各种规则在行动舞台发挥作用的时代环境要素。这些“有用”的要素存在于组织行为学和制度主义分析中被理解和被建构的组织环境中。也正是这些环境要素的存在，使组织环境因此具备了完善的规则和对环境内组织运行的要求。这些规则和要求可能来自民族国家（政府）、政府授权的机构、专业协会或者专业组织……进而成为指导环境中利益相关者行动的信仰系统[①]，同时它们又受到公众舆论、重要人物的观点、教育系统传授的知识和法律、法院作出的判决等人们“广泛理解的社会现实”[②]，以及文化因素包含的成文的规则、观念和文化认知等的影响。可以说，环境要素既是承载环境与组织互动的平台，又是大学组织具备时代适切性的重要途径。深受各类利益行动者行为影响的多伦多大学组织的变革过程，充分展示了这些要素的存在，以及他们作用于组织行为和社会制度的不可忽视的价值。在这些环境要素中，政府和专业组织是最重要的组成部分。制度主义学者鲍威尔（Walter Powell）和迪马吉奥（Paul DiMaggio）认为，国家和专业人士已经成为 20 世纪后半叶最大的理性行动者。[③]20 世纪 60 年代后，哥伦比亚大学组织变革中的学生运动深刻见证了这一点。国家和专业组织这两类行动者对社会组织生活的影响机制不同：国家通常采用强迫机制或诱导机制，专业组织则主要依赖社会规范或模仿的影响力，其中专业人员通过创造和推行规范性框架来影响组织。[④]在规则体系中，政府最具有建构和规范社会、经济、政治生活等领域内的组织制度的重要作用。作为规制整个社会的主要行动者，其在不同时期、

① W. 理查德·斯科特，约翰·W. 迈耶. 2008. 社会部门组织化：系列命题与初步论证//沃尔特·W. 鲍威尔，保罗·J. 迪马吉奥. 组织分析的新制度主义. 姚伟，译. 上海：上海人民出版社，117-152.

② Meyer J W, Rowan B. 1977. Institutionalized organizations: Formal structure as myth and ceremony. American Journal of Sociology, 83(2): 340-363.

③ Scott W R, Meyer J W. 1983.The organizations of societal sectors. In: J W Meyer, W R Scott (Eds.), Organizational Enviornments: Ritual and Rationality. Beverly Hills: Sage, 129-153.

④ W. 理查德·斯科特. 2007. 制度理论的青春期//张永宏. 组织社会学的新制度主义学派. 上海：上海人民出版社，439-459.

不同地域以不同的形式对制度环境、市场和组织进行管理。在华中理工大学的案例中，政府构建各种法律体系来对大学组织的行为进行约束与限制，通过这些强制的方式使组织遵从。可以说，以广泛的制度为中介与载体，大学组织的时代适切性得到最充分的尊重。

第二节　整合组织与制度的变革模型

图 7-1 所示的模型，是大学组织变革与 IAD 框架整合后形成的大学组织变革 IAD 模型。从某种意义上说，时代环境促使大学组织在 20 世纪 60 年代发生了变革，但变革的结果又与大学自身的行动情境结构特征和行动者行为有关，结果使各个大学组织发生不同类型的变革。模型的核心是“共同参与、多元治理”的行动情境，其中有各个大学自己的组织文化、治理体系、资源系统三个制度元素，共同构成行动情境的结构特征；不仅如此，还有大学内部的行动者，如教师（A1）、学生（A2）、管理层（A3）、大学董事会（A4）、校友（A5），还有特殊情况下进入内生变量的政府主管部门（A6），也是这个特征的一部分；但更重要的是，行动者是反作用于行动情境结构特征的最活跃因素。这样，行动情境在与行动者的互动中进入 20 世纪 60 年代这一特殊的变革背景。

时代背景中的规则体系，包括成文的与不成文的、人文的与自然的规则，通过作用于行动者，改变着行动情境的结构特征，这个规则体系主要有身份规则（PR）、边界规则（BR）、聚合规则（AR）、选择规则（CR）、信息规则（IR）、范围规则（SR）、偿付规则（OR）等。于是，行动者在受到不同外部规则体系的作用下，在与行动情境结构特征互动的过程中，通过利用适合自己特征的资源（RA），在对内外部环境进行判断（VA）的基础上采取不同的方式对信息进行处理（WA），并付诸行动（PA），从而对“共同治理”理念作出反应。结果就是，行动者据此形成不同的行为模式，如授权式、分权式、集权式等，这些模式是由行动者根据“共同治理”理念采取的主动或被迫的行为所构成的，也是由于规则体系中不同规则的运用和约束对“共同治理”的不同作用而造成的。在模型中，除了身份规则和边界规则是作为一般规则对大学组织产生影响之外，其他各规则对行动者行为作用大小的不同决定了其可分为三种类型：一是偿付规则起主导作用的 RU-I，行动者基于自身的收益和付出的代价，利用聚合规则赢得与自己有相同利益的群体的支持，并接受限制利益最大化的选择规则的支配，结合信息规则权变地决定自己的行为，这种类型的规则体系主要形成“授权式”的行为模式；二是各种规则作用大小相差无几的 RU-Ⅱ，行动者主要运用聚合规则争取支持，基于偿付规则结盟，同时辅以选择规则、信息规则、范围规则的影响采取行动，这种规则体系一般在内部行动者众多且各自地位平等的情形下发挥效用，对应形成“分权式”的行为模式；三是行动者的行为大多遵循上级部门指令的选择规则而起作用的 RU-Ⅲ，由于选择规则的强制性太大，这种类型中的偿付规则，即行动者基于自身利益的考量基本缺失，仅仅利用聚合规则争取上级更多的支持和自主权，用信息规则影响内部其他行动者共同行动，尽可能运用范围规则扩大对结果的影响，这种规则体系对应的是“集权式”的行为模式。

在这些不同的行为模式中，大学组织的治理结构发生了改变，围绕时代变革需求形成新的治理体系。这个体系要么在结果上体现了共同参与的核心理念，如大学董事会和大学评议会共同决策，或者大学管理层与政府主管部门共同决策，要么在过程上体现了多元治理，如各方以平等身份参与、博弈、妥协，形成具有最高决策效率的“一院制”治理结构。但无论怎样，行动者基于内外部环境对“共同治理”理念加以理解和践行，实现了对大学组织进行制度安排的再设计——时代要求改变了大学。总的来说，是改变了的时代环境（内部和外部）形塑了以行动者为核心的组织内外部行为，进而构成了新的组织行为模式并催生了新的制度安排。一个组织如果在正式结构中融合了社会承认的理性要素，就会提高自身的合法性，增加资源和提高生存能力。①这个过程就是基于时代要求的大学组织变革过程，也是环境改变组织、提升其合法性和生存能力的实证过程。

第三节　组织行为与变革类型的因果结论

通过在上述时代环境影响大学变革的 IAD 模型中进行的关于“共同参与、多元治理”时代环境影响大学组织变革的讨论，本书结合三个案例的分析，将变革类型归纳为三种：哥伦比亚大学的授权式变革、多伦多大学的分权式变革、华中理工大学的集权式变革。这种行动者行为与变革结果之间因果式的大学变革类型

---

① 戴维·布坎南，安德杰·郝钦斯盖. 2011. 组织行为学（第 5 版）. 北京：经济管理出版社，61.

的结论还可上升到理论层面，并最终上升到中层理论的高度。

一、组织变革的三种类型

从历史经验中抽取的第一种变革类型是哥伦比亚大学的授权式变革。授权是指将权力和责任转交给下级，由他们自己去决定变革什么和如何变革。哥伦比亚大学是在以偿付规则为主导的作用下，教师、大学董事会、管理层、学生等行动者全员参与大学治理。教师从大学董事会、管理层、学生那里被授予大部分权力，推动了治理结构的变革。整个变革的过程就是大学董事会授权、教师主导、管理层配合、学生争取共同参与完成的，这种多方努力的过程是“多元治理”的表现，结果也自然体现了这个思想。大学董事会本是学校最高决策机构，在偿付规则的作用下，他们将很大一部分权力在学生运动后的特殊时期让渡给教师群体。教师是被大学董事会授权的对象，之所以教师会接受这个授权，是因为教师团体基于偿付规则认识到，只有团结才能有利于自身承担沟通协调学校与学生关系的角色；而完成这一角色的任务，不仅能够实现大学治理结构重组，改变他们糟糕的教学科研处境，而且可以证明他们自己的重要性，提升他们在大学治理中的地位。管理层在这场变革中是被动且利益受损的，因为大学董事会授权于教师，意味着剥夺了他们很多的传统职能。但偿付规则使他们作出自己都难以置信的改变——接受教师的评估和授权教师治理大学。学生出于自身对信息获取和掌握能力的限制，主要由选择规则和聚合规则在起主导作用。不过庆幸的是，教师利用身份规则和边界规则对学生予以帮助，用大学重组的思想分化和笼络他们，进而曲折地实现了他们参与决策与治理的部分权益。可见，新的治理结构中已经出现“共同治理”的端倪：教师的作用在变革中被史无前例地体现出来，大学董事会的权力尤其是学术决策权被分给管理层、教师、学生等各类行动者，各方都在变革的结果中得到了一定的决策权和执行权。通过运用财政标准、价值观标准和持续性发展的标准对变革结果——新的治理结构及出现该结果的组织行为过程进行评估以后，确定了变革结果体现了时代环境中的各种思想观念，并有助于学校平衡内外环境的要求，从而较为稳定地发展下去。授权式变革在哥伦比亚大学是成功且具有持续性的。

从历史经验中抽取的第二种变革类型是多伦多大学的分权式变革。分权是指权力分享，即让被分享者能参与变革中的决策过程。在多伦多大学的变革中，管理层、大学董事会、教师、学生被赋予平等地参与决策的权力。管理层是发起变革行动的主动方，他们充分搜集、处理来自各方行动者的观点、态度和诉求，通过与教师（包括学术行政人员）讨价还价实现组织变革目标。在这个博弈的过程中，省政府通过选择规则给了他们很多支持。当然，政府的任务不止于此，政府坚定地支持管理层自主办学的立场，同时协调大学董事会、教师、社会各界与大学管理层之间的利益冲突，甚至在必要的时候凭借立法规则和法律程序实施最终的裁量权，从而平衡各方势力，并终止博弈。教师则基本上处在管理层的对立方参与变革。他们通过与各种规则的互动，监督、审核“一院制”，通过支持或反对管理层的实施方案，实现自己的利益，同时遏制管理层中关于集权——尤其是剥夺教师的学术决策权——的苗头。他们的存在使得管理层在聚合规则中不断妥协、包容、调整，有时甚至使某些已经具有权威性的规则失效。管理层或许不会感谢他们，但在治理结构变革的结果中体现了他们对“共同治理”理念的贡献。自被迫卷入从“两院制”到“一院制”的变革开始，大学董事会所掌控的权力逐渐被转移至管理层（以校长为代表）、教师、职员、校友乃至学生手中。他们向省政府求助，也态度坚决地反对变革，甚至给管理层等行动方施压，但这些都阻挡不了时代环境中变革思想的萌芽及其在大学组织中的生长。在最终形成的“一院制”治理结构中，他们只是成为众多参与治理的一方。在多伦多大学的分权式变革中，各方行动者都被赋予较为平等的地位，对最终的治理结构也施以各自较为均衡的影响。从某种意义上说，这种分权式的行为模式最能彻底地实现“多元治理”的价值，运用财政标准、社会问责和持续性等标准进行的评估也印证了这一点。归根结底，“分权”蕴含的“平等”“民主”“自由”确实具有无比的魅力，“共同治理”则有幸成为时代赋予大学组织的一个“副产品”。

从历史经验中抽取的第三种变革类型是华中理工大学的集权式变革。集权一般是指在传统的组织管理中，把权力集中于一人或少数人身上的一种领导方式。本书中所指的“集权”，对20世纪60年代华中理工大学的变革来说有两层含义，这两层含义是由于学校变革的结果整合了外部治理和内部治理两种结构而出现的。一方面，集权体现在教育部对大学事宜的掌控；另一方面，集权体现在大学内部由校长的个体特征所主导的变革。这种“集权”与时代环境的关系是极为复杂的。就当时的教育部来说，是世界形势和时代要求在个体身上出现的“参与”“治理”等理念的萌芽，唤醒和促成了大学争取办学自主权的意识和行为，当然也是变革的动因之一；而对朱九思个人来说，“共同参与治理”（即以校长为代表的高校管理者参与学校治理）是他一切观念和行为的根源，否则他不会始终围绕信念“办自己想要的大学”等发起各种变革行为并千方百计地促成变革的结果。对华工的变革过程来说，“集权”体现在外生变量上，基本上是按照政府/教育部的决策指令实施办学，包括自然环境和文化环境在内的其他外生变量的作用被“集权”冲淡。“集权”体现在内生变量中，即个体行动者的特征对行动情境结构的决定性作用。研究表明，华中理工大学的存在方式和变革路径，已经与朱九思个人的价值观念、行事风格甚至精神风貌密不可分。朱九思自己也从不讳言这一点，“独断与否，主观好坏，关键是要看最后的效果”。这说明，他更加重视领导的效率和成效，而不是更多地在意领导的程序和形式。所以，从这个意义上说，华中理工大学生成了一个“集权”的变革结果，全校上下也习惯甚至认同这种集权式的发展模式。朱九思退出领导岗位后，华工人常说：“九思在位时，一个人说了算，烦他；九思不在位，没有人说了算，想他。”这便是中国式大学在特殊时期出现的一场无法复制的集权式变革，一旦环境发生改变，无论是外部环境中的领导还是组织内部学校领导人的更换，这种类型的变革也便成为历史。但其间来自个体特征后来被留存在变革结果中的“共同参与、多元发展”的组织结构雏形，对中国其他大学乃至整个高等教育在办学自主权、多科综合发展、特色优势发展等宏观发展战略的转型方面都有着深远的意义。

二、变革行为的因果结论

基于组织行为的三种变革类型特征，本书得出三个因果式的关系型结论，它们存在于哥伦比亚大学组织变革中的授权式行为模式与大学参议会制度之间，多伦多大学组织变革中的分权式行为模式与“一院制”治理结构之间，华中理工大学组织变革中的集权式行为模式与内外部综合治理结构之间。具体来说，在时代环境的影响下，哥伦比亚大学组织内部是由于学术人员的代表——教师接受大学董事会的授权，因此最终实现了体现“学术决策权”的大学参议会制度。多伦多大学则是组织内部的众多行动者——管理层、教师、大学董事会等以平等的身份参与到大学变革过程中，因此最终生成了“三者平权”的大学理事会拥有最高决策权的“一院制”治理结构。在这个最高决策机构内部，其成员代表几乎涵盖了所有的利益相关者代表，按照其席位和代表性“平等”地分享了变革的权力。在华中理工大学组织的变革中，个体行动者由于自身的独特魅力和魄力，顺应时代环境的变化萌发出“共同参与治理”的苗头，由此影响了组织内外部的集体行动者和整个组织状态——既尊重了外部行动者的最高决策权，也勇敢地将以校长个人意志为代表的内部行动者的决策与执行行为纳入变革过程，最终通过治理结构的调整，在当时的国情下率先改变了从单科大学到综合性大学的发展路向与办学性质。

当然，对于组织变革来说，无论时代价值还是整合组织与制度，都是模型在经验层面对变革理论的阐释，要想模型具有更高的适切性，还需要在相关性结论层面对变革行为与变革结果之间进行因果性归纳，进而将模型上升到中层理论层面，以对大学组织变革规律进行理论分析，意即从大学组织变革的类型特征上升到组织变革与制度环境的相关理论，并抽象出大学变革动力之源的中层理论。

第八章

大学组织变革理论

大学组织在制度环境中的变革，深刻反映了20世纪60年代盛行的观念和文化认知对组织结构的塑造作用。同时，这也是大学组织主动、选择性地通过变革过程和结果回应环境变迁的必然结果。大学组织对于环境的回应策略是多元且复杂的，这些策略源自制度分析理论中不同规则的组合及其作用效力的差异。这些回应策略彰显了组织及其内部行动者在认知能力、互动模式、发展阶段以及所代表利益的多样性，共同构成了组织变革的丰富性和深度。

第一节　因果性结论的理论升华

通过对上述大学组织变革IAD模型的讨论，行动者行为与组织变革结果之间的因果式结论验证并总结了大学组织的变革类型与特征。这些因果式结论还可以进一步上升到组织理论层面。

一、规则体系的一般规律

事实上，如第七章所述的哥伦比亚大学组织授权式变革行为模式与大学参议会制度之间，多伦多大学组织分权式变革行为模式与“一院制”治理结构之间，华中理工大学组织集权式变革行为模式与内外部综合治理结构之间，这三个因果性结论是组织内外部行为规则体系的直观表达。从大学组织变革IAD模型中可以清晰地看到这一点。变革中大学组织的核心包括活动规则的变迁，以便在同时并进的，或非权变的，或频次独立的行为占支配地位的情况下，引入循序渐进的，或权变的，或频次依赖的决策。[①]这意味着几乎所有的组织都是通过规定一系列必须以一定顺序完成的活动来建构的。制度主义者甚至认为，“制度”可以界定为一系列工作规则的组合，通常根据这些规则决定谁有资格在某个领域制定决策，应该允许或限制何种行动，应该使用何种综合规则，应该遵循何种程序，必须提供或不提供何种信息，以及如何根据个人的行动予以回报。所有规则都包含着禁止、允许或要求某些行动或结果的规定，所有规则都被纳入规定如何改变该套规则的另一套规则中。[②]结合本书中的实证案例，在行动者行为与组织变革结果之间直接的因果关系背后，是组织变革的最核心力量——组织外部的制度环境；同时，组织内部行动者基于理性算计（哥伦比亚大学和多伦多大学的案例）或个人信念（华中理工大学的案例）采取行动，决定了思想观念与个体行为能在多大程度上影响组织决策与行动。具体来说，在时代环境的影响下，行动者主动或者被动地与外部制度环境互动，从而决定了内部行动者与外部制度环境的互动体系；又由于不同行动者基于自身利益的理性算计或个人信念不同，不

① 埃莉诺·奥斯特罗姆. 2012. 公共事物的治理之道：集体行动制度的演进. 余逊达，陈旭东，译. 上海：上海译文出版社，45-48.

② 埃莉诺·奥斯特罗姆. 2012. 公共事物的治理之道：集体行动制度的演进. 余逊达，陈旭东，译. 上海：上海译文出版社，56-61.

同的规则在互动体系中所起的大小作用也有所不同。更确切地说，外部制度环境中各个层面的规则——从时代大环境最高层次的规则，到作用于行动者具体的规则组合——这些规则是“看不见的手”，在组织行为特征和行动者行为特色上施加作用，最终决定了什么时候变革以及以何种方式变革，而变革结果与这些规则的适应性，意即大学组织的时代适应性，决定了变革的成效有多大。

二、大学变革的组织行为结论

如前所述，时代环境中包含组织行为的两种变革动力——环境促使互动规则体系的生成，行动者决定互动规则体系内各种规则所起的不同作用。在前文规则体系的一般规律论证的基础上，基于三个因果性结论，本部分将继续推导组织行为的结论，以提升大学组织变革在具体时代环境中的适应性。如果我们将 20 世纪 60 年代的时代环境认为是既定的，那么在这个环境中，政治制度和政治文化将是影响大学变革的最终决定因素。正如规则体系的作用方式一样（图 3-1 的组织行为学基本框架模型图中也展现了这一点），不同层面有不同的规则在起作用，且这些规则作用的力量大小和方式等皆有差别。因此，每当与制度约束下的组织行动相比较以探讨制度变迁问题时，存在不可忽略的两个原则：一是规则分为宪法的、集体选择的和操作的三个层次，某一个层次上行动规则的变化，是在较之更高层次上的一套“固定”规则中发生的，不可逾越；二是更高层次上的规则的变更通常更难完成，成本也更高，因此越高层次的规则，越难以改变。这意味着个人特质与规则的这种稳定性会随着层次的提高而增强，进而使规则更好地发挥作用，时代环境对组织边界的渗透性更强。在这些规则体系不同作用的背后，在不同组织行为变革的过程与结果中，有着时代环境、历史基因、社会制度等各种层面的力量在积蓄、综合起作用。三个案例的变革证实了这一点：不同的政治制度与政治文化才是大学组织变革的最终决定性因素，组织变革终极动力的两端是民主程度与集权程度。在前述案例中，对一个具体发生变革的大学组织来说，民主化程度越高，变革在内部完成的可能性越大，且民主化程度越高、基层越活跃，主体间对话协商决定变革结果的可能性就越大。哥伦比亚大学处在民主制度相对比较完善的美国，从大学董事会最先意识到环境对大学的冲击开始，到教师接受授权主导变革进行，直至最终形成大学董事会和大学参议会共同决策的治理机构，变革几乎都是在大学组织内部独立完成的，甚至当大学想借助外部力量来实现变革的时候，受到的却是外部的指责，甚至其存在的合法性也受到质疑。与此同时，集权程度越高的组织，变革往往超越组织内部，上升到组织外部的制度与法律层面才能完成的可能性就越大，且集权程度越高，制度层面的裁量权就越大。多伦多大学处在一个分权式的加拿大政治体制之下，是一定集权之下的民主。因此，当大学内部行动者的冲突不能解决时，就需要大学组织外部的联邦政府来裁决；当联邦政府的裁决仍不能平衡各方冲突时，就需要进一步上升到国家层面的立法机构来最终裁量。从这个角度来说，集权程度越高，制度层面的最终裁量权就会越大。

第二节 大学组织变革理论探寻

中层理论亦称中观理论，是指介于抽象综合性理论同具体经验性命题两者之间的一种理论，其宗旨在于架设一条社会理论“实用化”的桥梁，指导人类的经验实践特别是调查。它虽具有一定的抽象性，但更接近于构成可验证的命题的观察资料，主要用于指导经验研究。中层理论只涉及有限的社会现象，但它比单纯的检验概括更高一层。无论从组织内外部规则体系的不同，还是从大学组织面临的诸如历史和当下环境的差异来说，寻求可用于指导实践和解决问题的中层理论，都比宏大理论更有吸引力和说服力。大学组织变革的中层理论来自变革中组织规则的运作，来自各个操作层次之间的行动，来自利益相关者共同的利益考量。该中层理论试图既具备现实的特殊性，又蕴涵理论的抽象意义。鉴于此，规则体系在不同层面起不同作用的特殊性之下，进一步上升到一般抽象的高度，大学组织变革的结果归根结底是受组织内的行动者在制度建立和变迁过程中所受到的影响和冲击，及其背后代表的权力和利益所左右。那些具体的制度规则体系，尤其受到权力的性质以及提供、分配、控制资源等的决定性影响。①因为权力的制度性质会为制度再生产和制度转型提供特定机会。某种意义上，权力的运转、分化、转移、让渡等一系列组织行为，决定了行动者利益考量后的行动范围、矫正性目的、相对最佳结果和实际影响力——这些机会是组织变革行为过程与类型化特征的各种可能变现的终极决定力。正如组织行为结论中所推演的那样，不同的政治制度与政治文化是大学组织变革的最终决定性因素：一方面，民主化程度高的大学组织，其变革几乎在内部完成即可，因为组织的民主化程度越高，基层越活跃、权力意识越强，也具备通过主体间对话协商决定变革结果的意识；另一方面，集权程度高的大学组织，其变革则需要突破有惰性的组织内部，寻求组织

---

① 田凯. 2020. 组织理论：公共的视角. 北京：北京大学出版社，23.

外部的支持，直至得到以作用最大、性能最稳定的规则形式存在的国家制度层面的支持才能完成。这其中所谓的“民主”和“集权”最集中的反映，便是权力的分配与运作方式的区别。这种区别决定了组织将如何行为，组织能否及时回应时代环境所要求的变革，以及如何通过变革提升组织时代适切性以提高组织生存和实现组织目的的能力——大学组织变革便在这样具体的情境下欣然发生了。可见，三个大学组织变革的案例为我们在时代环境中挖掘出的各类变量关系/规则体系的解释中生长出新的理论提供了契机，回答了“组织行为与时代环境如何影响大学组织变革”的研究问题。

时代环境积蓄的思潮、观念等与变化/运动有关的元素是大学变革的核心力量，通过影响大学组织内人的行动来决定大学变革的类型特征，这种影响最终要受到当时的政治制度和政治文化的决定性制约。每一次变革即是组织与环境交互的一次制度变迁，制度中权力的运行与行动者利益的算计决定了变革的方式及变革结果的成效。

一、组织变革理论的形成

本书是基于时代环境的大学组织变革研究，研究路径是运用奥斯特罗姆的IAD框架与组织行为学基本分析模型的整合，对哥伦比亚大学、多伦多大学和华中理工大学这三所大学在20世纪60年代的历史档案进行阐释与建构，最终从中得出研究结论，即在外部环境和大学内部以行动者为主的制度元素等的共同作用下形成不同的组织行为模式，并由此形成大学组织变革的类型与特征，最后在因果结论的推导上，进一步提炼出适应时代的变革理论。

1. 因果性结论的得出

已有的校史研究，要么流于档案资料汇编，要么成为学校大事记，要么等同于经验式的工作总结，没有进入学者关注的主流视野，缺少具有高度尤其缺少具有理论指导意义的文章和著作。本书致力于搭建校史与理论间、校史研究与现实观照间的桥梁，试图充分发挥校史对大学当下改革与发展的借鉴功效，使“史论结合、描述与分析合一”成为校史挖掘的重要出路。为实现这一目标，本书采用案例研究，通过深描的方式描述分析、概括归纳大学变革过程中的各种活动，在对校史的概念化研究中发掘新的观点，抽象成组织行为模式，并尝试上升为大学组织变革的中层理论。

2. 中层理论的生成

通过对组织行为模式和大学变革类型特征之间因果结论的推断，本书进一步得出理论上的结论：组织变革的最核心力量来自组织外部的制度环境；同时，组织内部行动者基于理性算计和个人信念采取行动，决定了理念能在多大程度上影响行动者行为。这个结论还可以推广到具有一定适用范围的中层理论，即不同的政治制度与政治文化是大学变革的最终决定性因素，制度中权力的运行与行动者利益的算计决定了变革的方式及变革结果的成效。为了实现这一理论创新，本书从两方面进行：一方面，拓展了 IAD 框架在高等教育领域内的运用，因为自 1982 年埃莉诺·奥斯特罗姆在公共资源治理领域提出这一框架以来，直到 2012 年她逝世之前，她都在不断充实和完善这一框架。在诸如公共草场的治理、渔场的可持续治理、警察等公共服务部门关于该框架的研究已经比较成熟，但在教育、科技、医疗等领域却几乎没有涉及，本书可以看成是借助该框架与组织行为学模型的整合，拓展该框架在高等教育领域的应用，以增强该框架对大学公共资源治理的解释力。另一方面，结合案例实证研究修正了 IAD 框架，体现在通过对框架中各个变量关系的解释生长出新的理论，尤其对外部制度环境中的行动者在某些时刻进入大学组织内部，成为内部行动者之一的情形作了解释。当然，这些修正还需要进一步的案例的验证，但也希望能成为对 IAD 框架发展的有益组成部分。

二、变革理论模型的局限

由于组织行为理论与 IAD 框架本身的局限，利用理论模型在对结论的解释和对校史资料的挖掘方面存在不可避免的局限。

1. IAD 框架有限的解释力

这一不足主要有两方面原因：一是 IAD 框架基于“经济人”的逻辑假设，其最初的“理性选择”分析逻辑尽管有了很大的修正，并强化了对宏观变量作用和互动性的分析，但对于微观行动者行为的分析仍然远胜于宏观制度层面；二是奥斯特罗姆已有的研究是将这一框架主要运用在具有自主性的公共服务领域内的组织，对于教育组织并未涉及，已有的其他研究中也未涉及。因能力有限，本书缺乏对框架进行更适宜于教育组织的修正，与组织行为学模型的整合略显粗糙。所以，对于在当时基本不具备自主性的中国大学组织来说，该框架的解释力有很大的局限性。

2. 史料的获取和挖掘不充分

本书在史料的获取和挖掘方面尚存在不足。原因有二：一是符合研究需要的史料搜集难度大，如华中理工大学是集权式变革的极好案例，因为个体行动者的特征深深嵌入组织制度再设计的过程和结果中，但本书搜集到的史料对变革活动细节的记录却不多，这正是当前国内对校史资料研究不足的表现，也是本书寄希望有所突破之处。二是对哥伦比亚大学和多伦多大学史料中原文材料的解读不够全面，尤其对美国和加拿大的政治体制和文化传统的理解或因片面而难免瑕瑜互见。这些不足需与读者共学，相互切磋，共享进步之乐。

第三节 大学组织变革的动力与实现

本书试图在一个变革的时代探讨大学组织变革的因由，发掘组织与环境之间深刻且不自知的千丝万缕的联系。其结论也应当地出现在两者之间：时代环境积蓄的诸如思潮、观念等与变化/运动有关的元素成为大学组织变革的重要原初动力。因为身处时代中的人经过环境的浸染，必然深受各种思想与运动的影响，进而具备时代的特点，诸如20世纪60年代的多元、叛逆、不安分、蠢蠢欲动，这些时代或者说一个组织中的主宰者“人”，在自觉与不自觉中，便会通过自己的行动改变组织。从微观层面来看，这是个人基于权力（或者说权威）大小和资源分配，各显神通地攫取利益的过程；对于一个成熟且形态基础良好的组织而言，利益相关者的行动则进化成组织调整制度结构和协调平衡资源等处理各种冲突矛盾的变革过程与变革结果。因此，在本书对三个案例中的行动者和组织行为进行深描之后，时代环境通过作用于时代中的人——大学组织中的行动者——进而影响大学变革的具体过程与类型特征便展现出来。时代环境、行动者活动、组织行为直至制度结构成为中宏观层面同构的概念，思潮运动、权力/权威大小、资源分配、利益考量、积极参与、多元共谋、共同治理以及平衡冲突等发生作用的过程和结果，则成为组织内外部环境在微观层面进行变革的具体着力点。每个元素在不同层面，通过不同规则或规则体系进行着并时或异时的同构与交互。这些概念（更为确切地说是变革的相关元素）在各自的层面相互影响运作，并在适当时候由上自下、由下自上地进行两个层面的运动和影响，让组织变革最终受到当时的政治制度和政治文化的决定性制约。综而观之，每一次从外部环境到组织内部行为的变革，反过来上升为组织与环境交互的一次制度变迁；制度中权力的运行、行动者利益的算计、个人信念的考量，最终在国家法律法规层面的规约下，共同形塑变革的方式及其变革结果的成效。在这一过程中，大学组织变革的动力有哪些，大学组织变革过程中各方当如何行为皆可探讨。

一、大学组织变革动力为何

本书讨论大学组织变革，不论其过程还是结果，都显现出一个事实：大学是一个制度化的社会组织，它深深嵌入一定的社会环境之中。[①]组织变革动力来自时代环境，也源于组织行为，两者共建同构。大学组织变革的本质是大学组织行为和时代制度结构的共同变化。本书关注的便是组织行为的变化过程导致的大学结构变化的结果，以及时代环境与这种变化的密切关联。为了将这种关联类型化，不同领域的学者进行了很多解释。

经济学学者从利益和行动者的算计解释大学变革，认为组织的变革是组织绩效问题的一个解决办法。这种解释范式的主要特点是借用经济学的理性行动者，强调决策者的理性特征。如果现有大学组织形式不能满足行动者从教育中获利的需要，组织创新就会发生。本书综合了经济学解释大学变革的范式：一方面，强调组织变革是以行动者利益的算计作为起点来考虑整个组织行为的；另一方面，在深描组织变革中特别重视组织当中某些微观的个人，用“提名法”等方法描述他们的想法、行为的过程及其结果。

政治学学者将大学组织理解为一个竞争场所，由具有不同利益和权力/影响力的联盟主导大学变革，而竞争受大学组织内的政治和组织间的政治的影响，进而左右大学组织变革。政治学解释的基本假设是，围绕稀缺资源而展开竞争的各个集团之间的冲突及其权力分配构成了政治过程的核心要素，即大学变革是行动者为完成他们的目标而作出政治努力的产物。本书亦致力于整合政治学当中对政府、权力、精英人士等的考量，更注重从宏观环境把握影响大学组织变革的制度元素和权力分配，而这其中权力的最高层级——法律规制的力量起到最终的决定性作用，成为中层理论的主要观点。

在整合经济学和政治学两大分析维度的同时，本书尝试将制度学派与组织行为学的多层次规则体系和行为逻辑进行融合分析，将时代元素作用于组织内外部的抽象过程进行具化，试图突破经济学微观的利益-行动者模型与政治学宏观的竞争场域、制度建构，建立不囿于单一利益驱动、单一环境左右的全方位的大学组织变迁模式，验证且拓展了制度主义学派的解释策略。制度学派所定义的制度极其广泛，不仅包含正式规则程序和规范，也包括人类为行动提供意义框架的象征系统、认知模式和道德模板。本书遵循制度学派视角下制度影响行为的方式，而在中观层面特别强调组织行为在特定的社会化过程中的作用，即制度（往往来

---

① 周光礼. 2017. 大学的适切性. 北京：高等教育出版社，163.

自组织环境）提供某种内在化的行为，通过规则（包括规范和认知等）及其各种组合，从不同层次影响行动者对自己角色的想象和建构，进而形成独特的组织行为变迁特征，完成组织特有的变革模式。本书中选取的分析框架，通过制度主义学派所界定的行动舞台，把握行动舞台当中存在的四种资源（组织文化、治理体系、资源系统和行动者），整合了经济学和政治学当中从意义到权力的考量，用规则将这些资源融入组织变革模式中。这些规则秩序通过不同的程序、不同的组合规则影响组织内的行动者，影响他们的行为，最终导致不同性质、不同属性的个体行为，构成组织行为的模式，进而产生不同的变革过程和变革结果。

如果说经济学和政治学将大学变革动力机制建立在功利主义-行动者模型之上，制度学派在于明确导致组织变迁和组织稳定的因果机制，是建立在组织行动者共用一种认知方式的基础上，那么本书用制度学派将政治学和经济学解释大学变革的合理因素整合在一起，用个体规则和规则组合构成集体规则，解释了组织环境对组织内人的行为及其对组织行为的影响，这种解释路径体现了各个学派对大学变革现象解释的互补。大学组织变革的动力便在对实践的经验提炼中，以及对各个学派的理论推演下得以明晰。

二、大学组织变革中何所为

本书是一种演绎式的研究，尽管选择了一个既有的框架，但并不是从理论到理论的阐释，而是用实证去验证和修正框架。事实证明，无论是框架本身，还是框架对个案的解释，都有一定的说服力。本书选择的研究对象——中观层面的大学变革，由于越来越被纳入时代环境视角中而引起人们的广泛关注；从历史中发掘对当下有价值的元素，也是历史研究的重要意义，是建构思想的一种体现。基于这两个方面，本书无论在方法上还是在内容上，都有一定的学术研究价值。

作为历史研究，本书的一个哲学逻辑前提是“一切历史都是当代史”的新史学观建构思想。因此，尽管本书中的研究内容是对历史的阐释和建构，但指向却是当下，尤其是中国大学“双一流”建设的现实和未来走向。对中国大学来说，要进一步促使时代观念在大学变革过程中发挥作用，形成一个适应当下更加丰富繁杂环境的共同参与、多元治理结构，可从以下几个方面努力。

一是让大学组织内的行动者尽可能参与到变革过程中，并赋予他们几近平等的地位。本书研究过程和结果都显示出大学组织内部的行动者在组织变革中的决定性作用，尽管这个作用发挥的过程和结果受时代环境的浸染，并最终受社会制度结构的制约，但不可否认，任何渐变或突变的变革皆起于微末，渐变或突变的逻辑更多基于结果而非全过程。而于“微末”之中最原初的动力只能是“人”，尤其是有着利益考量和权利大小的行动者。他们在自身的文化认知、价值观念、个性风格的感知和觉悟中主动或被动地推动变革。“人”是当下大学组织变革最应尊重的元素。中国高校的“双一流”建设以自上而下的路径启动，当下正自下而上地执行，这更需要得到组织内部的人的支持和理解。只有他们认知、觉悟和意识到变革的必要性和迫切性时，变革过程和结果才会迅疾且更有效。一旦要调动人的积极性，时代环境的诉求变得更加需要被考虑、更接地气。实质上，只有当“双一流”建设不单是组织变革的目标，而是组织内每个人努力的方向时，变革才能更有效、更顺畅地实现。

二是充分利用外部环境中各种成文或不成文的规则，对大学组织内部施加影响，这既是应对平衡内外部需求的要求，也是用外部动力促使内部变革发生的体现。组织内部的人对外界环境的变化是迟缓且有惰性的。对于大学组织这个被称为“象牙塔”的半封闭式结构，组织内部的人对变革的迟钝不仅是被动的——源于对环境变化和时代需求的不了解和不关注，也是消极的——鉴于“温水煮青蛙”“变革目标模糊”“未来的未知不确定”等众多效应的叠加和对既定利益的个人考量，以上均导致他们不会积极寻求变化。但有两种情况会迫使内部行动者不得不寻求变化：一方面是行动者的眼前利益受损，这大多源于自上而下突然的规则，对内部每个人都产生了重大影响；另一方面是时代需求和环境变化潜移默化地影响了行动者，改变了他们对变革的认知，从而使他们对变革产生了主动需求。前者是变革战略部署时组织在细节上的考虑，后者则是组织实施变革时施力的方向，让行动者更加了解外界环境和规则的变化，变被动为主动。前者需要的是度，提防过犹不及，导致内部行动者对变革的不信任；后者要谨慎地处理透明度和知情权，防止信息误解和关键信息丢失。

三是尊重历史，重视校史的编撰和利用，从历史中挖掘变革所处的行动情境结构特征，使行动者的行为符合组织需要，使变革得以更加顺利地推进。院校研究者认为，虽然历史方法论是复杂的，并且随着历史与社会行为科学的结盟而变得更加复杂，但是那些在其他学术领域受过训练的人仍然有可能有效地利用历史方法作为其主要研究模式的辅助方法。[①]在此呼吁和号召下形成的院校史流派，将注意力着重放在对单个学院发展史数据的整理和充分利用上。一种来自史学领域的质性研究数据受到普遍重视。对我国而言，尽管对组织行为视角下的IAD框架与中国大学的适用性还要作进一步探究，以期为中国大学的变

① Dyer T. 1978. Institutional research and institutional history. Research in Higher Education, 8(3): 283-286.

革和发展有针对性地出谋划策，但也正是基于这个需要验证和拓展的前提，中国大学在校史的记录方式和记录态度上，需要扭转太多的观念。校史不是成绩的标榜，也不只是宣传的方式，更不仅仅为了校友的归属感，应更多基于一种学术研究的需要，基于让历史经验概念化和科学化以期帮助大学组织发展以史为鉴的需要。对大学组织发展历史的顾虑是组织当下改革得以顺利高效进行的前提性保障。历史元素铭刻在大学组织的基因里，内外部敦促下的变革会由这种基因深刻地影响变革发生作用的独特方式和特征，也在某种程度上决定着组织变革的“天花板”。

当然，正如框架运用本身的优势与弊端并存，它虽能在一定的逻辑结构中有深度地解释案例，但也只能从框架展示的变量中得出结论。也就是说，从选定框架的那一刻起，研究结论的可能性就涵盖在框架与个案的适切性之中了。所以未来在某个时代环境中基于校史对大学变革的研究，还可以探索其他的框架，从而得出不同的结论。对于已有的案例和框架来说，用更多的实证案例去充实它，也是可以选择的进一步研究路径之一。总的来说，“多元参与，共同治理”的时代元素在影响中国大学变革的道路上任重道远，需要学者和实践者共同努力。

附录 编码说明

本书在深描大学变革史的同时，以变量的英文首字母缩写为代码，对 IAD 框架中所涉及的变量的具体含义进行了编码，其代码使用的具体说明如下。

	变量		缩写代码*	英文全称
外生变量	自然环境		BC	biophysical conditions
	文化环境		AC	attributes of community
	规则体系		RU	rules-in-use
		身份规则	BR	position rules
		边界规则	PR	boundary rules
		范围规则	SR	scope rules
		聚合规则	AR	aggregation rules
		偿付规则	OR	payoff rules
		信息规则	IR	information rules
		选择规则	CR	choice rules
内生变量	组织文化		OC	organizational culture
	治理体系		GS	governance system
	资源系统		RS	resource system
	行动者**		A	actors
		教师	A1	actors1
		学生	A2	actors2
		管理层	A3	actors3
		大学董事会	A4	actors4
		校友	A5	actors5
		政府	A6	actors6
		行动者带入行动情境中的资源	RA	the resources that an actor brings to a situation
		行动者对行动情境和行为的价值判断	VA	the valuation actors assign to states of the world and to actions
		行动者获取、处理、保留、使用临时信息的方式	WA	the way actors acquire, process, retain, and use information contingencies
		行动者选择特定行为方式的过程	PA	the processes actors use for selection of particular courses of action

*代码根据变量对应的具体含义在大学变革史中出现的顺序用数字予以标示，如 BC1、BC2、OC1、OC2 等

**行动者变量中对每个群体中的关键个体按出场顺序加以区分，如教师团体的领导人 A1-1，管理层人员中的某一任校长 A3-1 或某一类组织 A3-6 等，以此类推

后　记

萌生历史研究的想法至书稿完成，历时数年。其间几欲放弃，又寄隙穴之窥。成书期间有幸实现了从对学术的执着热情与盲目追逐到有规则、有步骤的学术规范转型，而后一阶段将一直持续下去。学者或有利益之计较，学术却仅有兴趣和意义之所在。本书尝试从中观层面院校研究范式来探究大学变革史、制度主义、组织行为等，尝试开创大学变革的中观研究范式。

感谢周光礼教授将我带进制度主义这个神奇的大门，使我从此仿佛具备了一把披荆斩棘的利器，在纷繁复杂的教育现象中，挖掘有益于研究的部分，去看别人看不到却不能忽视的东西。正如尽管这个理论本身还受到诸多挑战和质疑一样，若我们自诩为“制度主义者”的同时，也总是面临不断的“用与不用”“怎么用”的误解、指责甚或挑衅，但对于我，它就是观察事物最好的透镜，其本身严密的逻辑体系深深吸引着我，使我能从繁杂的现象中洞悉事物发展的核心动力和未来走向。这是一种魔力！全书字里行间都是制度主义的思想。感谢我曾有幸身处的华中科技大学教育科学研究院这个全国知名的高等教育研究基地，这里汇集了众多教育名家：刘献君教授、冯向东教授、赵炬明教授、张应强教授、沈红教授、别敦荣教授、柯佑祥教授、余东升教授、陈廷柱教授、贾永堂教授……他们让我终身受益，让我在“不合时宜”的历史研究中有了坚持下去的勇气。

感谢美国和加拿大的朋友给予的帮助，提供了很多英文原文书籍和资料。感谢哥伦比亚大学档案馆负责人，网络偶遇尺素之交，却提供诸多信息获取的便利。感谢母校华中科技大学给予我研究的支持，对于一个史学研究者，没有他们，我将失去最重要的素材——一手的原始材料。

时间为证，岁月为名。历史的厚重往往在于此，正如这份历史研究的分量！

后记